Sprachförderung PLUS

Förderbausteine für den Soforteinsatz
im Regelunterricht der Grundschule

Martina Goßmann

Sprachförderung PLUS

Förderbausteine für den Soforteinsatz
im Regelunterricht der Grundschule

Deutsch – Mathematik – Sachunterricht

herausgegeben von Prof. Wilhelm Grießhaber

1. Auflage   1 9 8 7 6 5 | 2029 28 27 26 25

Autorin: Martina Goßmann
Herausgeber: Prof. Wilhelm Grießhaber

Konzept: Sebastian Weber
Redaktion: Sebastian Weber, Susanne Schindler, Ulm
Layoutkonzeption: Marion Köster
Gestaltung und Satz: Doppelpunkt, Stuttgart
Umschlaggestaltung und Herstellung: Sandra Vrabec
Titelbild: Klett-Archiv (Thomas Weccard), Stuttgart
Illustrationen: Friederike Ablang, Berlin
Reprografie: Meyle und Müller, Pforzheim
Druck und Bindung: Elanders GmbH, Waiblingen

Printed in Germany
ISBN 978-3-12-666802-6

Inhaltsverzeichnis

Fach	Themenfeld	Förderbaustein	Seite

Fach	Themenfeld	Förderbaustein	Seite

Vorwort

Sprachförderung
in heterogenen
Lerngruppen

Heterogene Voraussetzungen sind der Regelfall in unseren Klassenzimmern. Dies betrifft in besonderem Maße auch die sprachlichen Fähigkeiten unserer Schülerinnen und Schüler. Die Zahl der Kinder nichtdeutscher Herkunftssprache, die Deutsch unterschiedlich gut verstehen und beherrschen, wächst beständig. Einige Kinder stehen noch ganz zu Beginn des Zweitspracherwerbs, andere sind schon weiter fortgeschritten. Diese sehr unterschiedlichen Voraussetzungen machen differenzierte Förder- und Unterstützungsmaßnahmen notwendig, die Sie als Lehrkraft vor neue Herausforderungen stellen.

Damit Sie passende Fördermaßnahmen planen können, müssen Sie wissen, in welcher Phase des Zweitspracherwerbs sich Ihre Schülerinnen und Schüler befinden und welche Unterstützung sie für eine optimale Weiterentwicklung benötigen.

einfache Diagnose
dank
Sprachprofilanalyse

Die in diesem Band vorgestellten Förderbausteine basieren auf der **Sprachprofilanalyse** – einem praxiserprobten Diagnoseinstrument, das Ihnen im Einführungsteil zunächst kompakt und anhand von zahlreichen Beispielen vorgestellt wird. Mit Hilfe der Sprachprofilanalyse erfahren Sie, über welche Kompetenzen im Deutschen Ihre Schüler schon verfügen und welche Erwerbsschritte als Nächstes vollzogen werden. Daraus lassen sich Anforderungen für passgenaue Fördermaßnahmen ableiten, mit denen Sie Ihre Schüler individuell unterstützen können[1].

Was erwartet Sie in diesem Buch?

Sprachförderung
im Regelunterricht
umsetzen

Dieses Buch erleichtert Ihnen als Lehrkraft die Planung von schülergerechten Sprachfördermaßnahmen. Das Besondere am Konzept der Förderbausteine ist, dass es Ihnen damit möglich sein wird, **Sprachförderung integrativ im Regelunterricht umsetzen** zu können. So werden Sie mit Ihrem Unterricht der aktuellen Anforderung gerecht, die Sprachförderung nicht mehr additiv, sondern als durchgängiges Unterrichtsprinzip begreift.

einsatzfertige,
differenzierte
Materialien

Die Angebote gehen entsprechend von **curricularen Kernthemen der Grundschule** aus. Mit einem Baustein erarbeiten Sie jeweils ein inhaltliches Themenfeld mit der gesamten Lerngruppe. Die einzelnen Förderbausteine bieten Ideen, Anregungen und Vorschläge zur Unterrichtsgestaltung mit einsatzfertigen, 4-fach differenzierten Materialvorlagen, aus denen Sie nach Bedarf entsprechend auswählen können. Die Förderbausteine sind modular und als eine Art Baukastensystem angelegt. Sie sind flexibel und lehrwerkunabhängig einsetzbar und folgen in ihrer Reihung keiner Progression.

didaktische
Anregungen für
eine effektive
Förderung

Neben den konkreten Vorschlägen zur Unterrichtsgestaltung finden Sie in diesem Band auch generelle Hinweise und Tipps zur sprachförderlichen Planung und Gestaltung Ihres Unterrichts. Diese sind durch farbliche Hervorhebungen direkt erkennbar. Diese Hinweise sollen es Ihnen erleichtern, didaktische Anregungen noch leichter auch auf weitere Themenfelder übertragen zu können.

---

1 Eine sehr anschauliche und ausführliche Darstellung dieses Diagnoseverfahrens mit Übungen und Filmworkshop auf DVD finden Sie im parallel erscheinenden Band: Beatrix Heilmann/Prof. Wilhelm Grießhaber (Hrsg.): Diagnostik & Förderung leicht gemacht. Das Praxishandbuch. Ernst Klett Sprachen, Stuttgart 2012. ISBN 978-3-12-666801-9.

Sprachförderung ist ein Thema aller Fächer. Darum bietet Ihnen dieser Band beispielhafte Förderbausteine für Mathematik und den Sachunterricht. In der Reihe Sprachförderung PLUS erscheinen zu diesen Fächern sukzessive eigenständige Bände; die Vorschläge sollen Ihnen aber schon hier Anregungen geben und zeigen, wie wichtig die sprachliche Unterstützung gerade im Fachunterricht ist.

Bei der Entwicklung der Materialien war uns besonders wichtig, dass Sie kein besonderes Fach- oder Vorwissen im Bereich der Sprachförderung mitbringen müssen. Zugleich haben wir auf **Praxistauglichkeit und direkte Anwendbarkeit** geachtet: Sprachförderliche Unterstützung wird so im Regelunterricht wirklich umsetzbar.

Mit den Förderbausteinen ist differenzierte Sprachförderung für Sie auch ohne allzu großen Vor- und Nachbereitungsaufwand möglich. Differenzierung wird erleichtert und macht Ihren Unterricht erfolgreicher – für Sie und Ihre Schülerinnen und Schüler!

Fokus: Praxistauglichkeit und direkte Einsetzbarkeit im Regelunterricht

Martina Goßman
Autorin

Prof. Wilhelm Grießhaber
Herausgeber

Grundlagen der Sprachprofilanalyse

Wie erwerben Kinder eine zweite Sprache?

Spracherwerb ist ein kreativer Prozess, in dessen Verlauf die Kinder unbewusst der sie umgebenden Sprache Begriffe und Muster entnehmen und diese für ihre eigenen Äußerungen gebrauchen. Dabei entwickelt das Kind zunächst ein sehr einfaches, reduziertes System, das sich immer mehr der Umgebungssprache angleicht. Über Vereinfachungen und Übergeneralisierungen nähert sich das Kind der Zielsprache an, indem es unbewusst Hypothesen darüber entwickelt, durch welche Begriffe, Formen und Strukturen es das ausdrücken kann, was es beabsichtigt. In der Interaktion mit der Umwelt erfährt das Kind, ob seine Äußerung ausreichend war oder ob seine Annahmen verfeinert oder verändert werden müssen. Hier geben die Reaktionen der Umwelt und der Sprachgebrauch in der Umwelt Impulse und Modelle vor.

Stufen des Spracherwerbs

Empirische Untersuchungen wie die von Prof. W. Grießhaber haben Spracherwerbsprozesse von Kindern wissenschaftlich begleitet. Es konnte belegt werden, dass der ungesteuerte Spracherwerb in beschreibbaren Sequenzen vollzogen wird, die bei jedem Kind gleich ablaufen.[1] Wenn der Lerner also einer bestimmten Stufe zugeordnet werden kann, kann außerdem beschrieben werden, was bereits erworben wurde und welcher Schritt als nächster vollzogen wird. Eine sehr anschauliche und ausführliche Darstellung dieses Diagnoseverfahrens mit Übungen und Filmworkshop auf DVD finden Sie im parallel erscheinenden Band: Beatrix Heilmann/Prof. Wilhelm Grießhaber: Diagnose & Förderung leicht gemacht. Das Praxishandbuch. Ernst Klett Sprachen, Stuttgart 2012. ISBN 978-3-12-666801-9.

Diese Erkenntnisse sind von unschätzbarem Wert für die Planung von Fördermaßnahmen und die Unterstützung von Kindern nichtdeutscher Herkunftssprache. Denn auch, wenn eine Sprache auf natürlichem Weg erworben werden kann, lernen viele Kinder unter erschwerten Bedingungen. Viele Kinder haben zu wenig Kontakt zum Deutschen, sodass sich der Erwerbsprozess verlangsamt oder auch zum Stillstand kommt. Die Auswirkungen auf den schulischen Erfolg sind vielerorts belegt. Aus diesem Grund kommt der schulischen

Schulische Förderung und Unterstützung

Unterstützung des Zweitspracherwerbs eine hohe Bedeutung zu – eine Aufgabenstellung, auf die viele Lehrerinnen und Lehrer in der Vergangenheit allenfalls am Rande vorbereitet wurden. Das Arbeiten mit der Sprachprofilanalyse, der die wissenschaftlichen Studien von Prof. W. Grießhaber zugrunde liegen, unterstützt Sie bei dieser Aufgabe.

Was leistet die Profilanalyse?

Die Sprachprofilanalyse ist ein in der Unterrichtspraxis erprobtes Verfahren, mit dem der Sprachstand Ihrer Schülerinnen und Schüler (im Folgenden: SuS) einfach und in allen Fächern erhoben werden kann. Zugrunde liegt die Erkenntnis, dass der Zweitspracherwerb im Bereich des Satzbaus in immer gleichen beschreibbaren Schritten vollzogen wird.

Diese einzelnen Schritte im Syntaxerwerb stehen in unmittelbarem Zusammenhang mit weiteren Erwerbsbereichen: Wortschatz, kommunikative Fähigkeiten und Erzählfähigkeit. So ergeben sich für die einzelnen Entwicklungssequenzen spezifische Sprachprofile, die von Prof. W. Grießhaber durch insgesamt sieben Profilstufen beschrieben wurden. Dabei bezieht sich die Beschreibung der jeweiligen Profilstufe auf die Stellung des Verbs im Satz.

---

1 Mit ungesteuertem Spracherwerb ist der außerunterrichtliche Erwerb der Zweitsprache durch die Kommunikation mit Sprechern der zu lernenden Sprache gemeint – eine typische und natürliche Form, eine (Zweit)sprache zu erwerben. Unterricht knüpft an das natürliche Sprachlernvermögen an und versucht, den Erwerb einer Sprache zu optimieren und zu erleichtern.

Die Verbstellung im deutschen Satz

Im Deutschen steht das finite Verb unverrückbar an der zweiten Stelle im Satz. Ein finites Verb ändert seine Form abhängig von Person, Einzahl-Mehrzahl (Numerus) und Zeitform (Tempus).

Im einfachen Aussagesatz steht das (finite) Verb nach dem Subjekt.

der Aussagesatz
mit finitem Verb

Position 1	Position 2		Satzende
	finites Verb		infiniter Verbteil
Mama	lacht.		

Wenn die Satzaussage aus zwei Teilen besteht, steht der finite Verbteil an der zweiten Stelle, der infinite (unveränderliche) Verbteil am Satzende. Die beiden Teile des Verbs bilden die sogenannte Satzklammer. Ein infinites Verb behält seine Form bei verschiedenen Personen oder Zeitformen. Infinite Verbformen sind der Infinitiv (ich will <u>lachen</u>, du willst <u>lachen</u>, wir konnten <u>lachen</u>), das Partizip I (<u>lachend</u> kommt sie, das <u>lachende</u> Mädchen) und das Partizip II (ich habe <u>gelacht</u>, du hast <u>gelacht</u>, wir hatten <u>gelacht</u>, …).
An zweiter Stelle im Satz stehen in diesen Fällen gebeugte Modalverben oder Hilfsverben (z.B. im Perfekt).

Satzklammer

Position 1	Position 2	⎡———— Satzklammer ————⎤	Satzende
	finites Verb		infiniter Verbteil
Peter	will		spielen.
Peter	hat		gelacht.

Bei vielen deutschen Verben handelt es sich um trennbare (zweiteilige) Verben, die im Satz ebenfalls in einen finiten und einen infiniten Verbteil getrennt werden. Wiederum steht der finite Verbteile an der zweiten Stelle im Satz, während die Vorsilbe als infiniter Verbteil die Position am Ende des Satzes einnimmt.

Position 1	Position 2	⎡———— Satzklammer ————⎤	Satzende
	finites Verb		infiniter Verbteil
Peter	lacht	Paul	aus.

Im Gegensatz zur zweiten ist die erste Position im Satz austauschbar: Um z.B. Ereignisse miteinander zu verknüpfen oder um zu beschreiben, wann und wo sich etwas ereignet, können Sätze mit Zeit- oder Ortsadverbien eingeleitet werden. In diesen Fällen rückt das Subjekt hinter das Verb (Inversionsstellung); auch dann bleibt das Verb also an zweiter Stelle.

der Aussagesatz mit
Subjekt nach finitem Verb

Position 1	Position 2		Satzende
	finites Verb		infiniter Verbteil
Dann	lacht	Mama.	

Im deutschen Aussagesatz steht also
- das finite Verb an zweiter Stelle,
- der infinite Verbteil am Ende des Satzes,
- das finite Verb auch dann an zweiter Stelle, wenn am Satzanfang ein anderes Element als das Subjekt steht. In diesem Fall steht das Subjekt hinter dem finiten Verbteil (Inversion).

Zusammenfassung:
Satzstellung im
deutschen Aussagesatz

Auch in Fragesätzen mit einem Fragewort an erster Stelle des Satzes steht das finite Verb an zweiter Stelle. Bei manchen Satzarten bleibt die erste Position im Satz unbesetzt, der Satz beginnt also direkt mit dem Verb, z.B. bei Fragesätzen ohne Fragewort und in Aufforderungssätzen. Auch hier nimmt das finite Verb die zweite Position (nach der unbesetzten ersten) ein.

Position 1	Position 2		Satzende
	finites Verb		infiniter Verbteil
Wer	lacht?		
(unbesetzt)	Lachst	du?	
(unbesetzt)	Kommen	Sie!	
(unbesetzt)	Komm!		

Die Verbstellung in Nebensätzen unterscheidet sich von der Verbstellung im Hauptsatz. Nebensätze sind einem Hauptsatz untergeordnet und werden z.B. durch Relativpronomen („Ich mag das Buch, *das* du mir geschenkt hast.") oder Konjunktionen (z.B. weil, obwohl, ob) eingeleitet. In Nebensätzen steht das finite Verb am Satzende.

	Position 2		Satzende
			finites Verb
… dass	er	so groß	ist.

Fünf relevante Profilstufen für die Grundschule

Die beschriebenen Satzstrukturen werden von Lernern der deutschen Sprache in einer bestimmten Reihenfolge erworben. Auf diesen Erwerbsschritten basieren die sieben Stufen der Profilanalyse, von denen allerdings nur die ersten fünf für die Arbeit in der Grundschule relevant sind.

Stufe 0: **Bruchstückhafte Äußerungen**
Zu Beginn des Zweitspracherwerbs verwenden die Kinder noch keine finiten Verben. Sie äußern sich in Bruchstücken, z.B.: „anzieh"; „Ich auch."

Stufe 1: **Finites Verb in einfachen Äußerungen**
Im nächsten Schritt gelingt es den Kindern, finite Verben in einfachen Äußerungen an zweiter Stelle zu gebrauchen. Das Verb muss auf dieser Stufe noch nicht korrekt gebeugt sein, allerdings muss die Beugung erkennbar sein, z.B.: „Ich versteh." „Ich gang zu Pause."

Stufe 2: **Trennung von finiten und infiniten Verbteilen**
Profilstufe 2 ist dadurch gekennzeichnet, dass es den Kindern gelingt, Verben in den finiten und infiniten Verbteil zu zerlegen und eine Satzklammer zu bilden. Der finite Verbteil steht dabei an zweiter Stelle, der infinite Verbteil steht am Satzende, z.B.: „Und ich habe dann geweint."

Mit dem Erreichen dieser Stufe ist es dem Kind sprachlich möglich, mit Hilfe von Modalverben Absichten zu äußern, eine Vergangenheitsform zu gebrauchen (Perfekt) oder Verben differenziert zu verwenden, z.B. Bedeutungsunterschiede durch Vorsilben zu realisieren: „Ich schreibe auf. Ich schreibe ab."

Profilstufe 3

Stufe 3: **Subjekt nach finitem Verb (Inversion)**
Profilstufe 3 lässt sich als ein wesentlicher Meilenstein im Spracherwerb beschreiben. Den Kindern gelingt es nun, Sätze z.B. mit Zeitadverbien wie „und dann …" zu verknüpfen, die eine Inversion erfordern. Dadurch ist es möglich, Äußerungen in eine zeitliche Abfolge zu bringen und somit Ereignisse chronologisch zu erzählen. Mit Ortsadverbien kann der Hörer im gemeinsamen Handlungsraum orientiert werden, z.B.: „Dort liegt das Buch." Strukturell steht in Sätzen mit Inversion beispielsweise ein Zeitadverb am Satzanfang und das Subjekt hinter dem Verb, z.B.: „Und dann geht er nach Hause."

Profilstufe 4

Stufe 4: **Nebensatz mit finitem Verb in Endstellung**
Die Bildung von Nebensätzen, in denen das finite Verb am Ende steht, kennzeichnet Profilstufe 4, z.B. „…, weil der auch mal mit seiner Klasse gefahren ist."

Altersbedingt gehen die verwendeten Sprachstrukturen von Grundschulkindern in der Regel nicht über Stufe 4 hinaus. Auf die Beschreibung der komplexeren Sprachstrukturen der Profilstufen 5 (eingefügter Nebensatz) und 6 (erweitertes Partizipialattribut in einer Nominalkonstruktion) wird deshalb an dieser Stelle verzichtet.

Die Sprachprofilanalyse als Basis für erfolgreiche Fördermaßnahmen

Nachdem Sie sich mit den Grundlagen der Sprachprofilanalyse vertraut gemacht haben, können Sie mit ihrer Hilfe ohne weitere Vorkenntnisse den Sprachstand der Kinder im Deutschen erheben. Mit Hilfe der Sprachprofilanalyse können Sie mündliche Äußerungen, aber auch schriftliche Sprachproben Ihrer SuS analysieren. Die Analyse erfolgt einzig über die Stellung des Verbs in den Äußerungen der Kinder. Dies ermöglicht auf der einen Seite eine genaue Einordnung, an welcher Stelle die Kinder im Zweitspracherwerbsprozess stehen. Auf der anderen Seite ist die Auswertung und Analyse der gewonnen Sprachdaten übersichtlich und mit etwas Übung ohne allzu großen Zeitaufwand zu leisten.
Aus den gewonnen Ergebnissen lassen sich unmittelbar konkrete Fördermaßnahmen ableiten, sodass eine Über- aber auch Unterforderung ihrer SuS in sprachlicher Hinsicht vermieden werden kann.
Beim Einsatz der Profilanalyse hat sich der von Prof. W. Grießhaber entwickelte Sprachprofilbogen bewährt. Darauf sind die Merkmale der einzelnen Profilstufen zusammengefasst, sodass die Zuordnung von Äußerungen erleichtert wird. Auch weiterführende Beobachtungen zum Sprachstand des Kindes können auf diesem Bogen vermerkt werden.

Diagnose mit Hilfe des Sprachprofilbogens

Es empfiehlt sich, die Profilanalyse in regelmäßigen Abständen durchzuführen und den jeweiligen Sprachstand eines Kindes zu den verschiedenen Erhebungszeitpunkten auf einem Bogen festzuhalten. Diese Bögen bilden einerseits die Grundlage für die Planung der Fördermaßnahmen im nächsten Förderzeitraum, andererseits können Sie so die Sprachentwicklung Ihrer SuS dokumentieren: Zur Beurteilung der Entwicklung Ihrer Kinder liegen Ihnen konkrete Daten vor.

Sprachprofilbogen Grundschule

Name des Kindes: _____

Datum: _____ BeobachterIn: _____

Mitschrift:

Äußerungen Stufe:

0 _____ 1 _____ 2 _____ 3 _____ 4 _____

Profilstufe	Stufe 0	Stufe 1	Stufe 2	Stufe 3	Stufe 4
Ergebnissumme					

Ermittelte Stufe/Gesamtprofil: _____

Bemerkungen: _____

Stufe 4:	Nebensatz mit finitem Verb in Endstellung … nach Konjunktionen („dass, wenn, weil, …")
	z.B.: „ … weil der auch mal mit seiner Klasse gefahren ist."
Stufe 3:	Subjekt nach finitem Verb … nach vorangestelltem Element
	z.B.: „Dann brennt die."; „Da ist der Papa."
Stufe 2:	Trennung von finitem und infinitem Verbteil
	Perfekt mit Hilfsverb haben/sein und Vollverb
	z.B.: „Und ich habe dann geweint."
	• Modalverb und Vollverb: z.B. „Ich wollte den auch hinwerfen."
	• trennbare Vorsilbe am Satzende: z.B. „Ich bring noch Legos mit".
Stufe 1:	Finites Verb in einfachen Äußerungen
	z.B.: „Ich versteh."; „Der Benjamin hat einen Schlitten."
Stufe 0:	Bruchstückhafte Äußerungen
	• akustisch unverständliche Äußerung
	• grammatisch unvollständige Äußerung: z.B. „Mein Bruder."; „Sieben."
	• floskel- oder formelhafte Äußerung: z.B. „Ich auch."; „Danke."; „Bisschen."

Sprachförderung PLUS
Förderbausteine für den Soforteinsatz im Regelunterricht
ISBN 978-3-12-666802-6

Von der diagnostizierten Stufe zum Förderhorizont

Mit Hilfe der Sprachprofilanalyse können Sie das sprachliche Profil eines Kindes bestimmen und einer Profilstufe zuordnen. Nach der Sprachstandserhebung wissen Sie, welche Strukturen das Kind bereits erworben hat und welche Schritte es bis zum Erreichen der nächsten Profilstufe bewältigen muss. Letztere definieren den sogenannten Förderhorizont, an dem sich die Planung der Fördermaßnahmen ausrichten sollte, um das Kind auf seinem Erwerbsweg sinnvoll und gezielt zu unterstützen. Da die Erwerbsreihenfolge bei jedem Kind dieselbe ist und kein Erwerbsschritt ausgelassen werden kann, ermöglicht die Orientierung am Förderhorizont des Kindes eine passgenaue Sprachförderung. So vermeiden Sie sowohl eine Über- als auch eine Unterforderung des Kindes und bieten ihm genau das Material, das ihm den Erwerb der Strukturen erleichtert und es zur nächstfolgenden Profilstufe führt.

Fördermaßnahmen mit den Förderhorizonten planen

Profilstufen und Merkmale für den Förderhorizont 1

FÖRDERHORIZONT 1

PROFILSTUFE 0	FESTIGEN / AUFBAUEN	PROFILSTUFE 1
■ überwiegend bruchstückhafte Äußerungen ■ *anziehn./Ich auch.*	■ Wortschatz ■ einfache Äußerungen (mit aktiver Unterstützung) ■ Verben	■ Finites Verb in einfachen Äußerungen ■ *„Ich versteh."*
MERKMALE		**MERKMALE**
■ große Lücken im Wortschatz ■ Verben fehlen häufig ■ erste Anzeichen von Beugung („schlaft") ■ Mimik und Gestik stark unterstützend ■ Hilfe durch Zuhörer unerlässlich	**SCHWERPUNKT** Wortschatzaufbau, Sprachrituale, handlungsbegleitendes Sprechen	■ eingeschränkter Wortschatz ■ Genus unsicher ■ meist finite Verben ■ Hilfe durch Zuhörer erforderlich

Kinder, die der Profilstufe 0 zuzuordnen sind, haben erst seit kurzer Zeit Kontakt zur deutschen Sprache. Sie kennen bisher nur wenige deutsche Begriffe und verwenden diese in bruchstückhaften Äußerungen. Dabei handelt es sich um Ein- oder Mehrwortäußerungen, eventuell auch um formelhafte Wendungen, aber noch nicht um selbstständig gebildete vollständige Sätze. In der Regel bleiben eine oder mehrere Stellen im Satz aufgrund der noch großen Lücken im Wortschatz unbesetzt. Für eine ansatzweise gelingende Verständigung sind die parallelen Informationen, wie sie Gestik und Mimik liefern, eine unverzichtbare Grundlage. Unerlässlich ist auch die Unterstützung durch den Zuhörer, der durch Nachfragen, Wortvorschläge oder durch Gestik und Mimik die Äußerungsabsicht der Kinder klären kann.

Sie können das Kind beim Erreichen der Profilstufe 1 gezielt unterstützen, wenn sie ihm das dafür notwendige sprachliche Material konzentriert zur Verfügung stellen: Der Aufbau des Wortschatzes und einfache Satzstrukturen (Subjekt – Verb – Objekt) stellen Schwerpunkte in der Förderung auf Förderhorizont 1 dar.

Fördermaßnahmen für den Förderhorizont 1

Um die Kinder dabei zu unterstützen, möglichst schnell in der Schule und der Freizeit in ihrer neuen Sprache interagieren zu können, gilt es, ihnen die dafür notwendigen Redemittel zur Verfügung zu stellen. Mit Wortschatzarbeit ist also im ersten Schritt die Förderung des Alltagswortschatzes gemeint, damit die Kinder sich mit ihrer neuen Umgebung

Wortschatzarbeit

auseinandersetzen können. In den Förderbausteinen finden Sie zahlreiche Beispiele dafür, wie die Förderung von Alltagswortschatz und alltäglichen Handlungen (z.B. sich begrüßen, sich vorstellen, sich auseinandersetzen) im Unterricht umgesetzt werden kann. Nicht immer jedoch benötigen Sie dazu Materialien. Ein achtsames, sprachbewusstes Unterrichten und handlungsbegleitendes Sprechen (→ *Handlungsbegleitendes Sprechen*, S. 24) leisten einen äußerst wirkungsvollen Beitrag zum Fördererfolg.

Sprachrituale, Sprechverse, Reime und Lieder eignen sich in besonderer Weise für die Sprachförderung. Sie geben eine lautliche Orientierung, bieten sich für häufige Wiederholungen an, leisten einen nicht zu unterschätzenden Beitrag zur Förderung der phonologischen Bewusstheit und stellen Begriffe und sprachliche Strukturen in einen Kontext (→ *Sprachrituale, Sprechverse, Reime und Lieder*, S. 25).

Essentiell ist, dass es nicht um das isolierte Lernen von Vokabeln, sondern um den Erwerb eines funktionalen Wortschatzes geht (→ *Authentische Kommunikation*, S. 26), der die Interessen der Kinder aufgreift und die Wörter berücksichtigt, die in ihrem Schulalltag und in ihrer Freizeit häufig gebraucht werden. Die Begriffe werden in Kontexten erworben, die ihre nachhaltige Speicherung unterstützen und die dazugehörenden syntaktischen und grammatischen Strukturen (Stellung des Wortes im Satz, Beugung, Deklination etc.) sowie dazu gehörende Begriffe (z.B. Präpositionen, Pronomen, Adverbien, Adjektive) fördern (→ *Lernen im Kontext*, S. 27).

Förderung des einfachen Satzbaus

Damit die Kinder die Regeln zur Bildung einfacher Aussagesätze erwerben, stehen diese Strukturen im Mittelpunkt der Förderung. In den Fördermaterialien für Förderhorizont 1 sind zahlreiche Satzbeispiele zu finden, die Ihren SuS als Modelle für den einfachen Aussagesatz im Deutschen dienen können. Die gezielte Vorgabe erleichtert den Kindern den impliziten Erwerb der Struktur (→ *Impliziter Spracherwerb*, S. 23). Gleichzeitig bieten die Unterrichtsvorschläge und Fördermaterialien den Kindern umfangreich Gelegenheit, mündlich und schriftlich einfache Sätze zu produzieren und somit ihre impliziten Theorien zum deutschen Satz zu erproben, zu festigen oder zu verwerfen.

Obwohl der Wortschatz von Kindern auf Profilstufe 1 noch immer sehr eingeschränkt ist, gelingt es ihnen bereits, das Verb in ihren Äußerungen erkennbar zu beugen und an die zweite Position zu stellen. Bestimmte Positionen im Satz können weiterhin noch unbesetzt sein; besonders Artikelauslassungen sind auf dieser Profilstufe keine Seltenheit. Die Kinder haben noch große Unsicherheiten, das richtige Genus zu verwenden, die so weit gehen können, dass der Artikel vorläufig noch ignoriert wird. Noch immer benötigen die Kinder die Unterstützung durch ihre Zuhörer, um ihre Äußerungsabsichten umsetzen zu können.

Profilstufen und Merkmale für den Förderhorizont 2

FÖRDERHORIZONT 2

PROFILSTUFE 1		PROFILSTUFE 2
▪ Finites Verb in einfachen Äußerungen: *„Ich versteh."*	**FESTIGEN** ▪ Wortschatz ▪ Verben **AUFBAUEN** ▪ Differenzierung des verbalen Wortschatzes • Modalverben • Verben im Perfekt • trennbare Verben	▪ Trennung von finitem und infinitem Verbteil: *„Und ich habe dann geweint."*
MERKMALE ▪ eingeschränkter Wortschatz ▪ Genus unsicher ▪ meist finite Verben ▪ Hilfe durch Zuhörer erforderlich		**MERKMALE** ▪ Wortschatz ausreichend ▪ Genus unsicher ▪ Verben im Perfekt ▪ Modalverben ▪ beginnende Verkettung ▪ Unterstützung durch Hörer
	SCHWERPUNKT Verben, erstes Vorlesen (interaktiv)	

Für die Förderung auf Förderhorizont 2 bedeutet dies, dass die Förderung des Wortschatzes weiterhin im Fokus der Förderung steht: Der Ausbau des funktionalen, alltagsrelevanten Wortschatzes, besonders auch im Bereich der Verben, stellt ein wesentliches Förderziel dar. Gleichzeitig werden die Kinder an das Verstehen und Produzieren von mündlichen wie auch schriftlichen Texten herangeführt.

Sie können Ihren SuS den nächsten Erwerbsschritt (Erwerb der Satzklammer) erleichtern, indem Sie die Ausdifferenzierung des Wortschatzes gezielt unterstützen. In der Förderung gewinnen nun Modalverben, Hilfsverben und trennbare Verben besondere Bedeutung.
Mit Hilfe von Modalverben lassen sich Willensäußerungen („Ich will nach draußen gehen.") sowie Regeln und Verbote („Ich muss mich links einordnen.") formulieren. Die Verwendung von Hilfsverben ist unabdingbar für die Bildung des Perfekts („Ich bin nach Hause gegangen. Ich habe gespielt."), die gebräuchliche Vergangenheitsform des mündlichen Erzählens. Der Gebrauch trennbarer Verben ermöglicht ein differenziertes Beschreiben (und damit auch Verstehen) von Handlungen: Es macht beispielsweise einen großen Bedeutungsunterschied aus, ob ich etwas *aus*schneide oder es *zer*schneide.

Erwerb der Satzklammer

Die Verwendung von Modal-, Hilfs- und trennbaren Verben eröffnet den SuS also ganz neue Ausdrucksformen: Ereignisse können zeitlich eingeordnet werden, wenn die Kinder sprachlich verschiedene Zeitformen realisieren können. Absichten, Wünsche und Regeln können verstanden und ausgedrückt werden. Die Bedeutung von Verben mit unterschiedlichen Vorsilben werden sukzessive erworben, wodurch z.B. ein differenziertes Verständnis von Arbeitsanweisungen möglich wird.
Der Gebrauch von Modalverben erfordert am Satzende ein Verb im Infinitiv; hier können die Kinder also auf Vertrautes zurückgreifen. Vielleicht haben Sie auch schon beobachtet, dass Kinder dies als Vereinfachungsstrategie nutzen und für einen gewissen Zeitraum solche Satzstrukturen übergeneralisieren, also z.B. auch in Perfektsätzen verwenden (z. B. „Ich habe essen machen."). Dabei handelt es sich in der Regel um Zwischenschritte.
Der richtige Gebrauch von trennbaren Verben stellt besonders auch in semantischer Hinsicht eine Herausforderung dar. Die Erfassung von Bedeutungsunterschieden, die ausschließlich durch die Vorsilbe ausgedrückt werden, kann auch Deutschlernern, die bereits viele Jahre Kontakt zur deutschen Sprache haben, noch Schwierigkeiten bereiten und sollte deshalb durchgängig geübt werden.
Die Bildung des Perfekts ist neben der Verwendung der Satzklammer auch mit dem Gebrauch des Partizips II des Vollverbs verbunden.

Verwendung von Modal-, Hilfs- und trennbaren Verben

Die Förderbausteine bieten zahlreiche Gelegenheiten, die verschiedenen Satzklammern sowohl im mündlichen als auch im schriftlichen Gebrauch kennenzulernen und zu üben. Es finden sich Materialien zur Erweiterung der Ausdrucksmöglichkeiten hinsichtlich der Verben, aber auch Modellvorgaben zur Bildung von Satzklammern mit Modalverben oder trennbaren Verben. Zusätzlich finden Sie Anregungen zum Erzählen im Perfekt.

Der Umgang mit Texten gewinnt auf Förderhorizont 2 zunehmend an Bedeutung. Geschichten und Erzählungen tragen zur Wortschatzerweiterung maßgeblich bei und stellen die neuen Wörter jeweils in einen bestimmten Zusammenhang (→ *Lernen im Kontext*, S. 27). Zu Beginn des Spracherwerbs stellt es für die Kinder noch eine Überforderung dar, mit schriftsprachlichen Texten konfrontiert zu werden. Deshalb ist es empfehlenswert, zunächst erzählte Geschichten in den Mittelpunkt der Spracharbeit zu stellen. Zunächst sollten Sie Ihren SuS Erzähltes und Geschichten frei und „inszeniert" vortragen oder vorlesen. Dazu sollten Sie gut mit der Geschichte vertraut sein und sie mit Unterstützung von Gestik und Mimik vortragen. Mündlich Erzähltes ist für die Kinder leichter zu verstehen als schriftlich Erzähltes. Es bietet den Vorteil, dass Sie beobachten können, ob alle Kinder der Erzählung noch folgen können. Außerdem können sie so die Erzählung dem Sprachstand der Kinder anpassen, Wiederholungen einbauen und die Kinder in die Erzählung einbeziehen, z.B. durch Rückfragen oder Aktivitäten.

Interaktiver Umgang mit Texten

Die Förderbausteine geben Ihnen viele Beispiele für interaktive Erzählsequenzen, die auch auf andere Unterrichtsthemen oder Erzählanlässe übertragen werden können. Sie finden in diesem Zusammenhang auch dem Sprachstand angepasste Beispiele, die Kinder zum Erzählen – mündlich, aber auch schriftlich – anregen und ihnen dabei die notwendige Unterstützung geben.

Profilstufen und Merkmale für den Förderhorizont 3

FÖRDERHORIZONT 3

PROFILSTUFE 2		PROFILSTUFE 3
■ Trennung von finitem und infinitem Verbteil: *„Und ich habe dann geweint."*	**FESTIGEN** ■ Modalverben ■ Verben im Perfekt ■ Trennbare Verben ■ mündliches Erzählen	■ Subjekt nach finitem Verb: *„Und dann geht er nach Hause."*
MERKMALE ■ Wortschatz ausreichend ■ Genus unsicher ■ Verben im Perfekt ■ Modalverben ■ beginnende Verkettung ■ Unterstützung durch Hörer	**AUFBAUEN** ■ Verkettung von Äußerungen mit „und dann …" ■ Variation von Satzanfängen „heute, morgen, danach…" ■ schriftliches Erzählen **SCHWERPUNKT** Erzählförderung, Verkettung von Äußerungen	**MERKMALE** ■ Wortschatz ausreichend ■ Personalpronomen (er, sie …) ■ Verkettung von Äußerungen ■ selbstständige Äußerungen/Erzählsequenzen ohne Hörerhilfe möglich ■ Gebrauch der Inversionsstellung

Lernern auf Profilstufe 2 gelingt es, finite Verbteile von infiniten Verbteilen zu trennen und Satzklammern zu bilden. Teilweise benötigen sie noch die Unterstützung des Hörers. Sie verfügen über Modal- und Hilfsverben und das Partizip Perfekt. Ihr Alltagswortschatz ist allmählich ausreichend entwickelt, was jedoch nicht bedeutet, dass nun die Wortschatzarbeit an Bedeutung verliert. Zunehmend stehen nun bildungssprachliche Ausdrücke und der Fachwortschatz im Fokus der Aufmerksamkeit (→ *Bildungssprache fördern*, S. 27).
Neben der Festigung der bereits erworbenen Strukturen liegt der Schwerpunkt nun auf der Erzählförderung. Erzählen zu können, ist unmittelbar mit dem Erwerb der Inversionsstellung, d.h. der Stellung des Subjekts nach dem finiten Verb, verbunden. So können Aussagesätze satzübergreifend miteinander verbunden werden. Beispielsweise werden durch Zeitadverbien Ereignisse chronologisch verkettet („Zuerst habe ich … Und dann habe ich … Danach bin ich …"). Außerdem weisen Fragen und Imperativsätze diese Struktur auf.

Verkettung von Äußerungen

In einem ersten Schritt muss es den Kindern gelingen, Sätze nach einem einleitenden Zeitadverb so umzustellen, dass das Subjekt nach dem finiten Verb steht. Deshalb ist es vorerst ausreichend, unverbundene Sätze mit „und dann …" verbinden zu lassen. Eine abwechslungsreichere und differenziertere Verwendung von Zeitadverbien („später", „danach", …) wird erst im Verlauf der weiteren Förderung erwartet, auch wenn Sie als Lehrkraft bereits ein variantenreicheres Vorbild geben.
Nicht nur das (Nach)Erzählen von Geschichten und Ereignissen bietet viele Möglichkeiten zur Förderung der Verkettung von Äußerungen, auch spezifische Textsorten aus dem Deutsch- und Fachunterricht sind durch Inversionsstrukturen geprägt: Anleitungen, Beobachtungen, Rezepte, Protokolle oder Präsentationen. So eignen sich diese Texte als ausgezeichnete Anlässe für eine gezielte Sprachförderung in den jeweiligen Fächern. Dadurch wird deutlich: Sprachförderung ist eine Querschnittsaufgabe aller Fächer; ihr kann nicht

allein in additiven Förderstunden oder ausschließlich im Deutschunterricht nachgegangen werden (→ *Sprachförderung als Querschnittsaufgabe in allen Fächern*, S. 23).

Textverstehen fördern

Der produktive und rezeptive Umgang mit Texten gewinnt auf Förderhorizont 3 weiter an Bedeutung: Die Unterstützung durch die Lehrkraft beim Erzählen von Geschichten wird abgebaut und das Verstehen von Schriftsprache intensiv angebahnt. Geeignete Texte können jetzt vorgelesen werden. Gezielte Fragen zur Vor- oder Nachbereitung des Textes (→ *Gezielte Fragen und Impulse*, S. 26) unterstützen das globale Textverstehen. Damit rücken weitere sprachliche Strukturen in den Fokus: Während Vergangenes mündlich im Perfekt („ich bin gegangen") erzählt wird, wird im Schriftlichen dafür das Präteritum („ich ging") gebraucht. Auf Förderhorizont 3 erhalten die Kinder verstärkt Beispiele für Verben, die im Präteritum stehen. Der Gebrauch des Präteritums wird durch die Vorgabe vieler Modelle angebahnt → *Modelle vorgeben*, S. 24), ohne dass seine Verwendung zu diesem Zeitpunkt von den Kindern schon erwartet wird.

Das Verstehen von Präpositionen ist eine weitere wichtige Voraussetzung für das Textverständnis. Ihr Verständnis und ihr richtiger Gebrauch stellen für den Zweitsprachenlerner wegen Interferenzen zwischen Herkunfts- und Zielsprache oft einen schwierigen Erwerbsbereich dar und nehmen einen längeren Zeitraum in Anspruch. Rezipierte Texte bieten typische Kontexte für den Gebrauch von Präpositionen. In den Textproduktionen der Kinder kann die richtige Verwendung von Präpositionen mit korrekt deklinierten Artikeln, Adjektiven und Nomen jedoch noch nicht erwartet werden, zumal einige Präpositionen manchmal den Dativ und manchmal den Akkusativ verlangen (Wechselpräpositionen).

Profilstufen und Merkmale für den Förderhorizont 4

FÖRDERHORIZONT 4

PROFILSTUFE 3		PROFILSTUFE 4
■ Subjekt nach finitem Verb: *„Dann brennt die."*	**FESTIGEN** ■ Verkettung von Äußerungen mit *„und dann…"* ■ Variation von Satzanfängen *„heute, morgen, danach…"* ■ schriftliches Erzählen	■ Nebensatz mit finitem Verb in Endstellung: *„…, weil der auch mal mit seiner Klasse gefahren ist."*
MERKMALE ■ Wortschatz ausreichend ■ Personalpronomen (er, sie …) ■ Verkettung von Äußerungen ■ selbstständige Äußerungen/Erzählsequenzen ohne Hörerhilfe möglich ■ Gebrauch der Inversionsstellung	**AUFBAUEN** ■ Nebensätze mit *„weil, wenn, obwohl…"* ■ Geschichtenmuster: *„doch da…", „plötzlich…", „aber dann…"* ■ schriftliches Erzählen **SCHWERPUNKT** Nebensätze, Geschichtenmuster	**MERKMALE** ■ Wortschatz differenziert ■ komplexe Satzstrukturen ■ dichte Verkettung ■ Einbeziehung und Steuerung des Hörers ■ eigenständige Erzählsequenzen

Mit dem Erreichen der Profilstufe 3 können die SuS nun satzübergreifende Bezüge herstellen und die Inversionsstellung realisieren. Diese Fähigkeit wird auf Förderhorizont 4 weiter ausgebaut. Dazu gehört die Förderung der variantenreichen Verknüpfung von Sätzen durch verschiedene Satzanfänge („doch da", „später", „plötzlich" …), aber auch der Erwerb weiterer Strukturen.

Erwerb von Nebensätzen

Auf Förderhorizont 4 erwerben die SuS die Verbstellung in Nebensätzen, die sich von der Stellung des Verbs im Hauptsatz unterscheidet: Im Nebensatz steht das finite Verb am Satzende („…, weil ich nach Hause gegangen bin."). Es lassen sich verschiedene Nebensatztypen unterscheiden, die in der Grundschule bedeutsam sind und mit verschiedenen Konjunktionen (Bindewörtern) eingeleitet werden:

- Begründungen (Kausalsätze, weil): „Ich ziehe mich warm an, weil es heute kalt ist."
- dass-Sätze: „Ich vermute, dass die Schnecke über das Hindernis kriecht."
- Bedingungssätze (wenn – dann): „Ich ziehe ein T-Shirt an, wenn das Wetter gut ist."
- Temporalsätze (als): „Ich habe mir ein Buch gekauft, als ich mit meiner Mama in der Stadt war."
- Relativsätze: „Ich sehe eine Frau, die über die Ampel gehen will."
- Einräumungen (Konzessivsätze, obwohl): „ Wir spielen Fußball, obwohl es regnet."

Damit die Vertrautheit der Kinder mit Nebensätzen steigt, werden auf Förderhorizont 4 die verschiedensten Anlässe genutzt, Nebensätze zu bilden. Die Förderbausteine zeigen Ihnen, welche Impulse Sie setzen können, um die Kinder zur Bildung von Nebensätzen anzuregen. Auch hier spielt der Unterricht in den Fächern eine bedeutende Rolle (→ *Sprachförderung als Querschnittsaufgabe in allen Fächern*, S. 23). Die Förderbausteine aus den Fächern Sachunterricht und Mathematik zeigen exemplarisch, wie die Verbindung zwischen dem Aufbau fachlicher Kompetenzen und Sprachförderung gelingen kann, durch welche Maßnahmen der Fachunterricht vorbereitet und unterstützt werden kann und welche Hilfen eingeplant werden müssen, damit sich alle Kinder am Unterrichtsgeschehen beteiligen können.

Verwendung von Personalpronomen in Texten

Bezüge zwischen den einzelnen Sätzen eines Textes werden nicht nur über verkettende Satzanfänge und Konjunktionen hergestellt. Personalpronomen stellen Bezüge zwischen Sätzen und Satzteilen her, indem sie einerseits die Ausrichtung auf einen Protagonisten im Text fortführen und andererseits in ihrer Bedeutung vom bereits Gesagten im Text abhängen („Die Schnecke kriecht zum Futter. Sie frisst den Mehlbrei." „Sie" bezieht sich in diesem Fall auf die Schnecke). Die Fähigkeit, solche Bezüge in Texten zu verstehen und herzustellen, setzt bereits fortgeschrittene sprachliche Kompetenzen voraus und ist eng mit dem Erwerb grundlegender grammatikalischer Bereiche verknüpft: dem Wissen um den richtigen Artikel bei Nomen und der Fähigkeit, Artikel, Nomen und Adjektive richtig zu deklinieren.
In den Förderbausteinen finden Sie zahlreiche Anregungen, wie Sie mit Ihren SuS den Einsatz von Personalpronomen in Texten üben können.

Präteritum

Als typische Zeitform in Geschichten haben Sie den Kindern schon ab Förderhorizont 3 das Präteritum angeboten. Nachdem die Kinder eine gewisse Menge an Verben im Präteritum aufgenommen haben und verstehen können, können Sie auf Förderhorizont 4 dazu übergehen, die Verwendung des Präteritums beim Schreiben anzuregen. Auch hier bieten Ihnen die Förderbausteine Beispiele. Dabei bilden die Kinder immer wieder abweichende Formen auf der Basis interner Regelsysteme. Erst durch häufige Verwendung setzen sich weitgehend die korrekten Formen durch.

Schreibförderung

Texte in einer Sprache zu schreiben, die nicht die Herkunftssprache ist, stellt eine besondere Herausforderung dar. Die Kinder müssen unterscheiden lernen, welche Mittel nicht in einen geschriebenen Text passen, auch wenn sie für die mündliche Kommunikation angemessen sind. Zuerst schreiben die Kinder, wie sie sprechen. Nach und nach müssen sie lernen, die Anforderungen von schriftlichen Texten zu erfüllen. Das mündliche Erzählen wird daher auf Förderhorizont 4 sukzessive zum schriftlichen Erzählen überführt. Auch hier erhalten die Kinder Modelle, die sie als Vorbild für eigene Versuche nutzen können.

Was leisten die Förderbausteine?

Eine sinnvolle, erfolgreiche Sprachförderung orientiert sich am Erwerbsstand der Kinder. Da die Sprachstände der Kinder in einer Klasse sehr unterschiedlich sein können, bedeutet dies, dass Sprachfördermaßnahmen differenziert geplant und umgesetzt werden sollten.

Die Fördermaterialien in diesem Band helfen Ihnen dabei, diese anspruchsvolle Aufgabe umzusetzen. Nachdem Sie anhand der Sprachprofilanalyse festgestellt haben, wo die einzelnen Kinder in der Klasse sprachlich stehen, unterstützen Sie die Fördermaterialien bei der Ableitung passender Fördermaßnahmen. Die einsatzbereiten, auf die einzelnen Förderhorizonte zugeschnittenen Materialien führen die SuS zum Erreichen der nächsten Profilstufe.

Fördermaßnahmen differenziert planen und umsetzen

Die Förderbausteine dieses Bandes lassen sich lehrwerksunabhängig einsetzen, greifen typische Themen aus dem Grundschulunterricht auf und bereiten sie sprachförderlich auf. Sie finden zu gängigen Grundschulthemen vierfach differenzierte Förderangebote, die es Ihnen ermöglichen, auf den jeweiligen Unterrichtskontext abgestimmte Sprachförderung in Ihren Regelunterricht zu integrieren und den Kindern sprachstandsbezogene Angebote zum Rahmenthema des Unterrichts zu machen. Die vorbereitenden, vertiefenden oder alternativen Förderangebote machen eine Unterstützung von Kindern mit Sprachförderbedarf im Regelunterricht möglich – und das ohne Mehraufwand bei der Vorbereitung.

Nicht zuletzt bieten Ihnen die Förderbausteine in diesem Band viele Beispiele, wie Sie Ihren Unterricht generell sprachförderlich optimieren können und geben Ihnen Anregungen zur Gestaltung in allen Fächern: Die Beispiele für sprachstandsbezogene Aufgabengestaltung, Aufgabenformulierung, methodische Unterstützung und sprachförderliches Verhalten der Lehrkraft lassen sich problemlos auf weitere Themenfelder übertragen.

Sprachförderung in den Unterricht integrieren

Wie kann mit den Förderbausteinen gearbeitet werden?

Die ersten 14 Förderbausteine richten sich an die Klassen 1 und 2. Kinder dieser Klassenstufen befinden sich noch in der Anfangsphase des Schriftspracherwerbs. Dem wurde bei der Auswahl der Angebote Rechnung getragen, indem sie einen ausgeprägten Schwerpunkt auf Mündlichkeit haben. Die folgenden zehn Förderbausteine für die Klassen 3 und 4 rücken Schriftsprachlichkeit und Bildungssprache stärker in den Fokus der Förderung.

Nach einer Einleitung in den sprachförderlichen Kontext bietet Ihnen die Tabelle in jedem Förderbaustein eine Übersicht über Art und Inhalt der Förderangebote. Zusätzlich sehen Sie, in welchen Sozialformen die Angebote durchgeführt werden können und welche Fördermaterialien (Kopiervorlagen) jeweils dazugehören.

Aufbau der Förderbausteine

Im Anschluss werden die einzelnen Förderangebote ausführlich dargestellt. Die Förderangebote beziehen sich auf die gesamte Lerngruppe oder sind den vier Förderhorizonten zugeordnet. Sie erfahren, welches Material zur Durchführung des Angebots benötigt wird und welche Vorbereitungen zu treffen sind. Eine genaue Beschreibung zur Durchführung des Angebots schließt sich an. Hier finden Sie Hinweise zum schrittweisen Vorgehen, Beispiele für die Gestaltung von Unterrichtsgesprächen in Form konkreter Fragestellungen oder Impulse sowie Anregungen zum Umgang mit Schüleräußerungen. Einige Bausteine schließen mit Tipps und Ideen zur Weiterarbeit oder Varianten der Unterrichtsgestaltung ab.

In den Förderbausteinen, in denen mit Liedern gearbeitet wird, haben wir aus Gründen der Übersichtlichkeit auf den Abdruck von Noten verzichtet. Eine gute Quelle hierfür ist das Internet; hier können Sie die Lieder oftmals auch anhören (z. B. auf YouTube).

die Förderbausteine vielfältig nutzen

Die Förderbausteine machen Ihnen ein modulares Angebot, das Sie unterschiedlich nutzen können:

- Auf der Basis der verschiedenen Förderangebote für die gesamte Lerngruppe und die einzelnen Förderhorizonte sowie den Lernvoraussetzungen Ihrer SuS können Sie eine Unterrichtseinheit planen, die sich eng am Förderbaustein orientiert. Die Angebote für die gesamte Lerngruppe und die Förderangebote für die einzelnen Förderhorizonte sind aufeinander bezogen und in einigen Beispielen auch sehr eng miteinander verknüpft. In diesen Fällen mündet z. B. die Arbeit der einzelnen Förderhorizonte in ein gemeinsames Produkt, z. B. eine Inszenierung. Die Verteilung der Förderangebote nehmen Sie selbst auf der Grundlage Ihrer individuellen Klassensituation vor. Da der Zeitbedarf für die einzelnen Angebote stark von den Voraussetzungen in Ihrer Klasse abhängt, finden Sie hierzu keine Aussagen im Text. In der Regel wird für die Durchführung der einzelnen Sequenzen jedoch nicht mehr als eine Unterrichtsstunde benötigt.
- Zur Ergänzung des durch Ihre Lehrwerke oder das Curriculum Ihrer Schule vorgegebenen Unterrichtsangebots können Sie dazu passende Förderangebote auswählen und einsetzen.
- Auch zur Planung additiver Förderangebote können Sie auf die Förderangebote zurückgreifen.
- Die vorliegenden Materialien sind ideal für die in den Regelunterricht eingebettete Sprachförderung in sprachheterogenen Lerngruppen geeignet, bieten selbstverständlich aber auch Material für die Gestaltung von DaZ-Fördergruppen, die eher homogen zusammengesetzt sind.
- Zu jedem Förderbaustein finden Sie ein vierfaches Differenzierungsangebot. Aus den Vorschlägen wählen Sie diejenigen aus, die für das sprachliche Profil Ihrer Lerngruppe geeignet sind. Beachten Sie dabei, dass die Angebote sowohl zum Aufbau neuer Strukturen (Förderhorizontorientierung), aber auch zur Festigung bereits erworbener Strukturen eingesetzt werden können. Das heißt also, dass ein Förderangebot für Förderhorizont 2
  a) für Kinder sinnvoll sein kann, die die Profilstufe 1 erreicht haben und nun auf dem Weg sind, Strukturen zu erwerben, die die Profilstufe 2 kennzeichnen und
  b) zur Festigung bereits erworbener Strukturen auch für Kinder sinnvoll sein kann, die die Profilstufe 2 schon erreicht haben. Auch wenn Sie also in einer Lerngruppe mit Kindern aller Förderhorizonte unterrichten, haben Sie so eine gewisse Flexibilität bei der Einteilung der Teilgruppen – je nach Anzahl der Kinder, den räumlichen Voraussetzungen, der Möglichkeit der Doppelbesetzung usw.
- Auch in (individualisierte) Tages- oder Wochenpläne oder Freiarbeitsphasen können einige der Förderangebote integriert werden.

Bausteine einer erfolgreichen Sprachförderung

DEN SPRACHSTAND DER KINDER KENNEN

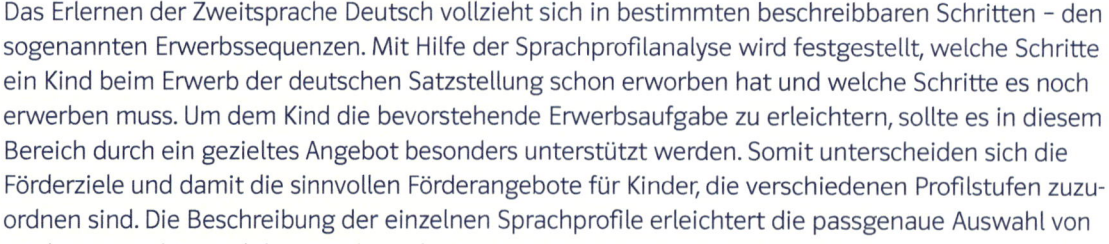

Das Erlernen der Zweitsprache Deutsch vollzieht sich in bestimmten beschreibbaren Schritten – den sogenannten Erwerbssequenzen. Mit Hilfe der Sprachprofilanalyse wird festgestellt, welche Schritte ein Kind beim Erwerb der deutschen Satzstellung schon erworben hat und welche Schritte es noch erwerben muss. Um dem Kind die bevorstehende Erwerbsaufgabe zu erleichtern, sollte es in diesem Bereich durch ein gezieltes Angebot besonders unterstützt werden. Somit unterscheiden sich die Förderziele und damit die sinnvollen Förderangebote für Kinder, die verschiedenen Profilstufen zuzuordnen sind. Die Beschreibung der einzelnen Sprachprofile erleichtert die passgenaue Auswahl von Fördermaterialien und die Einteilung der Lerngruppe in homogenere Teilgruppen.

SPRACHFÖRDERUNG ALS QUERSCHNITTSAUFGABE IN ALLEN FÄCHERN

In vielen Schulen erhalten Kinder im Zweitspracherwerb zusätzliche Förderstunden DaZ (Deutsch als Zweitsprache). Diese additive Form der Förderung ist sicherlich eine sinnvolle Maßnahme, Kinder im Zweitspracherwerb zu unterstützen, da sie hier in der Regel in Kleingruppen gefördert werden. In der Kleingruppe kommen alle Kinder wesentlich öfter zur Wort … Sie haben mehr Gelegenheiten, sich in einem überschaubaren Rahmen unter Lernern in ähnlichen Situationen in der Zweitsprache zu erproben. Die Lehrkraft kann sich besser auf die Bedürfnisse der Zweitsprachenlerner konzentrieren und diese gezielt unterstützen. Darin darf sich jedoch die Förderung von Kindern nichtdeutscher Herkunftssprache nicht erschöpfen. Auch die Zuweisung sprachförderlicher Maßnahmen ausschließlich zum Fach Deutsch ist zu kurz gegriffen: Bestimmte Ziele in den Fächern stehen mit der Fähigkeit, spezifische sprachliche Strukturen nutzen zu können, in einem unmittelbaren Zusammenhang.
Ein Ziel des Sachunterrichts ist es z.B., die Schülerinnen und Schüler zu befähigen, Phänomene ihrer Umwelt ziel- und sachorientiert zu erkunden, zu hinterfragen und zu deuten. Neben den Inhalten steht der Ausbau des Methodenrepertoires im Zentrum des Fachs Sachunterricht. Vermuten, überprüfen, schlussfolgern oder argumentieren zu können, gehört zu den grundlegenden Kompetenzen, die in der Grundschule als Vorbereitung auf den naturwissenschaftlichen Fachunterricht sukzessive aufgebaut werden. Diese Basiskompetenzen sind unmittelbar mit der Fähigkeit, sich (fach-)sprachlich ausdrücken zu können, verbunden und an bestimmte sprachliche Strukturen geknüpft (z.B. Nebensatzstrukturen, um Vermutungen äußern zu können, Gebrauch von trennbaren Verben, um Beobachtungen genau versprachlichen zu können). Um eine erfolgreiche Beteiligung von Zweitsprachlernern im naturwissenschaftlichen Unterricht zu ermöglichen, fallen auch im Sachunterricht die Aufgaben zusammen, einerseits fachliche Inhalte zu vermitteln und anderseits das Potential des Fachs für die Sprachförderung zu nutzen sowie die sprachlichen Anforderungen im Unterricht so zu gestalten, dass Kinder der unterschiedlichen Förderhorizonte fachlich partizipieren können.
Mathematik gehört zu den Fächern, wo die wenigsten Schwierigkeiten für Kinder im Zweitspracherwerb erwartet werden – den Lernbereich „Textaufgaben" einmal ausgenommen. Dennoch sind viele Kinder nichtdeutscher Herkunftssprache auch im Mathematikunterricht nicht erfolgreich. Dies lässt sich u.a. durch die notwendige sprachliche Vermittlung von mathematischen Symbolen und Zusammenhängen erklären. Das Fach Mathematik bringt auch eigene Fachbegriffe mit sich, die exakt erworben werden müssen, damit Kinder im Unterricht erfolgreich mitarbeiten können. Auch alltagssprachliche Begriffe erhalten im Fach eine spezifische fachliche Bedeutung (z.B. gerade Zahlen im Kontext der Mathematik im Gegensatz zum Gebrauch in der Alltagssprache: „gerade" als Gegenteil von „schief"). Begriffe und spezifische sprachliche Strukturen können nirgends anders als im Fach selbst erworben werden; somit bedingen sich das Lernen im Fach und Sprachförderung gegenseitig.

IMPLIZITER SPRACHERWERB

Das Erlernen einer Sprache ist eine dem Menschen angeborene Fähigkeit. Dazu bedarf es keines besonderen Unterrichts, wie der Erstspracherwerb kleiner Kinder eindrücklich zeigt. Auch das Erlernen weiterer Sprachen gelingt auf natürlichem Weg durch den Kontakt mit Sprechern dieser Sprachen (ungesteuerter Zweitspracherwerb). In vielen mehrsprachigen Kulturen ist dies der Regelfall. Sprachenlerner sind demnach unter günstigen Voraussetzungen in der Lage, eine Sprache zu erlernen, ohne dass ihnen explizit Grammatikregeln vermittelt werden.
Besonders junge Lerner eignen sich auf spielerische und beiläufige Art Sprachen und deren Regeln an. Aus dem sprachlichen Angebot generieren sie auf der Basis von Modellen unbewusst Regeln, die sich mit zunehmenden Erfahrungen mehr und mehr der Grammatik der Zweitsprache annähern. Sie entwickeln ein intuitives Gefühl für die Strukturen der Sprache und können erworbene Regeln unbewusst anwenden, ohne sie verbalisieren zu können. Diese Prozesse benötigen eine gewisse Zeit und sind abhängig von der Häufigkeit und der Qualität der vorgegebenen Modelle. Die explizite Vorgabe

von Grammatikregeln scheint daher oft der effektivere Weg zu sein. Doch Untersuchungen zeigen, dass sich die Umsetzung explizit erworbener Regeln im Sprachgebrauch nur sehr langsam vollzieht und den Lerner große Anstrengung kostet. Die Konzentration auf memorierte Regeln hemmt viele Kinder beim Sprechen, weil sie befürchten, Fehler zu machen. Andererseits kann die Orientierung auf sprachliche Formen den unbewusst ablaufenden Regelbildungsprozess unterstützen („Language Awareness").

VIELE WIEDERHOLUNGEN

Damit sich Kinder oder auch ältere Sprachenlerner neue Wörter und bestimmte Strukturen aneignen können, benötigen sie ausreichend wiederholte Begegnungen mit dem neuen Inhalt. Eine einmalige Begegnung reicht nicht aus, um einen neuen Begriff abzuspeichern oder eine neue Grammatikstruktur zu erwerben.

Ein neuer Begriff wird umso nachhaltiger abgespeichert, je häufiger er rezeptiv verarbeitet, vor allem aber auch je häufiger er produktiv verwendet wird. Je komplexer ein neuer Begriff im mentalen Gedächtnis verankert ist, desto schneller gelingt seine Aktivierung. Neue Wörter, die in wechselnden Zusammenhängen gelernt werden (z.B. verschiedene syntagmatische Beziehungen, im Zusammenhang mit Reimwörtern, innerhalb von Wortfamilien) können daher leichter assoziiert werden als Wörter, die hauptsächlich in zweisprachigen Vokabellisten geübt wurden. Das wiederholte Auftauchen der Begriffe in verschiedenen Kontexten ermöglicht die Ausdifferenzierung der Wortbedeutung und liefert den lernenden Kindern Beispiele, wann ein neuer Begriff passend ist und wann ein anderer Begriff gewählt werden muss.

Die vielfache Begegnung mit einem Begriff ermöglicht die Bestätigung bzw. die Korrektur von Hypothesen, die ein Kind über die Bedeutung eines Wortes entwickelt hat.

Auch grammatische Regeln werden durch die wiederholte Begegnung mit bestimmten grammatischen Strukturen gebildet. Forschungen haben ergeben, dass sich Kinder in der Zweitsprache grammatische Regeln richtig aneignen können, indem sie auf der Basis einer ausreichend großen Menge von Beispielen die entsprechenden grammatischen Regeln unbewusst generieren und anwenden. Den Kindern müssen ausreichend viele Beispiele für diese Regel vorliegen, damit die Regel intuitiv erfasst werden kann: Die Kinder müssen z.B. ausreichend oft bestimmten Formen begegnet sein, um ihre Regelhaftigkeit (z.B. die Verbendung „–t" in der 3. Person Singular (Präsens) oder das Verbzweitprinzip im Deutschen) erfassen zu können. Für die Förderung bedeutet dies, auf vielfältige Wiederholungen zu achten.

MODELLE VORGEBEN

Neben vielen Wiederholungen brauchen Kinder vor allem sprachliche Modelle, an denen sie sich orientieren können. Diese sollten optimalerweise etwas über dem festgestellten Sprachniveau des Lerners liegen. Kinder, die der Profilstufe 1 zuzuordnen sind, erhalten demnach verstärkt Modelle von Strukturen der nachfolgenden Profilstufe.

HANDLUNGSBEGLEITENDES SPRECHEN

Intuitiv unterstützen Eltern ihr Kleinkind beim Sprechenlernen durch ein stets altersangemessenes Kommentieren des Alltags. Auch im Zweitspracherwerb spielt das handlungsbegleitende Sprechen eine große Rolle:

Die verbale Begleitung von Handlungen bettet die sprachlichen Informationen in einen unmittelbaren Kontext ein, der dem Lerner zahlreiche weitere Informationen (Parallelinformationen) zum Verständnis der Äußerung an die Hand gibt. In Kombination mit bereits erworbenen Bedeutungen und Strukturen unterstützt dies das Kind bei der Erschließung neuer unbekannter Wörter. Dies bedeutet aber auch, dass die Lehrkraft ihre Äußerungen an das sprachliche Wissen der Kinder anpassen muss. Wenn die Äußerung zu viele unbekannte Elemente enthält, helfen auch die Parallelinformationen oft nicht weiter.

Weiterhin fördert die Begleitung von Handlungen durch Sprache die Vernetzung von Wortbedeutungen im Kontext. Die Bedeutungsinhalte von Wörtern können im Gebrauch ausdifferenziert und voneinander abgegrenzt werden. Wann benutzt die Lehrkraft z.B. die Bezeichnung „Schüssel" für ein Gefäß, wann die Bezeichnung „Topf"? Welche Wörter tauchen oft gemeinsam in einer Äußerung auf (z.B. „Die Sonne scheint.") Die Verknüpfung von Wörtern in sogenannten *syntagmatischen Netzen* unterstützt die Fähigkeit, Wörter schnell aus dem mentalen Lexikon abzurufen.

Nicht zuletzt geben handlungsbegleitende Äußerungen den Kindern Modelle vor, wie und durch welche Strukturen bestimmte Tätigkeiten versprachlicht werden. Manche Verben erfordern z.B. ein Objekt im Satz, andere nicht (z.B.: „Ich esse.") Aber: „Ich decke den Tisch."

Die modellhafte Versprachlichung von Handlungen im Unterricht ist ein leicht umsetzbares Prinzip in allen Fächern. Auch im Fachunterricht trägt handlungsbegleitendes Sprechen zum Verstehen mathematischer oder naturwissenschaftlicher Zusammenhänge bei. Fachtypische Sprachstrukturen werden modellhaft vorgegeben und unterstützen die Kinder bei der Beteiligung an Unterrichtsgesprächen oder bei der selbstständigen Versprachlichung eigener Beobachtungen, Experimente oder Lösungen.

SPRACHRITUALE, SPRECHVERSE, REIME UND LIEDER

Sprachrituale, Sprechverse, Reime und Lieder sind in besonderer Weise für die Sprachförderung geeignet. Es gibt sie in allen Sprachen und Kulturen, und fast alle Kinder sind seit ihrer frühen Kindheit mit ihnen vertraut. Auf spielerische Weise kommen sie auf diesem Weg der Sprache näher, was besondere Chancen in der Förderung des Zweitspracherwerbs bietet.

Das Sprechen und Singen von Liedern und Versen wird als lustvoller Zeitvertreib empfunden, der Nähe und Beziehung schafft und zu vielen Wiederholungen einlädt, die nicht als anstrengende Übungen oder langweiliges Repetieren empfunden werden.

Der Umgang mit Versen, Reimen oder Liedern hilft den Kindern, das fremde Klangbild der neuen Sprache kennenzulernen und aufzunehmen. Er fördert die Lautunterscheidung und macht vertraut mit dem Lautinventar, Betonungsmustern und der silbischen Durchgliederung des Deutschen. Beim Singen von Liedern wird z.B. der Text in Silben auf Noten verteilt, Verse und Reime werden rhythmisch gesprochen. Durch Sprechverse, Lieder und Reime wird die Aufmerksamkeit des Kindes besonders auf die lautliche Struktur des Deutschen gelenkt und damit eine wesentliche Grundlage für den Schriftspracherwerb gelegt. Die auditive Wahrnehmung wird gestärkt, die phonologische Bewusstheit gefördert.

Daneben erweitert das Lernen von Versen und Liedern den Wortschatz auf kindgemäße Weise: Die Themen sind altersangemessen, Wörter werden nicht isoliert, sondern in Zusammenhängen gelernt, sodass sie nachhaltig gespeichert werden können. Durch die vielen Wiederholungen eines Liedes oder eines Verses begegnen die Kinder auf spielerische Weise grammatischen Strukturen immer wieder und erhalten so Modelle für eine implizite Regelgenerierung. Dazu können bestimmte Lieder oder Verse gezielt für die einzelnen Förderhorizonte ausgewählt werden, da in vielen Liedern bestimmte Strukturen vorherrschen.

Viele Lieder oder Verse weisen allerdings höherwertige Strukturen auf, als es dem Förderhorizont des Kindes entspricht, oder weichen in syntaktischer Hinsicht von der Umgangssprache ab. Auch diese Lieder und Verse können sich die Kinder ohne Mühe einprägen; die Begegnung mit höherwertigen Sprachstrukturen und Abweichungen von der Umgangssprache gehören zur authentischen Begegnung mit der Zweitsprache Deutsch. Die Kinder sollten allerdings nicht zur Produktion solcher Strukturen gedrängt werden.

GEZIELTE FRAGEN UND IMPULSE

Durch gezielte Fragen und Impulse können Kinder in ihrem Erwerbsprozess auf einfache Weise gut unterstützt werden. Durch die Art der Fragestellung wird den Kindern bereits sprachliches Material angeboten, das sie in ihrer Antwort aufgreifen können (z.B. „Wer will Fußball spielen?" „Ich will Fußball spielen".).

Fragen und Impulse können so formuliert werden, dass die mögliche Antwort dem Förderhorizont des Kindes entspricht:

- Entscheidungsfragen können lediglich mit Ja oder Nein beantworten werden (Förderhorizont 1). Mit Entscheidungsfragen kann überprüft werden, was Kinder bereits verstanden haben und welche Begriffe das Kind bereits versteht.
- Wer-Fragen, die nach dem Subjekt fragen, weisen Strukturen der Stufen 1 oder 2 auf und können auch mit diesen Strukturen beantwortet werden („Wer rettet die Prinzessin?" „Der Prinz rettet die Prinzessin.").
- Warum-Fragen eignen sich besonders, um Antworten mit Nebensätzen anzuregen. Dies gilt auch für Impulse wie „Begründe!", „Was vermutest du?" oder „Berichte, was du gesehen hast!"

An den jeweiligen Sprachstand angepasste Fragen und Impulse unterstützen Kinder also bei der Sprachproduktion und vermeiden sowohl Unter- als auch Überforderung.

UMGANG MIT FEHLERN

Fehler gehören zwangsläufig zum Spracherwerb und geben der Lehrkraft wichtige Hinweise zum aktuellen Sprachstand eines Kindes. Äußerungen wie „Dann die Schnecke hat den Brei probiert." verweisen darauf, dass das Kind die Satzklammer bereits erworben hat, jedoch noch nicht die Inversionsstellung. Fehlerhafte Äußerungen geben nicht nur Hinweise, was ein Kind noch nicht kann, sondern zeigen auch, was ein Kind bereits erworben hat. Die Beschäftigung mit Fehlern gibt also wichtige Einblicke in die Sprachentwicklung eines Kindes.

Der Umgang mit Fehlern sollte behutsam erfolgen. Eine explizite Fehlerkorrektur wird von Kindern oftmals als beschämend erlebt und kann ihre Äußerungsbereitschaft deutlich hemmen. Deshalb sollten Äußerungen von Kindern beiläufig korrigierend aufgegriffen werden.

Kind: „Ich bin in die Klasse gegangt."

Lehrkraft: „Ja, ich habe es gesehen. Du bist in die Klasse gegangen."

Auf diese Weise erhält das Kind eine positive Rückmeldung darüber, dass es verstanden wurde und gleichzeitig ein weiteres Beispiel zur korrekten Bildung des Partizips von „gehen".

Auch für den Umgang mit Fehlern gilt, dass die Modellvorgabe im korrektiven Lehrerfeedback dem Förderhorizont des Kindes angepasst sein sollte.

AUTHENTISCHE KOMMUNIKATION

Kinder wollen sich mit anderen verständigen, sich sozial integrieren und Anteil haben an Ereignissen und Vorgängen, die sie interessieren. Diese Bedürfnisse motivieren sie, sich mit der Sprache, in der dies passiert, auseinanderzusetzen und sich in dieser Sprache zu äußern. Die Berücksichtigung der kindlichen Lebenswelt ist also ein wichtiges Kriterium bei der Gestaltung von Sprachförderung. Inhalte und Anlässe, die der Lebenssituation der Kinder entsprechen, ihnen bei der Bewältigung ihres (Schul)Alltags helfen und zu ihren Interessen passen, sichern die Aufmerksamkeit der Sprachenlerner und lassen sie Relevanz erfahren. Themen, die aus der unmittelbaren Umwelt des Kindes stammen (z.B. Familie), die sie auf schulische Themen vorbereiten (z.B. Schulwortschatz), die ihre spezifischen Interessen aufgreifen (z.B. Tiere) oder zur Bewältigung typischer Lebenssituationen hilfreich sind (z.B. sich verabreden, Handlungsanweisungen verstehen) sind besonders für die Förderung von Sprache geeignet. So können sukzessive ein funktionaler Wortschatz und relevante Strukturen aufgebaut werden, die Kinder schnellstmöglich befähigen, sich zu beteiligen.

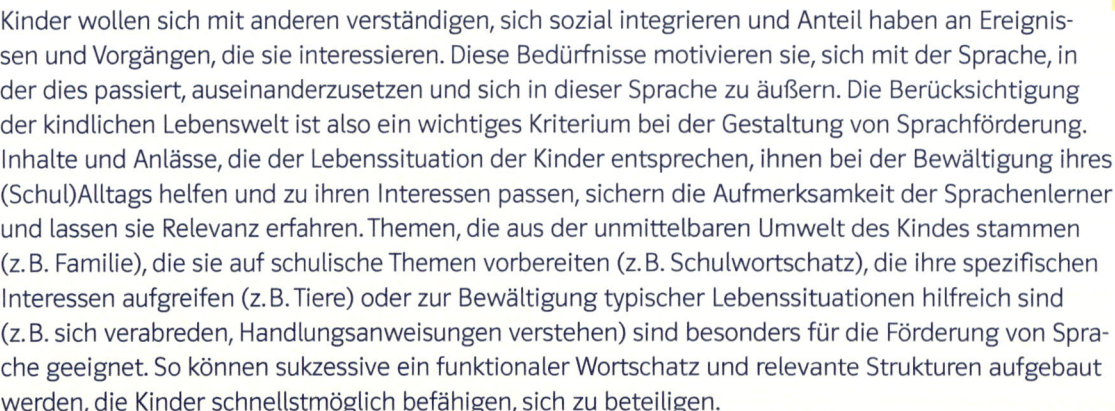

LERNEN IM KONTEXT

Begriffe und Strukturen lernt man am besten gebrauchsbasiert in ihren typischen Verwendungskontexten. Der jeweilige Kontext vernetzt Wörter miteinander und gibt dem Lerner Hinweise darüber, wie man ein Wort verwendet, wie es sich in verschiedenen Zusammenhängen verändern kann, welche Wörter zueinander passen und welche nicht. Kontexte schaffen Zugänge zu Wörtern und Strukturen, wie es beim isolierten Lernen nicht gelingen kann. Wörter, Strukturen oder Phrasen, die die Kinder aus emotional bedeutsamen Zusammenhängen kennen, können sie beispielsweise besser und nachhaltiger abspeichern als Sprachmaterial, das für sie keine Relevanz hat. Hilfreich ist auch das Erkennen einer inhaltlichen, sachbezogenen Beziehung zwischen Wörtern – das Abrufen von einzelnen Wörtern aus einem sogenannten Sachnetz holt auch die damit verknüpften Begriffe an die Oberfläche. Ähnliches gilt für syntagmatische Zusammenhänge. Es gibt Wörter, die in Sätzen sehr oft gemeinsam und in unmittelbarer Nähe zueinander zu finden sind, z.B. *Der Hund bellt. Die Sonne ist gelb.* Solche Verknüpfungen, die durch Lernen im Kontext entstehen können, ermöglichen es, dass Wörter, Strukturen und Phrasen durch Assoziationen erinnert werden können.

BILDUNGSSPRACHE FÖRDERN

Mit zunehmender Erwerbsdauer rückt die Förderung von Bildungssprache in den Fokus der Sprachförderung. Sie unterscheidet sich wesentlich von unserer mündlichen Umgangssprache.
Im Alltag können sich die Kinder recht schnell verständigen. Dazu stehen ihnen auch viele Hilfsmittel zur Verfügung: Gestik, Mimik oder die Unterstützung durch den Zuhörer. Begriffe, die sie nicht kennen, können sie umschreiben oder vermeiden.
Bildungssprache ist eine textbasierte Sprache und richtet sich nach den Gesetzmäßigkeiten der Schriftsprache. Sie verlangt Präzision sowie Formen und Strukturen, die in der mündlichen Alltagssprache nur selten vorkommen: Präteritum, unpersönliche Formen, Nominalisierungen in Fachtexten oder Fachbegriffe.
Auch wenn uns Kinder nichtdeutscher Herkunftssprache im schulischen Alltag schon als kompetente Sprecher begegnen, ist eine genaue Diagnostik ihrer schriftsprachlichen Fähigkeiten empfehlenswert. Auch in diesem Fall leistet die Sprachprofilanalyse gute Dienste: Sie können mit ihrer Hilfe schriftliche Texte von Kindern analysieren, die z.B. im Fachunterricht entstanden sind oder aus einer spezifischen Aufgabenstellung resultieren – z.B. die Zusammenfassung eines Sachtextes o.Ä.

EINBEZUG DER HERKUNFTSSPRACHE

Kinder nichtdeutscher Herkunftssprache können aus sprachlichen Gründen oftmals ihre Fähigkeiten oder ihr Wissen nicht zeigen. Sie können mehr, als es scheint, und haben Vorerfahrungen und Vorwissen, das sie nicht einbringen können. Im schulischen Alltag bieten sich immer wieder Gelegenheiten, die Herkunftssprachen und Herkunftskulturen der Kinder einzubeziehen. So können Kinder, die beispielsweise noch keine deutschen Abzählreime kennen, den anderen Reime in ihrer Herkunftssprache beibringen. Ihre Erfahrungen mit Geschichten und Büchern kann dann sichtbar werden, wenn auch typische Texte ihrer Herkunftskultur zum Gegenstand des Unterrichts werden. Es macht Kindern Spaß, Begriffe in anderen Sprachen zu lernen. Wörterplakate in verschiedenen Sprachen, die für das Klassenzimmer entstehen, zeigen, dass die Sprachen der Kinder in einer Klasse gleichwertig nebeneinander stehen. Kinder können erfahren, welche Wörter im Deutschen ihren Ursprung in anderen Kulturen haben und umgekehrt.
Es gibt viele Möglichkeiten, Kindern nichtdeutscher Herkunftssprache Interesse an ihren (sprachlichen) Wurzeln zu zeigen und diese wertzuschätzen. Dies öffnet Türen und es gelingt Schätze zu heben, die sonst nicht sichtbar werden.

Sich kennenlernen, begrüßen und verabschieden

Mit der Einschulung kommt viel Neues auf Schulanfänger zu, das sie auch sprachlich bewältigen müssen. Dazu gehören auch die Kontaktaufnahme mit anderen sowie Rituale der Begrüßung und Verabschiedung – Situationen, die im (Schul-)Alltag immer wiederkehren und eine wichtige Rolle spielen. Besonders in den ersten Schulwochen und –monaten tragen solche Rituale erheblich zur Rhythmisierung des Unterrichts bei. Typisch für Spiele und Rituale in diesen Situationen ist die Verwendung feststehender Satzmuster, die den Kindern als Sprachmodelle dienen. Besonders Kinder auf den unteren Förderhorizonten erfahren dadurch besondere Unterstützung bei der Produktion von Äußerungen in ihrer Zweitsprache Deutsch.

Lieder, Reime und Verse haben ein hohes Sprachförderpotential. Das gemeinsame Singen und Sprechen von Liedern und Versen gibt besonders sprachlich schwächeren Kindern lautliche und rhythmische Orientierung und ermöglicht durch eine implizite und spielerische Vermittlung eine Verinnerlichung zielsprachlicher Strukturen. Ohne es als mühsames Üben zu empfinden, wiederholen die Kinder beim gemeinsamen Singen Strukturen und Laute. Durch die Verteilung der Silben auf Noten oder das rhythmische Sprechen von (Abzähl-)Reimen oder Spielversen leisten Lieder und Reime einen wichtigen Beitrag zur Förderung der phonologischen Bewusstheit: Die Fähigkeit, Wörter in Silben segmentieren zu können, ist eine wesentliche Voraussetzung für den Schriftspracherwerb.

Die Kennenlernspiele, Lieder und Verse in diesem Förderbaustein eignen sich für die gesamte Lerngruppe und können regelmäßig zu Stundenbeginn oder -ende gespielt bzw. gesungen werden. Dabei können die Kinder auf Förderhorizont 1 und 2 anfangs von der Lehrkraft durch gemeinsames Sprechen oder durch Vorgabe von Satzfragmenten unterstützt werden. Die Spiele und Lieder sollten oft wiederholt und zunächst nicht variiert werden. Wenn die Kinder Sicherheit beim selbstständigen Gebrauch der Satzmuster bekommen haben, können neue Satzmuster eingeführt werden.

Die in den Spielen und Liedern eingeführten Phrasen beziehen sich unmittelbar auf schulische Alltagssituationen und können von den Kindern in realen Situationen erprobt und angewandt werden.

Überblick über die Förderangebote

GESAMTE LERNGRUPPE

- Einführung von Wortschatz und Phrasen zur Begrüßung und zum Kennenlernen

Guten Morgen in diesem Haus
Guten Morgen, wir sind alle da
Willkommen hier im Kreis
Alle Leut gehen jetzt nach Haus
Eins, zwei, drei, die Schule ist vorbei

- Begrüßungs- und Abschiedsformeln in verschiedenen Sprachen

Wie heißt du?
Mein rechter Platz ist frei
Ich sitze im Grünen

Wortschatz

NOMEN das Auto, die Puppe, die Blume, die Schule …

VERBEN hüpfen, klatschen, gehen, heißen, sich wünschen, mögen, haben, können, spielen …

PHRASEN guten Morgen, auf Wiedersehen, willkommen, (…) ist da, Ich wünsche mir (…), Ich heiße (…), Was magst du?, Ich kann (…), Ich habe (…), Ich spiele gerne (mit) (…) …

ANGEBOTE FÜR DIE GESAMTE LERNGRUPPE

Guten Morgen in diesem Haus

Guten Morgen in diesem Haus!
Guten Morgen in diesem Haus!
Also wünschen wir,
also wünschen wir,
einen schönen guten Morgen,
einen schönen guten Morgen.

Allen Kindern in diesem Haus,
allen Kindern in diesem Haus,
also wünschen wir,
also wünschen wir,
einen schönen guten Morgen,
einen schönen guten Morgen.

Allen Erwachsenen …

> 💬 Das gemeinsame **Singen von Liedern** entlastet Kinder im Zweitspracherwerb: Ein Sprachmuster wird vorgegeben, Melodie und Rhythmus stehen im Vordergrund und fördern das Gefühl für die Intonation. In einer authentischen Situation bietet der Chor Rückhalt und Unterstützung. Begriffe können in einem Kontext gelernt werden.

Guten Morgen, wir sind alle da

Guten Morgen, guten Morgen, wir sind alle da –
der Marco ist da!

DURCHFÜHRUNG Vor jeder neuen Strophe deutet die Lehrkraft (oder ein Kind) auf ein Kind, das in der Strophe genannt wird. Das besungene Kind steht auf und verbeugt sich.

Willkommen hier im Kreis

MATERIAL/VORBEREITUNG Wort-Bild-Karten, auf denen eine Bewegung, eine Tätigkeit oder ein Gegenstand dargestellt ist. Wenn die Kinder schon lesen können, können auch reine Wortkarten (bei Substantiven jeweils mit bestimmtem Artikel) eingesetzt werden.

DURCHFÜHRUNG Die SuS sitzen im Stuhlkreis. Die Bild- oder Begriffskarten liegen in der Kreismitte. Jedes Kind darf sich eine Karte nehmen. Auf die Melodie von „Hänsel und Gretel" wird nun folgender Vers gesungen wobei der Name des Kindes und der Begriff der Bildkarte eingesetzt werden:

Willkommen, willkommen, willkommen hier im Kreis.
Der Umut mag das Auto, damit's ein jeder weiß.

oder

Willkommen, willkommen, willkommen hier im Kreis.
Emine kann hüpfen, damit's ein jeder weiß.

> 💬 Dieses Spiellied lässt sich als regelmäßiges Ritual zu Stundenbeginn zur **Wiederholung des Übungswortschatzes** einsetzen.

Alle Leut gehen jetzt nach Haus

Alle Leut, alle Leut, gehen jetzt nach Haus.
Große Leut, kleine Leut,
dicke Leut, dünne Leut,
alle Leut, alle Leut gehen jetzt nach Haus.
Alle Leut, alle Leut, gehen jetzt nach Haus.
Sagen „Auf Wiedersehn",
heut war es wunderschön,
alle Leut, alle Leut gehen jetzt nach Haus.

Eins, zwei, drei, die Schule ist vorbei

Eins, zwei, drei,
die Schule ist vorbei,
vier, fünf, sechs,
nach Hause geht es jetzt,
sieben, acht und neun,
darauf wir uns nun freun.
Eins, zwei, drei,
die Schule ist vorbei.
Wir sagen uns auf Wiedersehn,
morgen wird es wieder schön,
eins, zwei, drei,
die Schule ist vorbei.

> 💬 Die Lieder können durch **passende Bewegungen** begleitet werden, z.B. Händeschütteln oder Winken. Die gemeinsame Erarbeitung der Bewegungen unterstützt das nachhaltige Abspeichern der neuen Wörter.

Begrüßungs- und Abschiedsformeln in verschiedenen Sprachen

DURCHFÜHRUNG In der Klasse werden die Begrüßungs- und Abschiedsformeln in den Herkunftssprachen der Kinder gesammelt. An jedem Tag der Woche begrüßt und verabschiedet sich die Klasse in einer anderen Sprache.

> Die **Herkunftssprache der Kinder** ist ein wesentlicher Baustein ihrer sozialen Identität. Viele Herkunftssprachen besitzen gesellschaftlich jedoch kein gleichwertiges Prestige wie das Deutsche. Die Beachtung der herkunftssprachlichen Kompetenzen der Kinder begünstigt das Prestige der jeweiligen Herkunftssprachen und fördert die Entwicklung einer gefestigten, sich kompetent erlebenden Persönlichkeit.

Wie heißt du?

MATERIAL/VORBEREITUNG Ball

DURCHFÜHRUNG Die Kinder sitzen im Stuhlkreis und werfen sich gegenseitig einen Ball zu. Das Kind, das den Ball wirft, nennt seinen Namen und fragt das nächste Kind nach seinem Namen:
„Ich heiße *Mehmet*. Und wie heißt du?"

VARIATIONEN
- Die SuS lassen den Ball beim Werfen einmal aufprallen oder rollen ihn sich zu.
- Es können auch andere Spielsätze verwendet werden, z.B. „Ich heiße *Elvira*. Du heißt *Umut*."
- Das Spiel kann auch eingesetzt werden, um den Wortschatz zu verschiedenen Themen zu üben, z.B. Lieblingsspielzeuge, Dinge im Ranzen, Was können die Kinder? etc. Der jeweilige Wortschatz sollte vor den Spielrunden sichergestellt werden. Dazu kann eine Bildersammlung mit passenden Wortkarten angefertigt werden. Die Kinder können ihre Ideen auch vormachen und versprachlichen. Der Spielsatz muss entsprechend den Themen angepasst werden:
„Ich mag *Bonbons*. Was magst du?
„Ich spiele gerne mit *dem Ball*. Und du?
„Ich kann *hüpfen*. Was kannst du?

> Damit der geförderte Wortschatz und die Satzstrukturen verinnerlicht werden können, sollten die einzelnen Muster **ausreichend wiederholt** werden. Wenn die Kinder Sicherheit im Gebrauch der angebotenen Strukturen haben, können weitere eingeführt werden.

Mein rechter Platz ist frei

DURCHFÜHRUNG Die Kinder sitzen im Stuhlkreis. Ein Stuhl bleibt leer. Das Kind, das links von dem freien Platz sitzt, klopft auf den Stuhl und spricht folgenden Vers, wobei es den Namen eines der anderen Kinder einsetzt:

„Mein rechter, rechter Platz ist frei,
ich wünsche mir die *Sabrina* herbei."

Das genannte Kind wechselt auf den freien Platz und eine neue Spielrunde beginnt.

VARIATION Das Spiel kann auch gespielt werden, um den Übungswortschatz zu sichern: Dazu erhält jedes Kind eine Bildkarte mit einem Gegenstand aus dem Übungswortschatz. Die Namen der Kinder werden nun durch die auf den Karten dargestellten Begriffe ersetzt:

„Mein rechter, rechter Platz ist frei,
ich wünsche mir *das Auto* herbei."

Ich sitze im Grünen

DURCHFÜHRUNG Die Kinder sitzen im Kreis. Ein Stuhl bleibt leer. Das Kind, das links vom freien Platz sitzt, rückt auf und sagt: „Ich sitze …". Das nächste Kind rückt nach und sagt dabei: „… im Grünen …". Das dritte Kind rückt weiter und sagt: „… und mag Sara." Das genannte Kind wechselt auf den freien Platz und das Spiel beginnt von vorn.

VARIATIONEN Die Kinder denken sich Varianten zum Spielsatz aus:
„Ich schwimme im Meer und mag …"
„Ich laufe im Wald und mag …"

> Die **Bildung von analogen Sätzen** ist eine geeignete Übung zur Festigung von Satzmustern. Kinder auf den unteren Förderhorizonten können durch Bildkarten unterstützt werden.

IN DER SCHULE
Hurra, ich bin ein Schulkind

Für einen erfolgreichen Schulstart ist sicherzustellen, dass alle Kinder in der Klasse bald den schulrelevanten Grundwortschatz erwerben, um Dinge benennen und häufig wiederkehrende Situationen in der Schule sprachlich verfolgen und verstehen zu können. Aus diesem Grund empfiehlt sich der frühe Einsatz der Anregungen in diesem Förderbaustein, die sich vor allem auf die Einführungsphase nach der Einschulung beziehen und sich vorrangig an noch nicht alphabetisierte Lerngruppen richten.

Im Mittelpunkt der Förderung steht der schulrelevante Bezeichnungswortschatz, der sukzessive eingeführt wird. Die Lehrkraft beschränkt sich zunächst nur auf wesentliche Begriffe, die in der spezifischen Klassensituation wichtig sind. Die Bezeichnungen werden gemeinsam mit den dazu passenden Verben eingeführt (z. B. Schere – schneiden), um ein verknüpftes Abspeichern im mentalen Lexikon zu unterstützen.

Ein ähnliches Vorgehen empfiehlt sich auch bei der schrittweisen Ausweitung auf weitere Themenbereiche, z. B. „Meine Bastelsachen", „In meinem Mäppchen", „Meine Sportsachen". Auch dieses Vorgehen nach Themenbereichen unterstützt die vernetzte Verankerung der Begriffe. Durch vielfältige Übungsformen wird der Wortschatz oft wiederholt.

Überblick über die Förderangebote

GESAMTE LERNGRUPPE

- Einführung eines schulrelevanten Bezeichnungswortschatzes
- Satzmuster: „Was fehlt hier?" „… fehlt."

Hurra ich bin ein Schulkind

Kimspiel: Zwei, drei, vier

FÖRDERHORIZONT 1

- Gebrauch der neuen Begriffe in einfachen Sätzen
- Satzmuster: „ Das ist …" / „Das sind …"

Meine Schulsachen

FÖRDERHORIZONT 2

- Gebrauch der neuen Begriffe in einfachen Sätzen
- Satzmuster: „Hast du … eingekreist?"

KV1 Eingekreist

FÖRDERHORIZONT 3

- Gebrauch der neuen Begriffe in Sätzen mit Ortsangaben
- Präpositionen „in" und „auf"

KV 2 Wo liegt der Stift?

FÖRDERHORIZONT 4

- Gebrauch der neuen Begriffe in Nebensätzen mit „wenn"
- Verknüpfung der neuen Begriffe mit passenden Verben

KV 3 Was nimmst du, wenn …

Wortschatz

NOMEN die Schere, das Lesebuch / die Fibel, der Ranzen, das Rechenbuch, der Stift, das Mäppchen, das Heft, der Klebestift, der Mal- / Tuschkasten, der Radiergummi, der Malblock, der Spitzer, der Pinsel, der Ordner, der Turnbeutel, das Lineal, die Kiste …

VERBEN schneiden, lesen, rechnen, schreiben, lernen, einkreisen, kleben, malen / tuschen, anspitzen, radieren, abheften, zeichnen, nehmen, liegen

ADJEKTIVE klein, groß …

SONSTIGE in, auf …

PHRASEN Das ist / sind (…), Hast du … eingekreist?, (…) fehlt. (…) liegt in der Kiste. (…) liegt auf dem Tisch. Was nimmst du, wenn (…)? …

ANGEBOTE FÜR DIE GESAMTE LERNGRUPPE

Hurra, ich bin ein Schulkind 👥

Hurra, ich bin ein Schulkind und nicht mehr klein,
ich trag auf meinem Rücken den Ranzen fein.
Fibel, Bleistift, Rechenbuch, ja das ist für mich genug.
Ich will fleißig lernen, dann werd ich klug.

Hurra, ich bin ein Schulkind und nicht mehr klein.
Ich habe viele Freunde und das ist fein.
In der Schule lesen wir, schreiben, rechnen, zwei,
drei, vier,
hurra, ich bin ein Schulkind und nicht mehr klein.

Hurra, ich bin ein Schulkind und richtig groß,
geh jeden Tag zur Schule, da ist was los.
Mäppchen, Heft und Lesebuch und ein frisches
Taschentuch,
hurra, ich bin ein Schulkind und richtig groß.

MATERIAL/VORBEREITUNG ein vorbereiteter Beispielranzen, der das im Lied vorkommende Material enthält: Fibel/Lesebuch, Bleistift, Rechenbuch, Mäppchen, Heft, Taschentuch

DURCHFÜHRUNG Als Vorbereitung auf das Lied packt die Lehrkraft mit den Kindern den Beispielranzen aus. Die entnommenen Gegenstände werden mit Artikel benannt. Wenn ein Teil der Kinder schon lesen kann, können den Gegenständen Wortkarten mit Bezeichnung und Artikel zugeordnet werden.
Nun wird das Lied auf die Melodie von „Ein Männlein steht im Walde" gesungen.

> 💬 **Singen von Liedern** → „Begrüßen, kennenlernen, verabschieden", S. 28

TIPPS FÜR DIE WEITERARBEIT
- Die Lehrkraft bespricht mit den SuS, was mit den zuvor benannten Gegenständen getan wird, z.B.: „Wir schneiden mit der Schere. Wir lesen im Lesebuch."
- Aus den Gegenständen mit den zugeordneten Wortkarten kann ein Tischmuseum entstehen.

> 💬 Die gleichzeitige Einführung der Begriffe mit den dazu gehörenden Verben unterstützt den **Aufbau des syntagmatischen Netzes** des mentalen Lexikons: Wörter, die in Sätzen oft gemeinsam zu finden sind, werden verknüpft abgespeichert und können beim späteren Gebrauch assoziiert abgerufen werden.

Kimspiel: Zwei, drei, vier 👥

MATERIAL/VORBEREITUNG Beispielranzen mit Schulmaterialien

DURCHFÜHRUNG Die Lehrkraft legt bis zu fünf Gegenstände aus dem Beispielranzen in die Mitte. Die Gegenstände werden mit Artikel benannt. Nun schließen die Kinder die Augen und die Lehrkraft nimmt einen der Gegenstände weg. Dabei wird folgender Vers gesprochen:
„Zwei, drei, vier,
was fehlt hier?"
Die SuS benennen den fehlenden Gegenstand.
Bsp.: „Der Stift fehlt."
Mit zunehmender Erfahrung mit dem Spiel können die Kinder die Gegenstände selbst wegnehmen und den Vers sprechen.

VARIATIONEN Kimspiele lassen sich in vielen Variationen spielen:
- Die Lehrkraft legt sieben Gegenstände in die Mitte. Diese werden mit Artikel benannt. Dann schließen die Kinder die Augen, und die Lehrkraft legt einen weiteren Gegenstand dazu. Die Lehrerin fragt:
  „Bi, Ba, Bu,
  was kam dazu?"
- Die Lehrkraft legt fünf Gegenstände in die Mitte. Nachdem sie mit Artikel benannt wurden, schließen die Kinder die Augen und die Lehrkraft vertauscht einen Gegenstand mit einem anderen. Die Kinder müssen erraten, welche Dinge vertauscht wurden.

ANGEBOT FÜR FÖRDERHORIZONT 1

Meine Schulsachen 👥

MATERIAL/VORBEREITUNG Malblöcke, vorbereitetes Bild mit gezeichneten Schulmaterialien

DURCHFÜHRUNG Die Kinder zeichnen ihre Schulsachen. Vielleicht können einige Kinder ihre Zeichnungen schon beschriften. Anschließend werden die Bilder der Gruppe vorgestellt. Zuerst stellt die Lehrkraft ihre Zeichnung vor:
„Das ist das Lesebuch. Das ist das Rechenheft."
Dann unterstützt sie die Kinder bei der Vorstellung ihrer Bilder durch die Vorgaben von Satzmustern und -fragmenten.

Im frühen Anfangsunterricht vollzieht sich der Zweitspracherwerb vor allen Dingen mündlich. Das **freie Sprechen** vor anderen stellt jedoch besonders für Kinder zu Beginn des Erwerbsprozesses eine erhebliche Anforderung dar. Authentische Sprechanlässe (hier das Vorstellen des eigenen Bildes) und Materialunterstützung motivieren und unterstützen dabei. Die Vorstellung des eigenen Bildes kann auf unterschiedlichen Niveaus (z. B. auch nur auf etwas deuten und den Begriff nennen) stattfinden und bietet somit jedem Kind die Möglichkeit sich einzubringen.

ANGEBOT FÜR FÖRDERHORIZONT 2

KV 1 Eingekreist

MATERIAL/VORBEREITUNG 8 Bilder von Schulmaterialien

DURCHFÜHRUNG Zur Illustration der Spielregeln wird das Spiel zunächst offen gespielt. Dazu heftet die Lehrkraft auf die beiden Seitenflügel der Tafel vier Bilder. Zwei Kinder kommen an die Tafel und kreisen jeweils auf einem Seitenflügel eines der Bilder ein. Nun fragen sie sich abwechselnd, was sie eingekreist haben.
Bsp.: „Hast du *den Klebestift* eingekreist?"
Wer zuerst herausbekommt, welchen Gegenstand der Partner eingekreist hat, gewinnt die Spielrunde. In einer zweiten Runde kann das Spiel an der Tafel verdeckt gespielt werden.
Anschließend wird KV 1 ausgeteilt und das Spiel paarweise gespielt. Die Spieler sitzen sich gegenüber und stellen als Sichtschutz ein Buch zwischen sich. Jeder Spieler darf in jedem Kästchen einen der Gegenstände einkreisen. Die Kästchen werden nacheinander gespielt.

💬 Der Spielsatz wird als **wiederkehrende Phrase** eingeführt und verwendet. Dabei handelt es sich um eine Struktur (Perfekt, Inversion), die eher dem Repertoire der Lehrkraft zuzuordnen ist, die die Kinder im Unterricht aber verstehen müssen. Es wird noch nicht erwartet, dass die SuS selbstständig entsprechende Fragen mit anderen Verben bilden.

💬 Der Begriff „einkreisen" ist ein Grundbestandteil unserer Bildungssprache und gehört zu den **typischen Aufgabenstellungen** im Unterricht der Grundschule, deren Verständnis durch dieses Spiel mit gefördert wird.

ANGEBOT FÜR FÖRDERHORIZONT 3

KV 2 Wo liegt der Stift?

MATERIAL/VORBEREITUNG Stift oder andere Schulgegenstände

DURCHFÜHRUNG Die Lehrkraft versteckt einen Stift *in* Kisten, Schränken, Büchern oder Mäppchen oder *auf* Tischen, Kissen, Schulranzen etc. Die Kinder suchen ihn. Das Kind, das den Stift gefunden hat, ruft den anderen zu, wo er ist.
Bsp.: „Der Stift liegt *auf dem Tisch*."
     „Der Stift liegt *in der Kiste*."
Das Spiel kann auch mit anderen Gegenständen aus dem Schulranzen der Kinder gespielt werden.
Anschließend bearbeiten die Kinder KV 2.

💬 Neben der Sicherung des Wortschatzes wird durch dieses Suchspiel der beiläufige Gebrauch der **Präpositionen „in" und „auf"** gefördert.

ANGEBOT FÜR FÖRDERHORIZONT 4

KV 3 Was nimmst du, wenn …?

MATERIAL/VORBEREITUNG Schulmaterialien

DURCHFÜHRUNG Um die Bearbeitung von KV 3 vorzubereiten, legt die Lehrkraft verschiedene Schulmaterialien der Kinder in die Mitte und stellt Fragen:
Bsp.: „Was nimmst du, wenn du *schneiden* willst?"
     „Was nimmst du, wenn du *schreiben* willst?"
Die Kinder suchen den passenden Gegenstand und benennen ihn.
Nach ein paar Spielrunden übernehmen die Kinder das Fragenstellen. Das Kind, das den Gegenstand richtig benennen konnte, stellt die nächste Frage.
Anschließend bearbeiten die SuS KV 3. Nachdem sie die Bilder zugeordnet haben, bilden sie mit Hilfe der Bilder nach dem vorgegebenen Muster Nebensätze mit „wenn".

💬 Damit Kinder Zusammenhänge sprachlich präzise darstellen können, muss das Verständnis und der richtige Gebrauch von **Konjunktionen zur Einleitung von Nebensätzen** gefördert werden.

Eingekreist

Kreise in jedem Feld einen Gegenstand ein.
Zeige dein Blatt nicht deinem Mitspieler.
Was hat dein Mitspieler eingekreist? Finde es heraus:
„Hast du … eingekreist?"

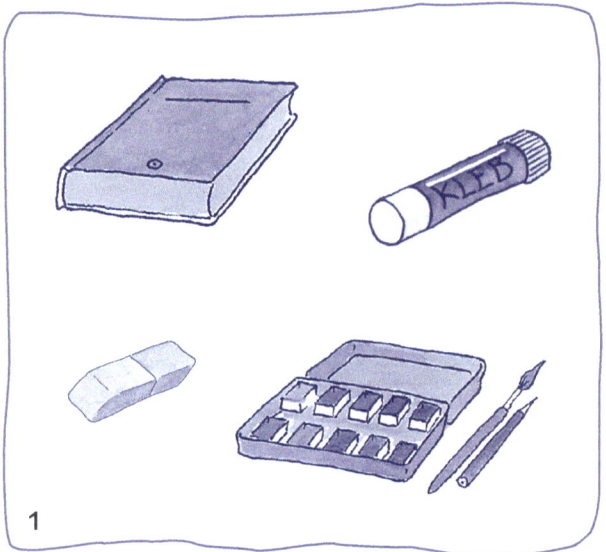

Sprachförderung PLUS
Förderbausteine für den Soforteinsatz im Regelunterricht
ISBN 978-3-12-666802-6

Wo liegt der Stift?

Liegen die Sachen in der Kiste oder auf der Kiste? Verbinde.

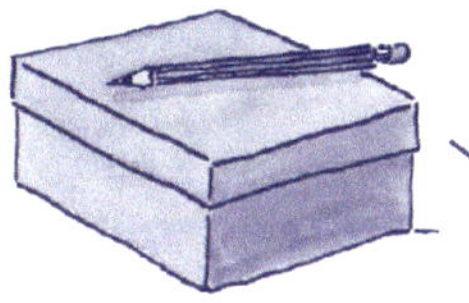

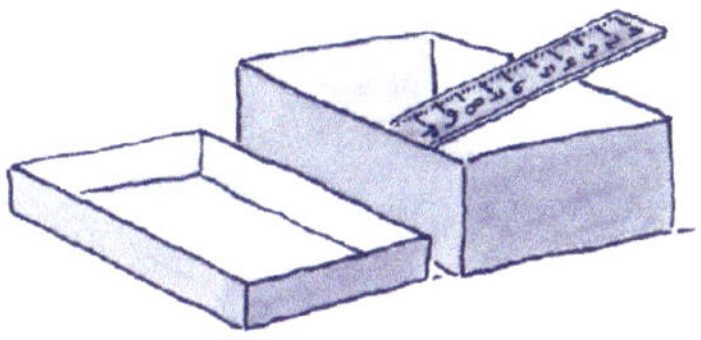

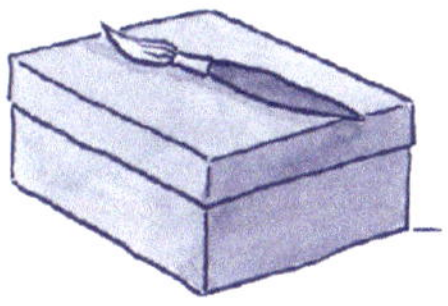

auf der

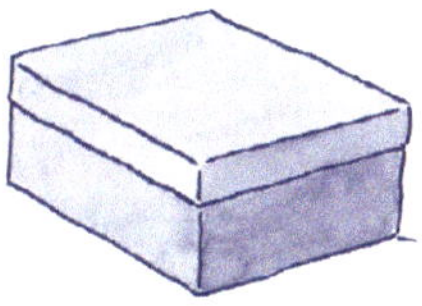

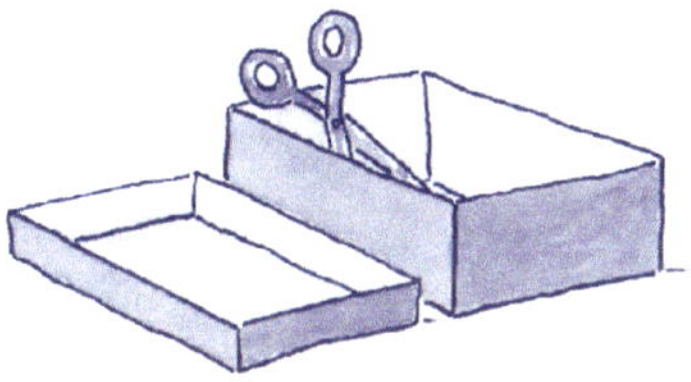

in der

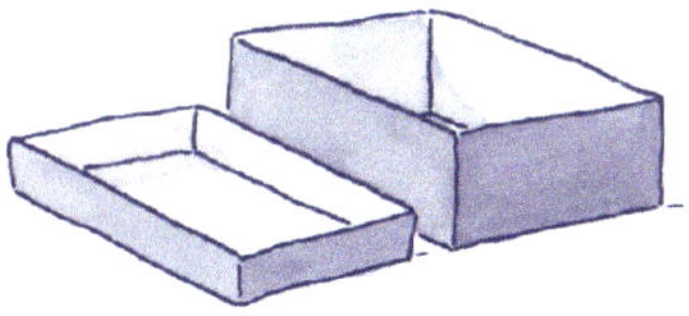

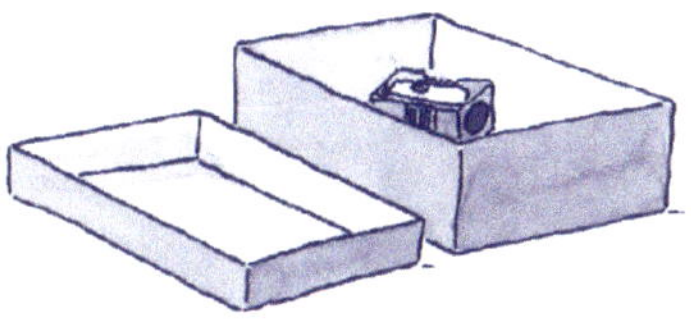

**Erzähle nun deinem Nachbarn, wo die Gegenstände liegen.
Wechselt euch ab.**

„Der Stift liegt auf der Kiste." „Das Lineal ..."

Sprachförderung PLUS
Förderbausteine für den Soforteinsatz im Regelunterricht
ISBN 978-3-12-666802-6

Was nimmst du, wenn ...?

Welche Bilder gehören zusammen?
Schneide die Gegenstände aus und klebe sie zu dem passenden Bild.

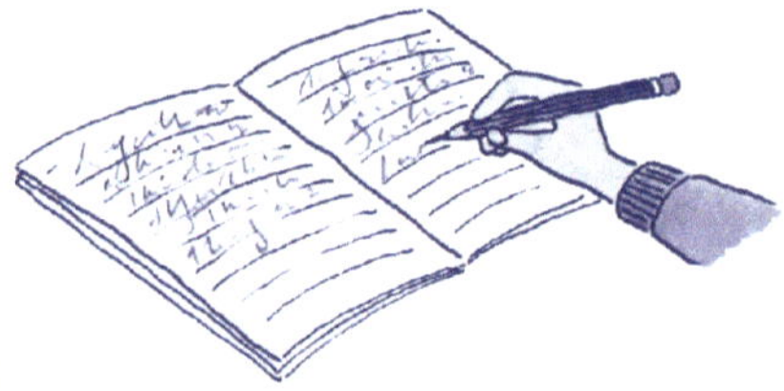

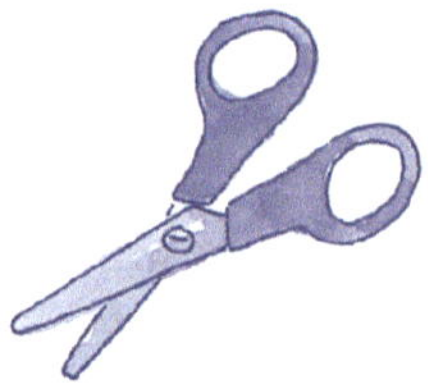

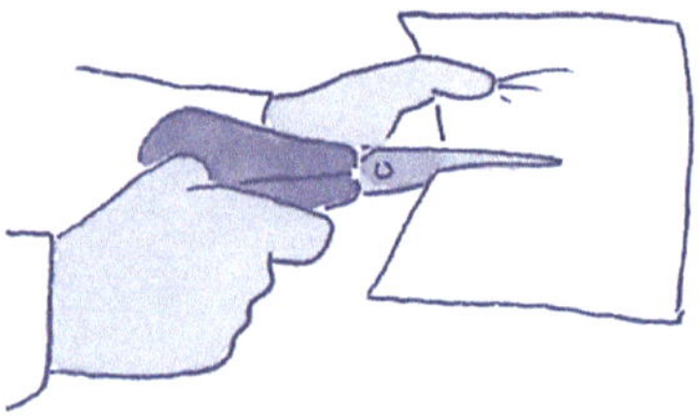

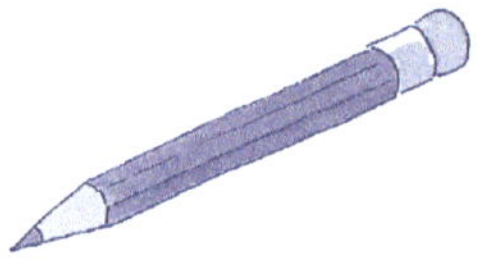

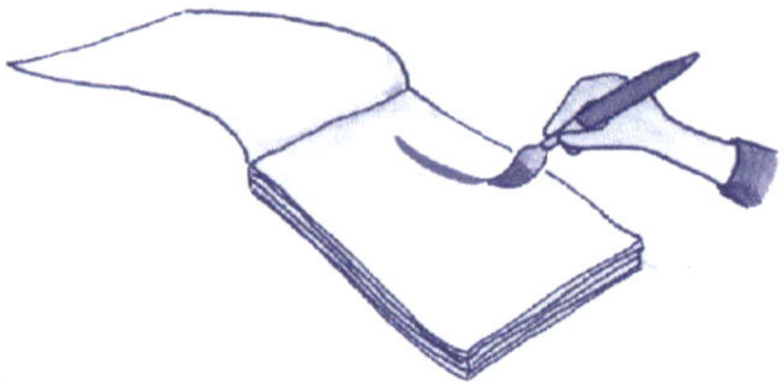

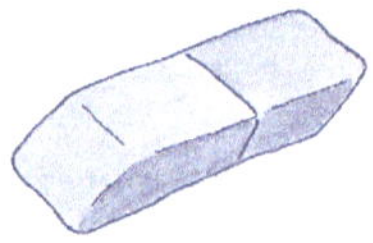

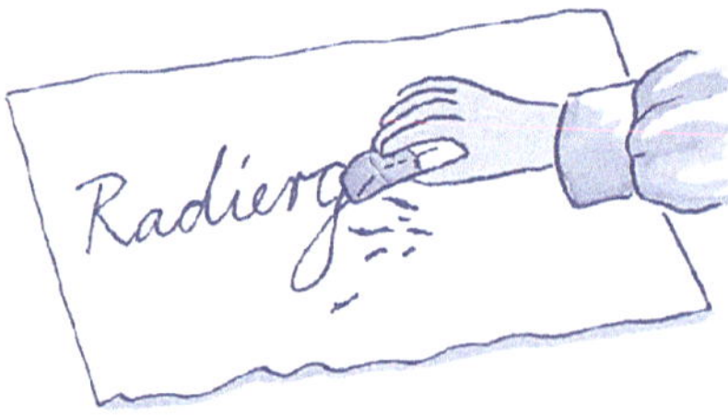

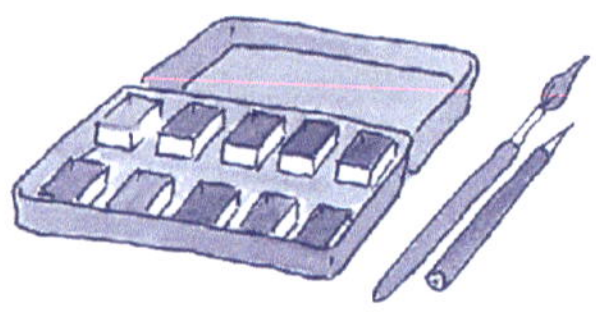

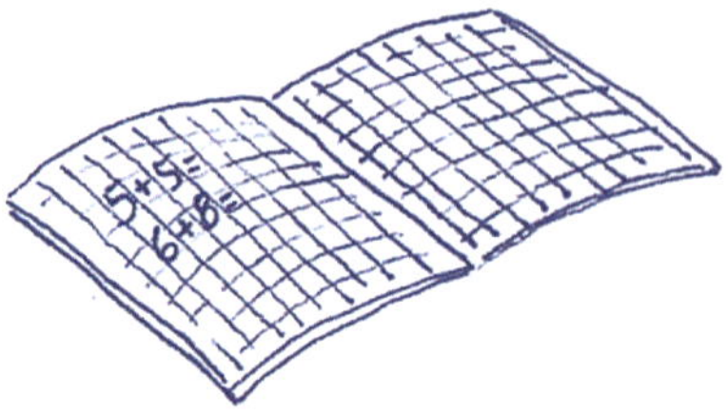

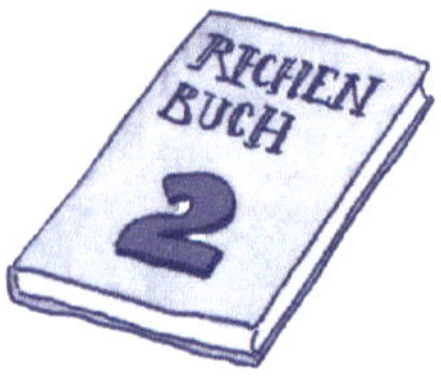

Erzähle dann den anderen Kindern, wofür du diese Sachen nimmst:

„Ich nehme den Stift, wenn ich schreiben will. Ich nehme die Schere, wenn ...“

Sprachförderung PLUS
Förderbausteine für den Soforteinsatz im Regelunterricht
ISBN 978-3-12-666802-6

Unsere Buchstabentabelle

Kinder, die mit verschiedenen Sprachen aufwachsen, beginnen das erste Schuljahr mit unterschiedlichsten Voraussetzungen. Während ein Teil von ihnen erst geringen oder unter Umständen noch keinen Kontakt zur Schulsprache Deutsch hatte, hat ein größerer Teil der Erstklässler bereits in unterschiedlichen Kontexten auf unterschiedlichen Kompetenzstufen gelernt, Deutsch zu verstehen und sich auf Deutsch mitzuteilen. Dies geschieht in alltäglichen Situationen ohne die Steuerung durch Unterricht. Die Einflussfaktoren auf den Schrifterwerb sind also vielfältig und in der Unterstützung der individuellen Lernprozesse zu berücksichtigen.

Besondere Aufmerksamkeit benötigt zu Beginn des Schriftspracherwerbs die Aneignung des deutschen Lautsystems, gerade bei Kindern, die bei der Einschulung den Förderhorizonten 1 bis 3 zuzuordnen sind, aber auch bei allen anderen Kindern im sukzessiven Zweitspracherwerb.

In vielen Klassen lernen die Kinder das Schreiben im Umgang mit einer Buchstabentabelle – in mehr oder weniger geöffneten Lernsituationen. Was als Unterstützung im individualisierten Prozess des Schreibenlernens gedacht ist, kann für Kinder nichtdeutscher Herkunftssprache zu erheblichen Hindernissen führen. Um erfolgreich mit einer Buchstabentabelle arbeiten zu können, müssen die Laute sicher voneinander unterschieden werden können. Das Lautinventar der Herkunftssprache kann den Erwerb des deutschen Lautsystems stark beeinflussen, da je nach Herkunftssprache neue Laute zu erwerben sind (z.B. Unterscheidung von langen und kurzen Vokalen für Kinder mit den Herkunftssprachen Türkisch oder Russisch). Zu Übertragungen kann es auch im Erwerb der deutschen Silbenstrukturen und Satzintonation kommen.

Für den Schriftspracherwerb, den Umgang mit einer Buchstabentabelle und auch das weiterführende Schreiben, Rechtschreiben und Lesen ist der Erwerb der phonetisch-phonologischen Ebene (Aussprache, Lautlichkeit) der Zweitsprache eine grundlegende Voraussetzung, die in der Förderung einen bedeutenden Stellenwert einnimmt. Spiele und Übungen zur phonologischen Bewusstheit, die die auditive Wahrnehmung in Hinblick auf Einzellaute, Anlaute, Lautfolgen, Sprechrhythmus, Silben(gliederung) und Reime fördern, unterstützen den Schriftspracherwerb unter den Bedingungen der Mehrsprachigkeit.

Ebenso ist sicherzustellen, dass die Kinder die auf der Buchstabentabelle abgebildeten Begriffe kennen, um die gewünschte Phonem-Graphem-Zuordnung leisten zu können. Es ist nicht selbstverständlich davon auszugehen, dass die dargestellten Begriffe den Kindern geläufig sind, da sie nicht unbedingt zum Alltagswortschatz von Lernanfängern gehören. Der Erwerb von Wörtern wie „Zange", „Jäger", „Xylophon", „Qualle" oder „Eule", die zunächst nur im Umgang mit der Buchstabentabelle von Bedeutung sind, ist durch eine vielfältige Wortschatzarbeit zu unterstützen.

In den Handbüchern zu den Lese- und Schreiblehrgängen finden sich viele Beispiele zur Einführung und Arbeit mit der Buchstabentabelle. Im Folgenden werden Schwerpunkte auf Aspekte gelegt, die für Kinder nichtdeutscher Herkunftssprache von besonderer Bedeutung sind und ergänzend eingesetzt werden sollten.

Überblick über die Förderangebote

GESAMTE LERNGRUPPE

- die Begriffe der Buchstabentabelle kennenlernen
- Wörter in Silben segmentieren
- Förderung der phonologischen Bewusstheit

Kimspiel: Zwei, drei, vier 👥

Mein rechter Platz ist frei 👥

Wimmelspiel 👥

Reimwörter 👥

Silben tanzen 👥

FÖRDERHORIZONT 1

- Festigung der Begriffe der Buchstabentabelle
- Ober- und Unterbegriffe

Schnappspiel: Klitsch, klatsch 👥

Ja-Nein-Stuhl 👥

Alle Äpfel schmecken gut 👥

FÖRDERHORIZONT 2

- Gebrauch der neuen Begriffe in einfachen Sätzen
- Satzmuster: „Ich packe meinen Koffer und nehme … mit."

Ich packe meinen Koffer 👥

FÖRDERHORIZONT 3

- Einbettung der Begriffe in verschiedene Kontexte
- Förderung des Hörverstehens

Wörter sortieren 👥

FÖRDERHORIZONT 4

- Einbettung der Begriffe in verschiedene Kontexte
- Verwendung der Begriffe in eigenen Äußerungen

Geschichten erfinden 👥

Wortschatz

NOMEN *in Abhängigkeit von der verwendeten Buchstabentabelle*

VERBEN fehlen, wünschen, schmecken, losfahren, aufstehen, (Koffer) packen, mitnehmen …

PHRASEN Was fehlt hier?, Was kam dazu?, Ist das (…)? …

ANGEBOTE FÜR DIE GESAMTE LERNGRUPPE

Für die folgenden Spiele wird ein Plakat der Buchstabentabelle so zerschnitten, dass einzelne Bildkarten zur Verfügung stehen. Die Begriffe der Buchstabentabelle werden nach und nach eingeführt. Für die Spielvorschläge werden jeweils ca. acht Bildkarten ausgewählt. Die Lehrkraft achtet auf ausreichende Wiederholungen pro Begriff. Begriffe, die allen Kindern bereits gut geläufig sind, werden durch neue ersetzt.

Kimspiel: Zwei, drei, vier 👥

MATERIAL/VORBEREITUNG Bildkarten der Buchstabentabelle

DURCHFÜHRUNG Die Lehrkraft legt acht ausgewählte Bildkarten in die Mitte.

Spielanleitung und Variationen → „Hurra ich bin ein Schulkind", S. 32

Mein rechter Platz ist frei 👥

MATERIAL/VORBEREITUNG Bildkarten der Buchstabentabelle

DURCHFÜHRUNG: Jedes Kind darf sich eine Bildkarte aussuchen.
Spielanleitung → „Begrüßen und Kennenlernen", S. 30

Wimmelspiel 👥

MATERIAL/VORBEREITUNG Bildkarten der Buchstabentabelle

DURCHFÜHRUNG Jedes Kind erhält ein Bild aus der Buchstabentabelle und prägt sich seinen Begriff ein. Die Bildkarten werden zur Seite gelegt. Nun wimmeln die Kinder leise durch den Raum und flüstern dabei ihr Wort. Die Lehrkraft schickt ein Kind auf die Suche nach einem Begriff, indem sie ihm eine Bildkarte zeigt. Wenn das Kind das Wort herausgehört hat, darf das nächste Kind auf eine neue Wörtersuche gehen.

> 💬 Dieses Spiel erfordert genaues und gezieltes Hinhören und fördert die **auditive Wahrnehmung** hinsichtlich der Klanggestalt der Begriffe. Die Aufmerksamkeit der Kinder wird besonders auf die phonologischen Merkmale der Wörter gerichtet, was für den späteren Umgang mit der Buchstabentabelle grundlegend ist.

Reimwörter

MATERIAL/VORBEREITUNG Bildkarten der Buchstabentabelle, vorbereitete Liste mit Reimwörtern

DURCHFÜHRUNG Die Lehrkraft legt drei Bildkarten in die Mitte. Zu einem der abgebildeten Begriffe nennt sie ein Reimwort. Das Kind, das die passende Reimwortkarte findet, darf sie behalten.

> 💬 **Reimspiele** fördern die Fähigkeit, Wörter miteinander zu vergleichen und Ähnlichkeiten der Lautgestalt erkennen zu können. → „Die Maus, die hat Geburtstag heut", S. 68

Silben tanzen

MATERIAL/VORBEREITUNG Bildkarten der Buchstabentabelle

DURCHFÜHRUNG Zur Vorbereitung auf das Spiel übt die Lehrkraft verteilt auf mehrere (Förder-)Stunden mit den SuS das rhythmisch-silbierende Sprechen der Wörter der Buchstabentabelle. In Abhängigkeit von der verwendeten Buchstabentabelle werden folgende Grundmuster erarbeitet:

Dabei achtet die Lehrkraft auch auf die Erarbeitung der betonten und unbetonten Silben, indem
- die Wörter der Buchstabentabelle betont (z.B. fester Schlag auf den Tisch, Schlag auf den Oberschenkel) und unbetont (z.B. leichter Schlag auf den Tisch, Antippen der Nase) getrommelt werden.
- das Sprechen der Wörter durch Schwungbewegungen (in Vorbereitung auf den Silbenbogen, der in vielen Fibeln eingesetzt wird) begleitet wird. Die betonte Silbe wird groß geschwungen, die unbetonte klein.

- sich die Kinder beim Sprechen der Wörter durch den Raum bewegen. Dabei machen sie bei den betonten Silben z.B. einen großen Schritt oder einen großen Sprung und bei den unbetonten Silben einen kleinen Schritt oder einen kleinen Sprung.

Nachdem sukzessive alle Begriffe der Buchstabentabelle erarbeitet wurden, kann nun das Spiel „Silben tanzen" gespielt werden.

Dazu hält die Lehrkraft eine Bildkarte mit einem Begriff der Buchstabentabelle hoch und die Kinder bewegen sich – passend zum Sprechrhythmus – durch den Raum. Dabei sprechen sie den gezeigten Begriff leise oder stumm vor sich hin. Vor jeder Runde sagt die Lehrkraft oder ein Kind an, auf welche Weise der nächste Begriff getanzt wird (stampfen, hüpfen, rückwärtsgehen …).

> 💬 **Wörter in Silben segmentieren** zu können, ist eine wesentliche Voraussetzung für den Schriftspracherwerb. Dies kann für Kinder nichtdeutscher Herkunftssprache eine besondere Herausforderung darstellen, da sich die verschiedenen Herkunftssprachen auch in der Silbenbetonung unterscheiden.

ANGEBOT FÜR FÖRDERHORIZONT 1

Schnappspiel: Klitsch, klatsch

MATERIAL/VORBEREITUNG Bildkarten der Buchstabentabelle, Muggelsteine, Fliegenklatsche

DURCHFÜHRUNG Einige Bildkarten liegen in der Mitte. Jedes Kind erhält eine Fliegenklatsche. Nun nennt die Lehrkraftkraft einen Begriff. Das Kind, das zuerst mit der Fliegenklatsche auf das passende Bild klatscht, erhält einen Muggelstein. Das Kind, das zum Schluss die meisten Muggelsteine hat, hat gewonnen.

VARIATIONEN
- Bei zunehmender Vertrautheit mit den Begriffen kann das Kind, das den passenden Begriff abgeklatscht hat, den nächsten Begriff ansagen.
- Die Lehrkraft erzählt kurze Geschichten zu den Bildern. Wenn die Kinder einen Begriff hören, der auf den ausgelegten Bildern zu sehen ist, klatschen sie ihn ab.

Ja-Nein-Stuhl

MATERIAL/VORBEREITUNG Bildkarten der Buchstabentabelle, ein Ja- und ein Nein-Schild

DURCHFÜHRUNG Die Lehrkraft stellt zwei Stühle nebeneinander auf. An die Lehne des einen Stuhls klebt sie das Ja-Schild, an die Lehne des anderen das Nein-Schild. Die Kinder stellen sich in zwei Reihen vor den Stühlen auf. Die Lehrkraft hält eine Bildkarte hoch und fragt nach dem Gegenstand.
Bsp.: „Ist das *die Sonne*?"
Die beiden ersten Kinder der beiden Reihen laufen los mit dem Ziel, den Stuhl mit der richtigen Antwort zuerst zu erreichen. Die Mannschaft des Kindes, das zuerst auf dem richtigen Stuhl sitzt, erhält einen Punkt. Die beiden Kinder stellen sich wieder hinten an der jeweiligen Schlange an und eine neue Runde beginnt.

Alle Äpfel schmecken gut

MATERIAL/VORBEREITUNG Bildkarten der Buchstabentabelle, Materialschälchen

DURCHFÜHRUNG Zur Vorbereitung lässt die Lehrkraft die SuS die Bildkarten in Materialschälchen einsortieren. In Abhängigkeit von der Buchstabentabelle gibt die Lehrkraft verschiedene Sortieraufträge:

- alle Tiere
- alles, was man essen kann (Nahrungsmittel)
- alles, was fahren kann (Fahrzeuge)
- nach Farbe
- nach Größe

Wenn die Kinder das Prinzip verstanden haben, kann die Lehrkraft sie dazu motivieren, selbst Sortierideen zu entwickeln.
Im Anschluss kann nun „Alle Äpfel schmecken gut" gespielt werden. Ähnlich wie bei dem Spiel „Alle Vögel fliegen hoch" trommeln die Kinder mit den Fingern auf den Tisch. Die Lehrkraft macht verschiedene Ansagen, z.B.: „Alle *Äpfel* schmecken gut. Alle *Autos* schmecken gut."
Zu jeder Aussage reibt sie sich den Bauch. Die Kinder müssen entscheiden, ob der genannte Begriff zu den Nahrungsmitteln gehört. Wenn ja, reiben sie sich ebenfalls den Bauch. Wenn nicht, trommeln sie weiter mit den Fingern auf den Tisch.

VARIATIONEN
Alle Tiere stehen auf: Immer wenn die Lehrkraft eine Ansage macht, steht sie auf. Die Kinder sollen nur aufstehen, wenn ein Tier genannt wurde.
Bsp.: „Alle Mäuse stehen auf. Alle Sägen stehen auf."
Alle Autos fahren los: Immer wenn die Lehrkraft eine Ansage macht, steht sie auf und stellt dabei das Halten eines Steuerrads/Lenkers pantomimisch dar. Die Kinder machen mit, wenn vorher ein Fahrzeug genannt wurde.
Bsp.: „Alle Autos fahren los. Alle Katzen fahren los."

Wenn die Kinder vertraut mit den Begriffen der Buchstabentabelle sind, können die Spielansagen durch weitere Begriffe aus dem Übungswortschatz ergänzt werden.

TIPP FÜR DIE WEITERARBEIT Die Kinder können Collagen zur Buchstabentabelle erstellen, indem sie auf Plakate mit Oberbegriffen (z.B. „Tiere", „Fahrzeuge") passende Bilder aus der Buchstabentabelle kleben.

ANGEBOT FÜR FÖRDERHORIZONT 2

Ich packe meinen Koffer

MATERIAL/VORBEREITUNG Bildkarten der Buchstabentabelle

DURCHFÜHRUNG Die Bildkarten liegen in der Kreismitte. Die Lehrkraft beginnt das Spiel:
Bsp.: „Ich packe meinen Koffer und nehme *die Sonne* mit."
Gleichzeitig legt sie die entsprechende Bildkarte vor sich. Im Uhrzeigersinn wird weitergespielt: Ihr Nachbarkind wählt ebenfalls eine Bildkarte aus, wiederholt den Satz der Lehrkraft und fügt seinen Gegenstand hinzu.
Bsp.: „Ich packe meinen Koffer und nehme *die Sonne* und *die Maus* mit."
Es wird so lange weitergespielt, bis keine Karten mehr da sind.

ANGEBOT FÜR FÖRDERHORIZONT 3

Wörter sortieren

MATERIAL/VORBEREITUNG Bildkarten der Buchstabentabelle, vorbereitete Geschichten mit Begriffen der Buchstabentabelle

DURCHFÜHRUNG Die Lehrkraft zeigt den Kindern vier Bildkarten und benennt die Begriffe mit Artikel. Nun erzählt sie den SuS eine kurze Geschichte, in der die vier ausgewählten Begriffe vorkommen. Die Kinder erhalten den Auftrag, genau zuzuhören und besonders auf die vier Begriffe zu achten.

Beispiel:

„Eines Tages hatte die kleine *Maus* Langeweile. Keiner spielte mit ihr. Da ging die Maus zum *Esel* und fragte ihn: ‚Willst du mit mir spielen?' Aber der Esel musste arbeiten und hatte keine Zeit. Da ging die Maus zum *Hund* und fragte ihn: ‚Willst du mit mir spielen?' Aber der Hund musste auf seine Hütte aufpassen und hatte keine Zeit. Die Maus wurde ganz traurig. Plötzlich kam der *Affe* vorbei und fragte die Maus: ‚Willst du mit mir spielen? Die anderen Tiere haben keine Zeit.' Die Maus freute sich sehr und hatte einen schönen Nachmittag mit dem Affen."

(Die kursiven Begriffe können passend durch Begriffe der jeweiligen Buchstabentabelle ersetzt werden.)

Nachdem die Geschichte vorgelesen oder erzählt wurde, legt die Lehrkraft die ausgewählten Bildkarten in die Mitte. Die Kinder bringen nun die Bildkarten in die Reihenfolge, in der sie in der Geschichte zum ersten Mal aufgetreten sind.

TIPP FÜR DIE WEITERARBEIT Die Kinder können die Geschichte mit Hilfe der sortierten Bildkarten anderen Kindern erzählen, die am Spiel nicht teilgenommen haben.

> Die Begriffe der Buchstabentabelle werden in **verschiedene Kontexte** eingebettet. Dadurch erhalten die Kinder die Möglichkeit, die Bedeutung der Wörter differenzierter zu erfahren. Daneben werden den Kindern **Beispiele für gelungenes Erzählen** geliefert, die sie aufgreifen können. Beim Nacherzählen der Geschichten achtet die Lehrkraft auf das richtige chronologische Erzählen und den damit zusammenhängenden richtigen Gebrauch von „dann" und unterstützt die Kinder dabei. Beim Nacherzählen werden die Kinder die Satzanfänge zunächst noch nicht variieren und im Perfekt statt im Präteritum erzählen, was der Profilstufe der Kinder entspricht.

ANGEBOT FÜR FÖRDERHORIZONT 4

Geschichten erfinden

MATERIAL/VORBEREITUNG Bildkarten der Buchstabentabelle

DURCHFÜHRUNG Die Lehrkraft legt drei Bildkarten in die Mitte und erzählt dazu eine kurze Geschichte.

Bsp.: „Heute scheint die *Sonne* heiß. Die kleine *Maus* macht einen langen Spaziergang und besucht die *Eule* im Wald."

Nach diesem Vorbild erfinden die Kinder in Kleingruppen selbst kleine Geschichten zu jeweils drei Bildern. Die Geschichten können geübt und aufgenommen werden. Die aufgenommenen Geschichten werden dann anderen Kindern vorgespielt. Dazu legt die Lehrkraft jeweils fünf Bildkarten aus und die Zuhörer müssen die zur Geschichte passenden Bildkarten heraussuchen.

> Die Aufgabenstellung regt die Fantasie der Kinder an und kann mehr oder weniger ausführlich erfüllt werden. Die Einbettung des Erzählens in ein Aufgabenformat für andere Kinder der Klasse bietet einen **authentischen Erzähl- und Übungsanlass.**

Umut geht in die Schule

Neben der allgemeinen Erweiterung des schulrelevanten Bezeichnungswortschatzes wird in diesem Förderbaustein besonders das Verstehen von Verben gefördert, die für den Unterrichtsablauf wichtig sind. Um dem Unterricht folgen zu können, müssen die Kinder in der Lage sein, Arbeitsanweisungen und -aufträge zu verstehen.

Hierfür oft verwendete Verben werden auf den verschiedenen Förderhorizonten aufgegriffen. Mit den Kindern auf den unteren Förderhorizonten wird zunächst das Verständnis der Verben geübt. Kinder auf den oberen Förderhorizonten gebrauchen sie in strukturierten und damit vorentlasteten Kontexten entsprechend ihres Sprachniveaus.

Überblick über die Förderangebote

GESAMTE LERNGRUPPE

- Einführung eines schulrelevanten Bezeichnungswortschatzes (Thema „Klassenzimmer")
- Einführung unterrichtsrelevanter Verben

Geschichte: Umut geht in die Schule

Pantomimespiel

Bewegungsspiel

FÖRDERHORIZONT 1

- Aufbau von Sachnetzen

Im Klassenzimmer

Stille Post

📝 **KV1** Was gehört nicht dazu?

FÖRDERHORIZONT 2

- Hörverstehen
- Verbklammer: unterrichtsrelevante Präfixverben

📝 **KV2** Was machen die Kinder in der Schule?

FÖRDERHORIZONT 3

- zu Bildern chronologisch erzählen
- Gebrauch von Satzverknüpfungen

📝 **KV3** In der Schule

FÖRDERHORIZONT 4

- Gebrauch des neuen Wortschatzes in Nebensätzen mit „weil"

📝 **KV4** Alle haben viel zu tun

Wortschatz

NOMEN der Lehrer/die Lehrerin, das Klassenzimmer, der Buchstabe, die Tafel, das Buch, die Spielecke, das Regal, die Schublade, die Zahl, das Mäppchen, das Rechenheft, das Schreibheft, die Kreide, die Geschichte, die Bushaltestelle, der Schwamm, der Eimer, der Ranzen, der Ordner, die Fibel, die Bauklötze, das Puzzle, der Turnbeutel, das Fenster, der Füller, der Buntstift, der Filzstift, der Stuhl, der Tisch, der Schrank, der Stuhlkreis, das Spiel, die Hausaufgaben, die Reihe …

VERBEN gehen, einräumen, sitzen, schreiben, sich melden, rausholen, brauchen, einkreisen, verbinden, zeigen, einpacken, spielen, zuhören, vorlesen, erklären, aufschreiben, unterstreichen, abschreiben, fehlen, dazugehören, ausradieren, hochstellen, laufen …

ADJEKTIVE bunt, groß, leise …

PHRASEN eine Frage stellen, nach vorne kommen, nach Hause gehen, sich in einer Zweierreihe aufstellen …

ANGEBOTE FÜR DIE GESAMTE LERNGRUPPE

Geschichte: Umut geht in die Schule 👥

Umut geht in die Schule

Endlich ist Umut ein Schulkind. Seine Lehrerin heißt Frau Meier und ist sehr nett. Umut geht mit den anderen Kindern in das Klassenzimmer. An den Wänden hängen bunte Buchstaben und vorne steht eine große Tafel. Im Regal stehen viele bunte Bücher und es gibt auch eine Spielecke. Jedes Kind hat eine Schublade. Dort dürfen die Kinder ihre Sachen einräumen. Umut sitzt am Tisch und schreibt Zahlen. Er weiß schon viel und meldet sich, wenn seine Lehrerin eine Frage stellt. Er muss sein Mäppchen rausholen, weil er seine Stifte braucht. Dann soll er auf einem Blatt Buchstaben einkreisen und verbinden. Er darf nach vorne kommen und seiner Lehrerin sein Schreibheft zeigen. Lena darf sogar mit Kreide an die Tafel schreiben. Danach können die Kinder ihre Sachen wieder einpacken. Sie stellen ihre Stühle in einen Stuhlkreis und spielen ein Spiel. Das macht allen Spaß. Frau Meier sagt: „Seid bitte ganz leise und hört gut zu!" Sie will noch eine Geschichte vorlesen. Dann erklärt sie den Kindern die Hausaufgaben. Umut soll zu Hause eine Reihe Buchstaben aufschreiben und unterstreichen. Bevor die Kinder nach Hause gehen, müssen sie die Hausaufgaben von der Tafel abschreiben. Zum Schluss stellen sich die Kinder in einer Zweierreihe auf und gehen zusammen mit Frau Meier zur Bushaltestelle.

DURCHFÜHRUNG Die Lehrkraft liest die Geschichte „Umut geht in die Schule" pantomimisch unterstützt vor.

Pantomimespiel 👥

DURCHFÜHRUNG Die Lehrkraft flüstert einem Kind eine Tätigkeit ins Ohr, die das Kind der Gruppe dann pantomimisch vorspielt. Das Kind, das als Erstes richtig geraten hat, ist als Nächstes mit Vorspielen dran.

> 💬 Viele der unterrichtsrelevanten Verben sind **Präfixverben**, z.B. einkreisen, aufstellen, zuhören. Auch wenn nicht zu erwarten ist, dass Kinder auf Förderhorizont 1 diese Verben im Gebrauch trennen, ist doch sicherzustellen, dass alle Kinder der Klasse die unterrichtsrelevanten Anweisungen verstehen und umsetzen können.

Bewegungsspiel 👥

DURCHFÜHRUNG Die Lehrkraft gibt Spielkommandos, die die Kinder ausführen.
Bsp.: „Alle laufen zur Tafel!"
       „Waldemar geht zum Fenster!"
       „Renja setzt sich auf den Stuhl!"

Danach wird die Geschichte noch einmal vorgelesen. Die Kinder führen dabei zu den Verben in der Geschichte passende Bewegungen aus.

VARIATION Dieses Spiel kann auch im Bewegungsraum gespielt werden. Dazu legt die Lehrkraft Bildkarten aus dem Übungswortschatz (Tafel, Regal, Stift …) im Raum aus.

> 💬 Neben der Übung des schulischen Bezeichnungswortschatzes werden das Verstehen und der Gebrauch von **Bewegungsverben** geübt. Zunächst sollte nur mit einer Kommandoform gespielt werden. Bei der Einführung neuer Bewegungsverben werden diese zuerst besprochen und vorgemacht.

ANGEBOT FÜR FÖRDERHORIZONT 1

Im Klassenzimmer 👥

MATERIAL/VORBEREITUNG Wortkarten mit Begriffen zum Thema „Klassenzimmer", Blankokarten

DURCHFÜHRUNG Die Lehrerin legt die Wortkarten und ein paar Blankokarten in die Mitte. Die Kinder heften die Wortkarten an die passenden Gegenstände bzw. Möbel im Klassenzimmer. Die Blankokarten können genutzt werden, um Ideen der Kinder aufzugreifen.

> 💬 Der **schulrelevante Bezeichnungswortschatz** wird sukzessive erweitert. Zuerst beschränkt sich die Lehrkraft auf wesentliche Begriffe, die in der spezifischen Klassensituation am relevantesten sind. Die Aufgabenstellung kann mehrfach aufgegriffen und auch in anderen Räumen der Schule durchgeführt werden. Nach und nach können so weitere Begriffe ergänzt werden, z.B. „Unser Klassenzimmer", „In der Sporthalle", „Im Musikraum" etc. Das **Vorgehen nach Themenbereichen** unterstützt die vernetzte Speicherung im mentalen Lexikon.

Stille Post 👥

DURCHFÜHRUNG Die Gruppe sitzt im Stuhlkreis. Die Lehrkraft flüstert ihrem Nachbarkind eine Anweisung ins Ohr, z.B. „Mia geht zur Tafel." oder „Pedro holt die Kreide."
Die Kinder geben die gehörte Anweisung flüsternd an ihren jeweiligen Nachbarn weiter. Wenn die Anweisung das Kind erreicht, dessen Namen genannt wird, führt es die Anweisung aus. Nach jeder Runde wechseln die Kinder ihre Plätze.

VARIATION Das Spiel kann auch mit Bildkarten gespielt werden. Dann werden die Anweisungen mit der Karte statt eines realen Gegenstandes durchgeführt.

KV 1 Was gehört nicht dazu? 💭

DURCHFÜHRUNG Die Lehrkraft demonstriert am Beispiel des ersten Kästchens auf KV 1 den Arbeitsauftrag: Der Gegenstand, der nicht dazugehört, soll jeweils durchgestrichen werden.
Nach der Bearbeitung wird die KV als Gesprächsanlass genutzt. Dafür gibt die Lehrkraft den SuS ein Satzmuster vor:
„Die *Kreide* gehört dazu. Der *Klebestift* gehört nicht dazu."

TIPP FÜR DIE WEITERARBEIT Die Kinder können sich in Partnerarbeit selbst nach dem gleichen Prinzip Rätsel ausdenken und aufmalen. Kinder aus anderen Arbeitsgruppen können die Rätsel später lösen.

> 💬 Der schulspezifische Bezeichnungswortschatz wird in **Sachnetzen** gelernt. Sachnetze enthalten Wörter, die inhaltlich zusammengehören, und erleichtern dem Lerner das automatische Abrufen dieser Wörter. Das Erfinden eigener Sachnetze hat einen nachhaltigen Merkeffekt.

ANGEBOT FÜR FÖRDERHORIZONT 2

KV 2 Was machen die Kinder in der Schule? 👥

DURCHFÜHRUNG Die Lehrkraft liest die folgenden kurzen Geschichten vor, wobei sie deutlich die Nummer des Satzes ansagt. Die Kinder müssen gut zuhören und auf KV 2 das jeweils passende Bild zur vorgelesenen Situation mit der entsprechenden Nummer kennzeichnen.

1. Frau Meier erklärt eine Aufgabe. Paul hört zu.
2. Die Aufgaben stehen an der Tafel. Tina schreibt die Aufgaben ab.
3. Umut hat einen Fehler gemacht. Das ist nicht schlimm. Er radiert das Wort aus.
4. Bald beginnt die Pause. Marie packt ihre Sachen ein.
5. Umut freut sich. Frau Meier liest eine Geschichte vor.
6. Es klingelt. Die Schule ist aus. Umut stellt seinen Stuhl hoch.

TIPP FÜR DIE WEITERARBEIT Die Kinder können selbst „Schulgeschichten-Bilder" malen. Mit Hilfe der Bilder können sie später der Gesamtgruppe ihre Geschichten erzählen.

> 💬 Das Hörverstehen unterrichtsrelevanter **Präfixverben** wird durch die Einbindung in einen Kontext und das Bildangebot unterstützt. Die eigenen Bilder motivieren zum Sprechen.

ANGEBOT FÜR FÖRDERHORIZONT 3

 KV 3 In der Schule

DURCHFÜHRUNG Die Lehrkraft liest die Geschichte „Umut geht in die Schule" noch einmal vor. Wenn das Lesen der Geschichte mit der Gesamtgruppe noch nicht zu lange zurückliegt, kann der Inhalt stattdessen auch durch Fragen aufgefrischt werden.
Bsp.: „Was macht Umut in der Schule?"
  „Was macht Umut, wenn die Lehrerin eine Frage stellt?"
  „Was macht die Klasse im Stuhlkreis?"

Nun bearbeiten die SuS KV 3. Sie schneiden die Bilder aus, ordnen sie und kleben sie in der richtigen Reihenfolge in ihr Heft. Mit Hilfe der aufgeklebten Bildergeschichte erzählen die Kinder die Geschichte Mitschülern, die mit einem anderen Arbeitsauftrag beschäftigt waren. Die Lehrkraft unterstützt das chronologische Erzählen gegebenenfalls durch unterstützende Fragen.
Bsp.: „Was macht Umut zuerst?"
  „Was machen die Kinder dann?"
  „Was passiert danach?"

> Die Bilder unterstützen das strukturierte Erzählen. Gezielte Nachfragen helfen den Kindern ebenfalls bei der Versprachlichung von Zusammenhängen. Die Bildfolge fordert den Gebrauch von „dann" als satzübergreifende Verknüpfung heraus, was die **Produktion von Inversionsstrukturen** nach sich zieht.

ANGEBOT FÜR FÖRDERHORIZONT 4

 KV 4 Alle haben viel zu tun

DURCHFÜHRUNG Die Lehrkraft bespricht mit den Kindern den Arbeitsauftrag: Immer zwei Bilder auf KV 4 passen zusammen und bilden eine Abfolge. Die Bilder auf der rechten Seite müssen ausgeschnitten und in das Kästchen neben dem passenden Bild geklebt werden. Die Lösung kann durch ein bereitgelegtes Lösungsblatt von den Kindern selbst kontrolliert werden.

Anschließend spricht die Lehrkraft mit den Kindern über die Bildfolgen. Am Beispiel des ersten Bildpaares gibt sie ein Satzmuster vor:
„Umut holt seinen Stift heraus, weil er ins Heft schreiben will."
Durch Fragen wie „Und was passiert hier?" regt die Lehrkraft die Kinder an, die nächsten Bildpaare zu versprachlichen. Unterschiedliche Antworten sind möglich (z.B. „Umut nimmt den Stift, weil er Buchstaben schreiben muss."), die Lehrkraft achtet jedoch darauf, dass die Kinder die Nebensatzstruktur mit „weil" aufgreifen. Wenn dies nicht der Fall ist, gibt die Lehrkraft weitere Beispiele vor.
Danach können sich die Kinder ähnliche Kausalzusammenhänge ausdenken und vorspielen. Die anderen Kinder versprachlichen das Gesehene.
Bsp.: „Anil geht zur Tür, weil er hinausgehen will."
  „Pia nimmt die Flasche, weil sie trinken will."

> **Begründungen mit „weil"** produzieren Kinder bereits früh, auch wenn die Stellung des Verbs noch nicht der Nebensatzstruktur entspricht. Auch Muttersprachler gebrauchen weil-Sätze in der gesprochenen Sprache immer seltener mit Verbendstellung, was vielerorts toleriert wird und den Erwerb dieser Nebensatzstruktur erschwert. Dennoch sollte die Nebensatzbildung mit „weil" und Verb in der Endstellung trainiert werden, da dies für die Schriftsprache erforderlich ist.

Was gehört nicht dazu?

Streiche durch, was nicht dazugehört.

Sprachförderung PLUS
Förderbausteine für den Soforteinsatz im Regelunterricht
ISBN 978-3-12-666802-6

Was machen die Kinder in der Schule?

Höre genau zu. Schreibe die passende Nummer in das Kästchen.

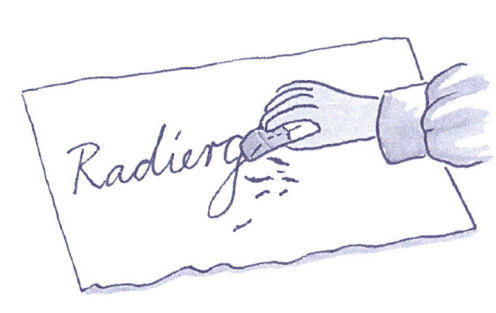

Sprachförderung PLUS
Förderbausteine für den Soforteinsatz im Regelunterricht
ISBN 978-3-12-666802-6

In der Schule

Schneide die Bilder aus.
Klebe sie in der richtigen Reihenfolge in dein Heft.
Erzähle, was Umut in der Schule gemacht hat.

Sprachförderung PLUS
Förderbausteine für den Soforteinsatz im Regelunterricht
ISBN 978-3-12-666802-6

Alle haben viel zu tun

Welche Bilder gehören zusammen? Schneide die Ausschneidebilder aus und klebe sie in das passende Kästchen.

Alle haben viel zu tun

Sprachförderung PLUS
Förderbausteine für den Soforteinsatz im Regelunterricht
ISBN 978-3-12-666802-6

Klett

In der Pause

Die Beteiligung an gemeinsamen Spielen fällt sprachlich noch nicht so weit fortgeschrittenen und unsicheren Kindern oft schwer. In der Folge ziehen diese Kinder sich zurück, weil sie sich den Kommunikations- und Spielsituationen mit anderen Kindern nicht gewachsen fühlen. Die Einführung von Spielen mit festen Formeln bietet auch Kindern auf Förderhorizont 1 oder 2 die Möglichkeit sich zu beteiligen. Das Kennenlernen des relevanten Wortschatzes für den Pausenhof und von Ritualen zur Auswahl von Spielteilnehmern entlastet Kinder mit noch geringen Ausdrucksmöglichkeiten.

Überblick über die Förderangebote

GESAMTE LERNGRUPPE

- Einführung des Pausenwortschatzes
- Spielformen kennenlernen und verwenden
- Reime, rhythmisches Sprechen
- eine Geschichte mit Hilfe von Bildern und Fragen verstehen

Der Fuchs geht um

Fischer, Fischer, wie tief ist das Wasser?

Abzählreime

Fotobuch

KV 1 Geschichte: Auf dem Pausenhof

FÖRDERHORIZONT 1

- Sicherung des Pausenwortschatzes
- Anwendung einer Spielformel
- Satzmuster: „Das ist ..."

KV 1 Ich sehe was, was du nicht siehst ...

FÖRDERHORIZONT 2

- Sätze im Perfekt bilden

KV 1 In der Pause

FÖRDERHORIZONT 3

- Verkettung von Äußerungen mit „dann"
- Produktion von Inversionsstrukturen nach „dann"

KV 2 Und dann?

FÖRDERHORIZONT 4

- Nebensätze mit „wenn"
- Satzmuster: „Wenn es regnet, ..."

KV 3 Regenpause

Wortschatz

NOMEN der Pausenhof, die Pause, das Spiel, der Fußball, die Murmel, das Auto, der Sandkasten, die Burg, der Graben, der Jonglierball, das Klettergerüst, das Tor, die Bank, der Ball, die Schaukel, der Eimer, die Musik, das Kartenspiel, die Karte, das Puzzle, der Computer …

VERBEN (Fußball) spielen, klingeln, entdecken, rennen, warten, sitzen, schaukeln, fliegen, bauen, graben, klettern, lesen, puzzeln, (Musik) hören, malen …

ADJEKTIVE groß, rot, blau, gelb, grün, orange, lila, schwarz …

SONSTIGE oben, dann, zuerst, danach, wenn …

PHRASEN ein Tor schießen, frei werden, Ich sehe was, was du nicht siehst …

ANGEBOTE FÜR DIE GESAMTE LERNGRUPPE

Der Fuchs geht um 👥

MATERIAL/VORBEREITUNG Knautschball

DURCHFÜHRUNG Die Kinder stehen im Kreis. Ein Spieler ist der „Fuchs" und hält einen Knautschball in der Hand. Damit umrundet er den Kreis, während die anderen Kinder singen:

Der Fuchs geht um, der Fuchs geht um,
es geht ein wildes Tier herum.
Wer sich umdreht oder lacht,
kriegt den Buckel blau gemacht.

Der Fuchs legt den Knautschball hinter einem Kind ab. Dieses Kind muss den Knautschball aufheben und versuchen, den Fuchs zu fangen, bevor dieser den Kreis umrundet und den Platz des Fängers eingenommen hat. Wenn dies geschieht, wird der Fänger zum Fuchs und das Spiel beginnt von vorne. Wenn der Fuchs gefangen wird, muss er es noch einmal versuchen.

Fischer, Fischer, wie tief ist das Wasser? 👥

MATERIAL/VORBEREITUNG Auf dem Schulhof werden eine Start- und eine Ziellinie festgelegt. Das Spiel kann auch im Sportunterricht eingeführt werden.

DURCHFÜHRUNG Die Kinder verteilen sich auf der Startlinie. Ein Kind wird zum Fischer ernannt und steht hinter der Ziellinie. Hierfür sollte zuerst ein sprachlich sicheres Kind ausgewählt werden, damit für schwächere Kinder ein ausreichender Input ermöglicht wird. Die

Kinder an der Startlinie fragen: „Fischer, Fischer, wie tief ist das Wasser?"
Der Fischer antwortet: „20 Meter tief!"
Die Kinder rufen zurück: „Wie kommen wir da rüber?"
Der Fischer denkt sich eine Bewegungsart aus: „Ihr müsst *hüpfen*!"
Danach hüpfen (laufen, rennen, krabbeln, springen, schleichen, trampeln …) alle Kinder los. Sie versuchen, die Ziellinie zu erreichen, ohne vom Fischer gefangen zu werden. Gefangene Kinder werden gemeinsam mit dem Fischer zu Fängern. Das Spiel wird so lang gespielt, bis das letzte Kind gefangen wurde.

> 💬 Nach und nach können im Sinne einer **handlungsbegleiteten Wortschatzerweiterung** verschiedene Bewegungsarten und deren Bezeichnung eingeführt werden. Es empfiehlt sich, ähnliche Bewegungsarten (z.B. trampeln und hüpfen) mit den Kindern zu vergleichen, um im Kontrast die **Bedeutungsgrenzen** erfahrbar zu machen.

Abzählreime 👥

Ene dene daus, und du bist raus!

Ene mene muh, und raus bist du!
Raus bist du noch lange nicht, sag mir erst,
wie alt du bist. 1,2,3,4,5,6 …(Alter des Kindes)
6 ist kein Wort, und du bist fort.

Ringel, Rangel, Rose,
Butter in die Dose, Butter in den Speck,
und du bist weg.

Ene mene Miste,
es rappelt in der Kiste,
ene mene meck,
und du bist weg.

Auf dem Berge Sinai
wohnt der Schneider Kikriki.
Schaut mit seiner Brille raus:
Eins – zwei – drei,
und du bist raus.

Mein Finger geht im Kreise
auf eine kurze Reise.
Und bleibt mein Finger stehn,
dann musst du gehn.

Eins, zwei, drei, vier, fünf, sechs, sieben,
eine alte Frau kocht Rüben,
eine alte Frau kocht Speck,
und du bist weg.

DURCHFÜHRUNG Immer wenn vor einem Spiel ein Kind für eine besondere Aufgabe ausgewählt werden muss oder wenn festgelegt wird, wer mit dem Spiel beginnen darf, führt die Lehrkraft einen neuen Abzählreim ein oder wiederholt einen bereits bekannten Vers. Mit zunehmender Erfahrung wird die Aufgabe des Abzählens an Kinder übertragen.

Die Sammlung von Abzählreimen kann durch Beiträge der Kinder bereichert werden, die Verse aus ihrem Umfeld einbringen können. Interessant sind auch Abzählreime in den Herkunftssprachen der Kinder.

> Die Einführung von **Abzählreimen** vor Spielen ermöglicht es auch Kindern, die sich sprachlich noch nicht so gut ausdrücken können, sich an Auswahlverfahren vor einem Spiel und damit an einer typischen Pausensituation zu beteiligen. Der Umgang mit Reimen und das rhythmische Sprechen trainieren außerdem die **phonologische Bewusstheit**.
> Der Einbezug der Herkunftssprachen bietet auch den sprachlich schwächeren Kindern die Möglichkeit, Beiträge zu leisten und sich als kompetent zu erfahren.

Fotobuch

MATERIAL/VORBEREITUNG Digitalkamera, pro Kind ein Heft oder ein kleines Buch, Fotoausdrucke, Spielzeug- und Sportgerätekataloge, Kataloge von Außenspielgeräten

DURCHFÜHRUNG: Die Lehrkraft geht mit den SuS auf den Schulhof, um „Wörter zu sammeln". Die wichtigsten Spielgeräte und Gegenstände werden mit Artikel benannt und zusammen mit den Kindern fotografiert. Die Szenen werden entsprechend versprachlicht.
Bsp.: „Maria spielt im Sandkasten."
„Leo sitzt auf der Wippe."
Später können die Bilder ausgedruckt und in die Hefte geklebt werden. Dabei klebt jeweils ein Foto auf einer Doppelseite. An diesen Fotobüchern können die Kinder in offenen Lernsituationen eigenständig weiterarbeiten:

- Kinder, die noch nicht schreiben können, kleben vorbereitete Wort- oder Satzkarten zu den Bildern oder diktieren ihre Sätze der Lehrkraft.
- Alphabetisierte Kinder beschriften die einzelnen Seiten des Fotobuchs oder schreiben kurze Sätze dazu.
- Die Kinder können das Fotobuch mit ausgeschnittenen Bildern aus Katalogen erweitern, indem sie mit diesen Seiten ebenso verfahren wie oben beschrieben.

Wenn das Fotobuch fertig ist, erzählen die SuS, was auf den einzelnen Seiten zu sehen ist. Die Lehrkraft schafft authentische Gesprächsanlässe, indem als Zuhörer Eltern oder Großeltern eingeladen oder die Kinder in der Patenklasse oder in der Kita besucht werden.

KV1 Geschichte: Auf dem Pausenhof

Auf dem Pausenhof

Die Kinder freuen sich auf die Pause. Im Klassenzimmer und auf dem Pausenhof gibt es viele tolle Spiele. Umut will mit seinen Freunden Fußball spielen.
Endlich klingelt es und die Kinder laufen auf den Pausenhof. Umut spielt mit Leni und Tobi Fußball. Auch die anderen Kinder haben tolle Sachen entdeckt. Evelin spielt mit Murmeln. Mehmet und Felix spielen mit ihren Autos. Im Sandkasten bauen drei Mädchen eine große Burg. Nele gräbt um die Burg einen großen Graben. Sinan klettert auf das Klettergerüst. Er ist schon ganz oben.
Vom vielen Rennen ist Umut ganz müde. Er hat auch schon drei Tore geschossen. Jetzt setzt er sich lieber auf die Bank und wartet. Er will noch schaukeln und mit den Jonglierbällen spielen. Endlich wird eine Schaukel frei und Umut fliegt hoch in die Luft. Pausen sind einfach schön!

MATERIAL/VORBEREITUNG KV1 (evtl. vergrößern)

DURCHFÜHRUNG: Die Lehrkraft betrachtet mit den SuS das Bild „Auf dem Pausenhof" und erzählt zum Bild bzw. stellt Fragen.

Beispiele für einfache Fragen und Impulse (Förderhorizont 1 und 2):
„Was siehst du hier?"
„Was passiert hier?"
„Zeig mir die Schaukel / den Ball / das Klettergerüst!"
„Was spielst du gerne?"

Beispiele für anspruchsvollere Fragen und Impulse (Förderhorizont 3 und 4):
„Was macht das Kind hier? / Was machen die Kinder hier?" (dabei zeigt die Lehrkraft auf ausgewählte Szenen)
„Wie geht das Spiel?"
„Was spielt ihr noch auf dem Pausenhof?"

Die Lehrkraft achtet darauf, dass auch die Spielsachen und Tätigkeiten benannt werden, auf die die Kinder zunächst nicht eingehen.

Im Anschluss liest die Lehrkraft die Geschichte „Auf dem Pausenhof" vor, während die Kinder das Bild zur Geschichte ausmalen.

Dazu kann mit einem Maldiktat zur Festigung des Wortschatzes eingestiegen werden:

„Male das Klettergerüst blau an.
Male einen Eimer gelb an.
Male ein Auto rot an.
Male eine Bank grün an.
Male den Ball lila an."

Je nach Sprachstand der Kinder sollten die schwierigen Begriffe und Szenen erläutert bzw. vorgespielt werden.

> 💬 Das **Verstehen von vorgelesenen Geschichten** bereitet Zweitsprachlernern teilweise noch große Probleme – auch wenn der Text aus dem Erfahrungshorizont der Kinder kommt. Hilfen, die den Kindern beim mündlichen Erzählen gegeben werden (z.B. Wiederholen oder Umformulieren) entfallen bei schriftlichen Texten, zu deren Verständnis die Kinder jedoch nach und nach hingeführt werden müssen. Das Verständnis der Geschichte „Auf dem Pausenhof" wird durch den Einsatz des Bildes erleichtert. Fragen auf unterschiedlichen Niveaustufen schließen sich an.

ANGEBOT FÜR FÖRDERHORIZONT 1

📝 KV1 Ich sehe was, was du nicht siehst ... 👥

DURCHFÜHRUNG Vor Beginn des Spiels muss sichergestellt werden, dass alle Kinder die Farben benennen können. Falls dies nicht der Fall ist, können die Farben mit einem Wortschatzspiel geübt werden, z.B. dem Kimspiel „Zwei, drei, vier" (→ „Hurra ich bin ein Schulkind" S. 32)

Falls noch nicht geschehen, malen die Kinder das Bild „Auf dem Pausenhof" aus. Anschließend führt die Lehrkraft das Spiel ein und stellt eine Rätselfrage zum Bild eines Kindes.

Bsp.: „Ich sehe was, was du nicht siehst, und das ist blau."

Die Mitspieler versuchen zu erraten, welcher Gegenstand gemeint ist:

„Ist es der Ball?"

Das Kind, das das Rätsel gelöst hat, beginnt das Spiel von vorn und darf sein Bild präsentieren.

ANGEBOT FÜR FÖRDERHORIZONT 2

📝 KV1 In der Pause 👥

MATERIAL/VORBEREITUNG Blanko-Notizzettel

DURCHFÜHRUNG Die Lehrkraft betrachtet mit den Kindern das Bild „Auf dem Pausenhof". Sie beginnt zu erzählen, was Umut und seine Freunde in der Pause gemacht haben:

Bsp.: „Umut hat sich sehr auf die Pause gefreut. Er hat mit seinen Freunden Fußball gespielt. Die anderen Kinder haben auch tolle Spiele entdeckt."

Im Frage-Antwort-Gespräch mit den Schülern entsteht nun die Nacherzählung, was in der Geschichte passiert ist.

Fragen zur Unterstützung der Kinder:

„Wer hat eine Burg gebaut?"
„Was hat Sinan gemacht?"
„Was haben diese Kinder gemacht?"
(Die Lehrkraft zeigt auf die verschiedenen Szenen auf dem Bild.)

Im Anschluss malen die Kinder auf Notizzettel, was sie selbst in der letzten Pause gemacht haben. Die Bilder können im Anschluss zu einer Collage zusammengeklebt werden. Die Kinder versprachlichen ihre Pausentätigkeit beim Aufkleben ihres Bildes. Dabei unterstützt sie die Lehrkraft mit Fragen.

Bsp.: „Was hast du in der Pause gemacht?"
        „Ich habe ein Buch gelesen."

> 💬 Beim Erzählen zum Bild achtet die Lehrkraft auf die **Verwendung des Perfekts**. Auch die Fragen zur letzten Pause der Kinder werden im Perfekt gestellt. So gibt die Lehrkraft sprachliche Modelle vor, die von den Kindern aufgegriffen werden können. Korrekte zielsprachliche Äußerungen können noch nicht von allen Kindern erwartet werden. Die Lehrkraft greift fehlerhafte Äußerungen der Kinder auf (z.B. „hat gespielt Fußball" oder „hat Fußball gespielen") und wiederholt sie in der richtigen Form: „Ah, Umut hat Fußball gespielt."
> Sprachlich schwächere Kinder können durch Fragen, deren Beantwortung die Klammerstruktur nicht erfordert, entlastet werden, z.B.: „Hast du ein Buch angeguckt?"

ANGEBOT FÜR FÖRDERHORIZONT 3

KV 2 Und dann?

MATERIAL/VORBEREITUNG Blanko-Notizzettel

DURCHFÜHRUNG Die Kinder schneiden die neun Bilder auf KV 2 aus. Jeweils drei der Bilder gehören zusammen. Nun liest die Lehrkraft die Geschichte „Auf dem Pausenhof" noch einmal vor. Dabei ordnen die Kinder die drei Bildfolgen in der richtigen Reihenfolge. Beim Vorlesen achtet die Lehrkraft darauf, den Kindern ausreichend Zeit zum Ordnen der Bilder zu geben.
Dann legt die Lehrkraft die drei Bilder von Umut aus und erzählt, was Umut in der Pause macht:
„Umut spielt auf dem Fußballplatz. Dann sitzt er auf der Bank. Dann schaukelt er."
Die beiden folgenden Bildreihen werden von den SuS nach dem vorgegebenen Modell versprachlicht.
Anschließend erzählt die Lehrkraft den Kindern, was sie in der Pause macht.
Bsp.: „Zuerst gehe ich ins Lehrerzimmer. Dann esse ich mein Pausenbrot. Danach hole ich euch wieder auf dem Schulhof ab."
Nun malen die Kinder auf kleine Notizzettel eine Bildfolge, was sie in der Pause machen. Sie bringen ihre Geschichten in die richtige Reihenfolge und erzählen sich gegenseitig von ihren Pausen. Zum Schluss kleben die Kinder die Bildergeschichten in ihr Heft.

> 💬 Um satzübergreifend und chronologisch erzählen zu können, muss der richtige Gebrauch von „dann" trainiert werden. → „Umut geht in die Schule", S. 45

ANGEBOT FÜR FÖRDERHORIZONT 4

KV 3 Regenpause

DURCHFÜHRUNG Die Lehrkraft spricht mit den Kindern darüber, was man tun kann, wenn es in der Pause regnet. Anschließend versprachlichen die Kinder die Bilder auf KV 3 nach dem vorgegebenen Muster: „Wenn es regnet, kann ich ein Buch lesen."

Eigene Ideen der Kinder werden aufgegriffen und können anschließend von den Kindern als Bild festgehalten werden. Kinder, die schon schreiben können, schreiben ihre Ideen auf. Zum Schluss werden die Bilder auf einer Regenpausencollage zusammengeklebt.

> 💬 **Nebensätze mit „wenn"** → „Hurra ich bin ein Schulkind", Förderhorizont 4, S. 33

Auf dem Pausenhof

Sprachförderung PLUS
Förderbausteine für den Soforteinsatz im Regelunterricht
ISBN 978-3-12-666802-6

Und dann?

Schneide die Bilder aus.
Ordne die Bilder und erzähle dazu.

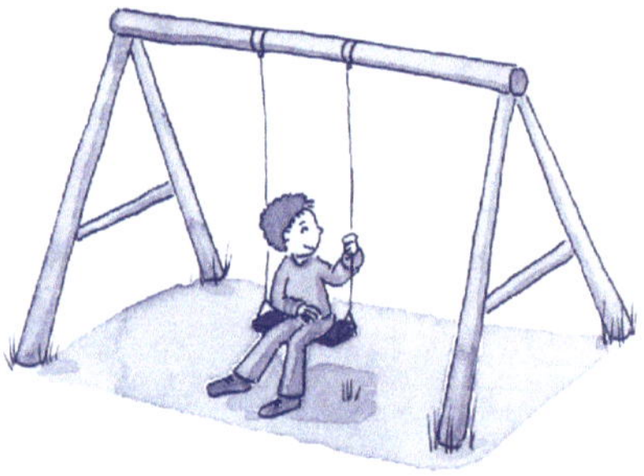

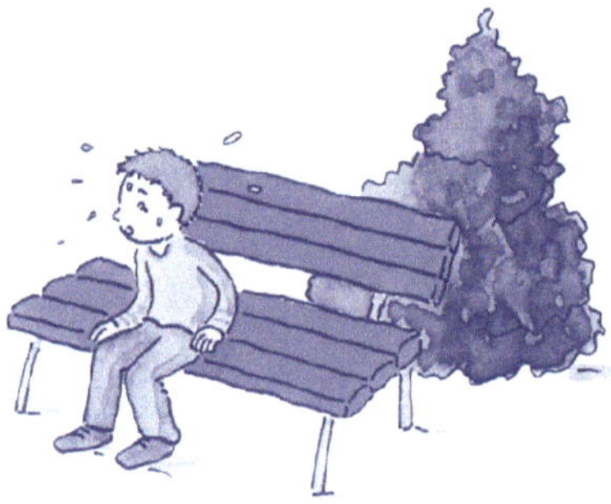

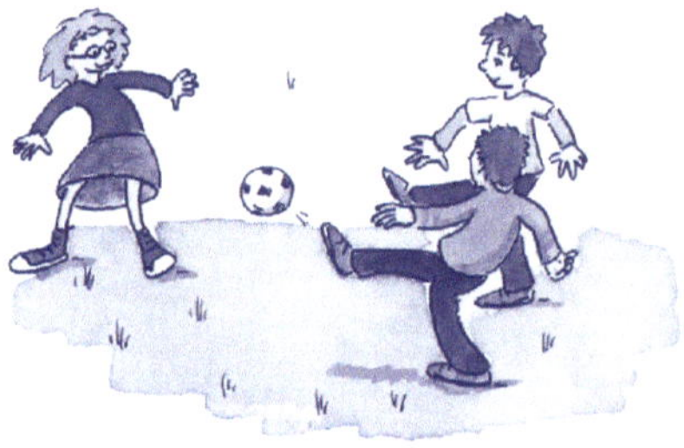

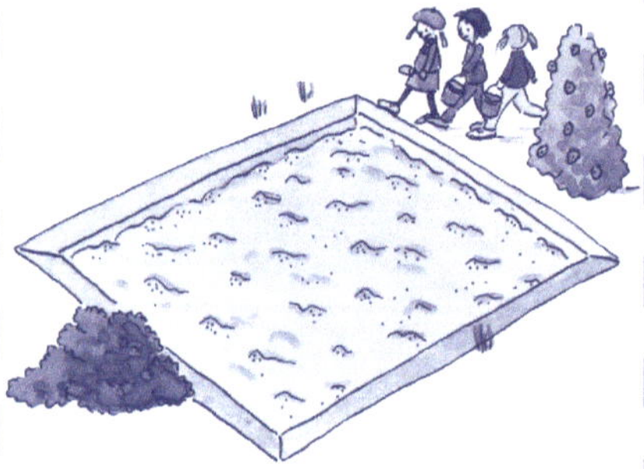

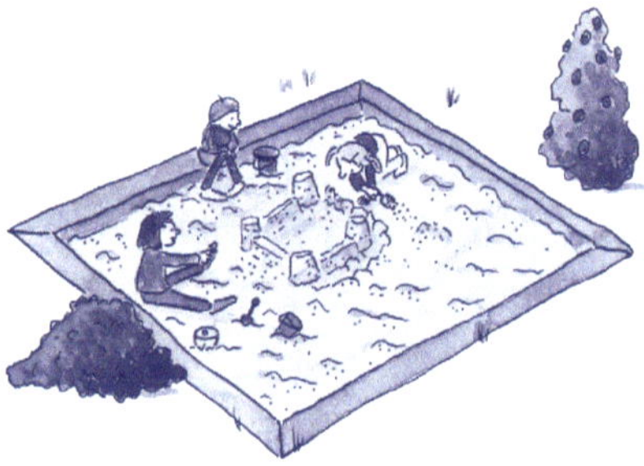

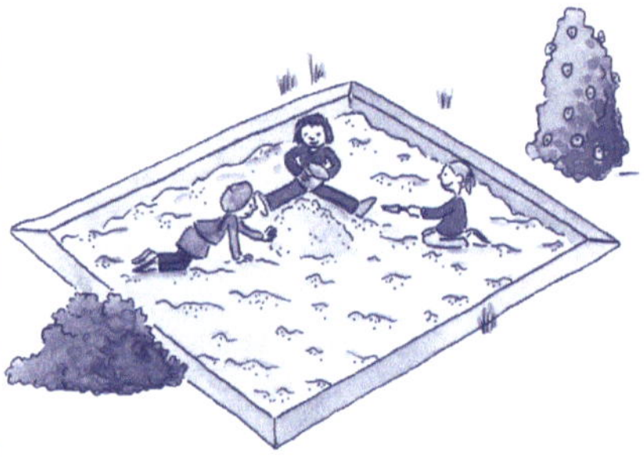

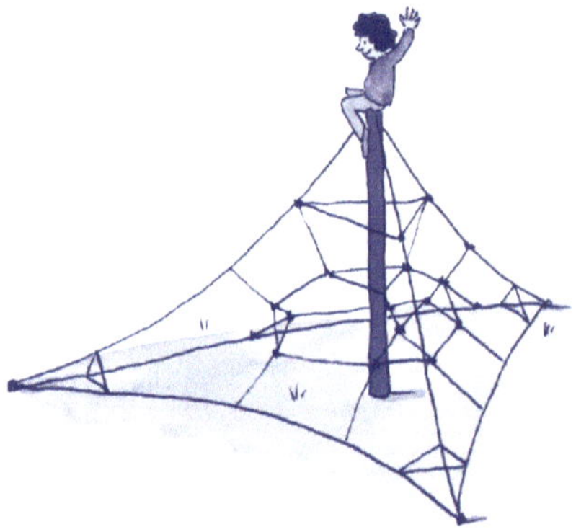

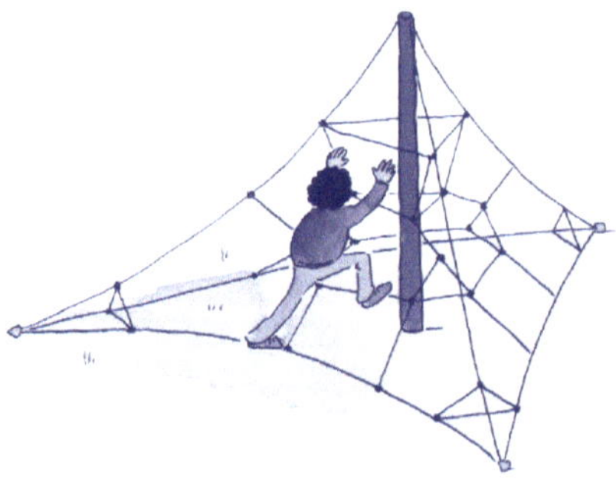

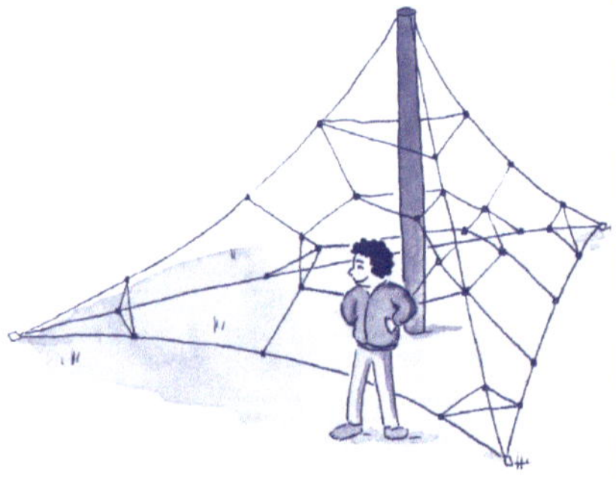

Sprachförderung PLUS
Förderbausteine für den Soforteinsatz im Regelunterricht
ISBN 978-3-12-666802-6

Regenpause

Was kannst du in der Regenpause tun? Erzähle.

Wenn es regnet, kann ich ein Buch lesen.
Wenn es regnet, …

Hast du noch andere Ideen?

Sprachförderung PLUS
Förderbausteine für den Soforteinsatz im Regelunterricht
ISBN 978-3-12-666802-6

ICH UND DU

Von Kopf bis Fuß

Die Themen „Körper" und „Kleidung" haben eine hohe Alltagsrelevanz für Kinder. Über den eigenen Körper sprechen zu können, spielt in vielen Zusammenhängen im Unterricht der Grundschule eine Rolle. Dies beginnt bei Erläuterungen im Sportunterricht und endet bei Themen der Prävention und Gesundheitserziehung. In allen Fächern kann darauf geachtet werden, das gelegte Wortschatzfundament auszudifferenzieren und die Kinder dabei zu unterstützen, über sich selbst zu sprechen: Wo empfinde ich was? Wo tut es mir weh? Wie fühlt sich etwas an?

In diesem Förderbaustein wird das Thema „Körperteile" in Zusammenhang mit dem Thema „Kleidung" präsentiert. Besondere Aufmerksamkeit erhalten die wichtigsten Verben, die damit in Verbindung stehen. Viele von ihnen sind trennbare Verben, deren einzelne Teile (Vorsilbe und Verb) im Satz meist getrennt voneinander stehen und deren Bedeutung erfasst werden muss (z.B. der Unterschied zwischen „aufsetzen" und „absetzen").

Überblick über die Förderangebote

GESAMTE LERNGRUPPE

- Einführung des Wortschatzes zu den Themen „Körper" und „Kleidung"

Meine Hände sind verschwunden

Packpapier-Kinder

 KV 1 Wohin gehören diese Kleidungsstücke?

FÖRDERHORIZONT 1	**FÖRDERHORIZONT 2**
■ Festigung des Übungswortschatzes ■ Förderung der phonologischen Bewusstheit: Reimen Zwicke zwein, in das Bein	■ Festigung des Übungswortschatzes ■ Satzklammer mit trennbaren Verben ■ sinnerfassendes Lesen **KV 2** Stimmt das?
FÖRDERHORIZONT 3	**FÖRDERHORIZONT 4**
■ Inversion ■ Satzklammer mit trennbaren Verben ■ chronologisches Erzählen Oh, du mein Hampelmann	■ Relativsätze ■ Satzmuster: „Ich mag alle, die ..." ■ sinnerfassendes Lesen Ich mag alle, die ... **KV 3** Wer ist es?

Wortschatz

NOMEN der Hampelmann, die Hose, der Schuh, der Strumpf, das Bett, das Schlafshirt, der Pulli, die Jacke, die Mütze, die Hand, die Nase, das Auge, das Ohr, der Finger, der Mund, das Bein, das Knie, der Arm, der Bauch, die Backe, der Hals, der Fuß, der Zeh, der Kopf, die Brust, die Haare, die Zähne, der Stiefel, der Rock, die Kappe, der Knopf, die Kette, die Haarspange ...

VERBEN sich (etwas) anziehen, (etwas) ausziehen, (etwas) aufsetzen, (etwas) anhaben, (etwas) dabeihaben, verschwinden, zwicken ...

ADJEKTIVE blau, rot, gelb, grün, braun ...

ANGEBOTE FÜR DIE GESAMTE LERNGRUPPE

Meine Hände sind verschwunden

Meine Hände sind verschwunden,
ich habe keine Hände mehr.
Ach, da sind meine Hände wieder, tra la la la la la la.

Meine Nase ist verschwunden,
ich habe keine Nase mehr.
Ach, da ist meine Nase wieder, tra la la la la la la.

Meine Augen sind verschwunden,
ich habe keine Augen mehr.
Ach, da sind meine Augen wieder, tra la la la la la la.

Meine Ohren sind verschwunden,
ich habe keine Ohren mehr.
Ach, da sind meine Ohren wieder, tra la la la la la la.

Meine Finger sind verschwunden,
ich habe keine Finger mehr.
Ach, da sind meine Finger wieder, tra la la la la la la.

Mein Mund, der ist verschwunden,
ich habe meinen Mund nicht mehr.
Ach, da ist mein Mund ja wieder, tra la la la la la la.

DURCHFÜHRUNG Die Lehrkraft stimmt das Lied mit den Kindern an. Aufgrund der eingängigen Melodie und der vielen Wiederholungen handelt es sich hierbei um ein Lied, das die SuS sehr schnell mitsingen können. Beim Singen werden die in den einzelnen Strophen genannten Körperteile versteckt oder zugehalten, z.B. die Hände hinter den Rücken genommen oder in den Ärmel gezogen, die Nase zugehalten … Wenn die jeweils letzte Zeile der Strophen gesungen wird, tauchen die Körperteile wieder auf. Bei „tra la la la la la" klatschen die Kinder mit.

TIPP FÜR DIE WEITERARBEIT Die Kinder denken sich mit der Lehrkraft weitere Strophen zum Lied aus:

Bsp.: Meine Zähne sind verschwunden …
      Meine Füße sind verschwunden …
      Mein Bauch, der ist verschwunden …

> Auf spielerische Weise wird der Wortschatz zum Körper eingeführt. Durch das **Singen und Spielen des Liedes** sind viele Wiederholungen möglich, ohne dass dies den Kindern bewusst wird oder sie die Freude daran verlieren, → „Begrüßen, kennenlernen, verabschieden", S.28

Packpapier-Kinder

MATERIAL/VORBEREITUNG große Packpapierrollen o.Ä., Wachsmalstifte, evtl. Wortkarten (Begriff + Artikel) zum Wortschatz „Körperteile"

DURCHFÜHRUNG In Partnerarbeit fertigen die Kinder große Packpapier-Kinder an. Dazu werden die Packpapierrollen auf dem Boden ausgerollt. Ein Kind legt sich auf das Papier und das andere Kind zeichnet seine Umrisse mit einem Wachsmalstift nach. Anschließend beschriften die Kinder ihr Packpapier-Kind, indem sie
- vorbereitete Wortkarten an die entsprechenden Körperteile kleben oder
- in die einzelnen Körperteile die jeweilige Bezeichnung mit Artikel eintragen.

Wenn die Kinder die Begriffe selbstständig eintragen, empfiehlt es sich, das Wortmaterial mit Artikel an der Tafel bereitzustellen. Die Packpapier-Kinder können im Flur vor dem Klassenzimmer ausgehängt werden.

TIPP FÜR DIE WEITERARBEIT Die Packpapier-Kinder können wieder verwendet werden, wenn das Thema „Kleidung" behandelt wird. Die Kinder ziehen dann ihrem Packpapier-Kind Kleider an, indem sie diese malen oder aufkleben. Die Kleidungsstücke werden wie oben beschriftet.

KV1 Wohin gehören diese Kleidungsstücke?

MATERIAL/VORBEREITUNG Kleidungsstücke und entsprechende Wortkarten mit Artikel (z.B. die Mütze, der Strumpf, die Hose, der Schal, die Jacke, der Stiefel, der Rock, die Kappe, das Hemd, der Schuh, die Turnhose, der Pulli)

DURCHFÜHRUNG Die Lehrkraft legt die mitgebrachten Kleidungsstücke und Wortkarten in die Mitte. Die Kinder ordnen die Wortkarten den Kleidungsstücken zu. Dabei unterstützt die Lehrkraft die SuS durch entsprechende Fragen, z.B.:
„Wer hat heute eine Hose an?"
„Wer hat heute eine Jacke dabei?"
„Welche Farbe hat dein Hemd?"

Anschließend erklärt die Lehrkraft den Kindern, dass die Kleidungsstücke geordnet werden müssen, damit man sie gut in den Schrank räumen kann. Sie fordert die Kinder auf, Vorschläge dafür zu machen, die dann umgesetzt werden. Das Sortieren der Kleidungsstücke wird versprachlicht.

Beispiele:

- Sortieren nach Farben

„Die Hose gehört zu den blauen Sachen. Die Mütze gehört zu den grünen Sachen."

- Sortieren nach Sorten

„Die Hose brauchst du für die Beine. Die Mütze brauchst du für den Kopf."

Anschließend sortieren die Kinder die Kleidungsstücke auf KV 1.

> Durch Spiele dieser Art erkennen die Kinder, dass Wörter verschiedenen **Kategorien** zugeordnet werden können. Dinge aus der gleichen Kategorie haben Gemeinsamkeiten, aber auch Unterschiede, die oft eine differenziertere Bezeichnung erforderlich machen (z.B. Hose – Turnhose – Shorts).

ANGEBOT FÜR FÖRDERHORIZONT 1

Zwicke zwein, in das Bein

Zwicke zwein, in das Bein (Jürgen Spohn)

zwicke zwein	in das Bein
zwicke zwie	in das Knie
zwicke zwarm	in den Arm
zwicke zwauch	in den Bauch
zwicke zwand	in die Hand
zwicke zwacke	in die Backe
zwicke zwals	in den Hals
zwicke zwase	in die Nase

DURCHFÜHRUNG Die Lehrkraft setzt das Gedicht „Zwicke zwein, in das Bein" mit den Kindern spielerisch um, indem sie es langsam vorträgt und die Kinder sich passend zur jeweiligen Strophe vorsichtig in den jeweiligen Körperteil zwicken. In einer zweiten Runde können sich zwei Nachbarkinder jeweils vorsichtig in den genannten Körperteil zwicken. Nach ein paar Runden spricht die Lehrkraft die jeweilige Reimzeile nicht zu Ende, sondern lässt die Kinder das Körperreimwort finden:

Lehrkraft: „Zwicke zwein, in das …"
Kinder: „… Bein."

Als letzten Schritt erfindet die Lehrkraft – basierend auf dem bereits eingeführten Wortschatz – nun weitere Verse, die in das Gedichtschema passen, und lässt die Kinder das jeweilige Körperreimwort finden:

„Zwicke zwüße, in die *Füße*"
„Zwicke zwo, in den *Po*" …

VARIANTE Das Prinzip dieses Gedichts lässt sich auf viele Themengebiete übertragen. Die Unsinnswörter lassen sich dabei an das Themengebiet anpassen (z.B. Plitsche plasser – in das Wasser).

> Das Reimen mit Unsinns-Wörtern erleichtert der Lehrkraft das Finden geeigneten Wortmaterials und lenkt die Aufmerksamkeit der Kinder in besonderem Maße auf die **Klanggestalt des gehörten Wortes**.

ANGEBOT FÜR FÖRDERHORIZONT 2

KV 2 Stimmt das?

MATERIAL/VORBEREITUNG verschiedene Kleidungsstücke (z.B. Pullover, Jacke, Mütze, Hut, Schal, Mantel)

DURCHFÜHRUNG Die Lehrkraft legt die Kleidungsstücke in die Mitte und bittet ein Kind, sich eines der Kleidungsstücke auszusuchen und anzuziehen. Dabei versprachlicht sie den Vorgang mit einer richtigen oder falschen Aussage, z.B.:

„Vanessa zieht die Jacke an. Stimmt das oder stimmt das nicht?"

Die Kinder beantworten die Frage, dann bekommt das nächste Kind einen Ankleideauftrag. Wenn alle Kleidungsstücke angezogen wurden, erteilt die Lehrkraft den Kindern der Reihe nach den Auftrag, das Kleidungsstück wieder auszuziehen:

„Vanessa zieht den Mantel aus. Stimmt das oder stimmt das nicht?"

Im Anschluss kreuzen die Kinder auf KV 2 an, welche Aussagen stimmen und welche nicht.

> Es empfiehlt sich, Falschaussagen nur hinsichtlich der Kleidungsstücke anzubieten, nicht, ob sie an- oder ausgezogen werden. Damit die **Bedeutung der Vorsilben** erworben werden kann, benötigen die Kinder viele Modelle, die den gravierenden Bedeutungsunterschied zweier scheinbar fast gleicher Wörter (anziehen – ausziehen) illustrieren.

ANGEBOT FÜR FÖRDERHORIZONT 3

Oh, du mein Hampelmann

*Jetzt steigt Hampelmann, jetzt steigt Hampelmann
aus seinem Bett heraus.*

*Refrain: Oh, du mein Hampelmann, mein Hampelmann,
mein Hampelmann,
oh, du mein Hampelmann, mein Hampelmann bist du.*

//: Dann zieht Hampelmann:// *sich seine Hose aus.*

//: Dann zieht Hampelmann:// *sich seine Strümpfe an.*

//: Dann zieht Hampelmann:// *sich seine Hose an.*

//: Dann zieht Hampelmann:// *sich seine Schuhe an.*

//: Dann zieht Hampelmann:// *sich sein Schlafshirt aus.*

//: Dann zieht Hampelmann:// *sich seinen Pulli an.*

//: Dann zieht Hampelmann:// *sich seine Jacke an.*

//: Dann setzt Hampelmann:// *sich seine Mütze auf.*

//: Dann geht Hampelmann:// *mit seiner Frau spazieren.*

//: Dann tanzt Hampelmann:// *mit seiner lieben Frau.*

DURCHFÜHRUNG Die Lehrkraft stimmt mit den Kindern das Lied an. Die einzelnen Strophen werden pantomimisch dargestellt. Zum Refrain kann die Hampelmannbewegung gehüpft werden.

TIPP FÜR DIE WEITERARBEIT Die Kinder denken sich mit der Lehrkraft weitere Strophen zum Lied aus (z.B. Hampelmann geht ins Schwimmbad und muss sich umziehen) und überlegen, an welcher Stelle sie gesungen werden müssen. Die Lehrkraft achtet auf die logische Abfolge beim Anziehen und Ausziehen.

> In Sätzen, die mit einer Ergänzung der Zeit oder des Ortes eingeleitet werden, rückt das Subjekt hinter das Prädikat (**Inversion**). Dafür liefert dieses Lied den Kindern auf spielerische Weise Modelle. Daneben unterstützt das Lied den richtigen Gebrauch von **„dann"**. Viele Kinder gebrauchen „dann" zunächst in einem reihenden Sinn wie „und" und müssen erst erkennen, dass mit dem Gebrauch von „dann" zeitliche Abfolgen ausgedrückt werden.

ANGEBOT FÜR FÖRDERHORIZONT 4

Ich mag alle, die . . .

DURCHFÜHRUNG Die Lehrkraft sitzt mit der Gruppe im Stuhlkreis. Es gibt einen Stuhl weniger als Spielteilnehmer. Die Lehrkraft beginnt das Spiel. Sie steht in der Mitte des Kreises und sagt z.B.:
„Ich mag alle, die eine *blaue Hose* anhaben."
Alle Kinder, auf die das zutrifft, stehen auf und suchen sich einen neuen Sitzplatz im Stuhlkreis. Da sich die Lehrkraft auch einen Sitzplatz sucht, bleibt am Ende ein Kind übrig. Dieses Kind beginnt eine neue Runde und formuliert einen neuen Spielsatz.

Beispiele für Spielsätze:
… die Sandalen anhaben.
… die blaue Augen haben.
… die Jungen sind.
… die ein A in ihrem Namen haben.

> Der Spielsatz liefert ein Modell für Relativsätze. Bei Relativsätzen handelt es sich um Nebensatztypen, die die Kinder in dieser Altersstufe höchstens selten selbstständig produzieren, die sie aber erfassen können müssen, um Texte verstehen zu können. Besondere Bedeutung gewinnt dies im weiterführenden Leseunterricht oder auch in den Fächern Mathematik (Sachaufgaben, Lösungen darstellen …) und Sachunterricht. Relativsätze bilden häufig große Verständnishürden, weil es dem Kind gelingen muss, das Relativpronomen auf das richtige Satzglied im vorangegangenen Hauptsatz zu beziehen.

KV3 Wer ist es?

MATERIAL/VORBEREITUNG 4 Namensschilder zum Umhängen (Bibi, Baba, Bubu, Bobo)

DURCHFÜHRUNG Die Gruppe sitzt im Stuhlkreis. Es werden vier Kinder ausgewählt, die sich in die Mitte stellen. Die Lehrkraft hängt jedem der Kinder eines der Namensschilder verdeckt um den Hals. Dann formuliert sie Relativsätze, die die Kinder beschreiben.

Bsp.: „Bibi ist die, die braune Schuhe trägt."
„Baba ist der, der ein Hemd anhat."

Die Kinder im Kreis erraten, welches Kind gemeint ist. Zur Kontrolle werden die Namensschilder umgedreht. Nach drei Sätzen werden die Kinder in der Mitte ausgetauscht und das Spiel beginnt von vorn.
Im Anschluss ordnen die Kinder auf KV3 den Bildern die passenden Namen zu.

Wohin gehören diese Kleidungsstücke?

Welche Körperteile hältst du mit den Kleidungsstücken warm?
Schneide die Bilder aus und klebe sie in die richtige Spalte.

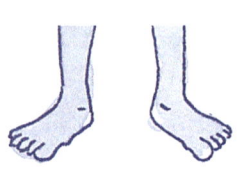
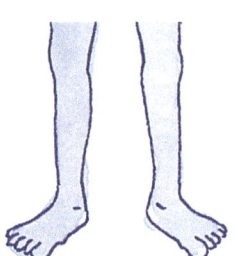
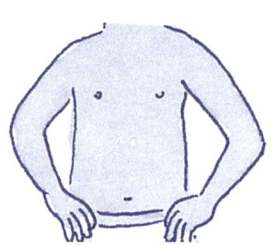

die Füße	die Beine	der Oberkörper	der Kopf

✂

die Mütze	die Strümpfe	die Hose	die Jacke

die Stiefel	der Rock	die Kappe	der Pulli

Sprachförderung PLUS
Förderbausteine für den Soforteinsatz im Regelunterricht
ISBN 978-3-12-666802-6

Stimmt das?

Schau und lies genau.
Stimmt das? Kreuze an.

Die Oma setzt den Hut auf.

☐ Stimmt!   ☐ Stimmt nicht!

Sophie zieht die Hose aus.

☐ Stimmt!   ☐ Stimmt nicht!

Uli zieht die Stiefel an.

☐ Stimmt!   ☐ Stimmt nicht!

Ali zieht die Schuhe an.

☐ Stimmt!   ☐ Stimmt nicht!

Papa zieht die Jacke an.

☐ Stimmt!   ☐ Stimmt nicht!

Sina zieht das Kleid an.

☐ Stimmt!   ☐ Stimmt nicht!

Sprachförderung PLUS
Förderbausteine für den Soforteinsatz im Regelunterricht
ISBN 978-3-12-666802-6

Wer ist es?

Findest du heraus, welches Kind gemeint ist?
Schreibe unter die Bilder die Namen der Kinder.

Benno
_____

_____

_____

_____

_____

_____

Lilli ist die, die eine Haarspange anhat.

Benno ist der, der eine kurze Hose anhat.

Umut ist der, der eine Jacke anhat.

Mia ist die, die eine Kappe aufhat.

Susi ist die, die eine Kette anhat.

Marie ist die, die einen Fußball dabei hat.

Sprachförderung PLUS
Förderbausteine für den Soforteinsatz im Regelunterricht
ISBN 978-3-12-666802-6

Die Maus, die hat Geburtstag heut

Vertrautheit mit Büchern ist eine wesentliche Kompetenz, die unter den Begriff „Literacy" fällt. Nicht immer haben Kinder nichtdeutscher Herkunftssprache ausreichend Gelegenheit, Literacy-Erfahrungen zu machen. Bilderbücher eignen sich zu Beginn des Spracherwerbs besonders: Durch die Bilder klären sich viele Zusammenhänge, die Sprache steht in einem kontextuellen Zusammenhang, der das Verständnis der Geschichte erleichtert. Besondere Freude bereiten Kindern Bilderbücher mit vielen Wiederholungen oder Rätseln, weil sie schnell in der Lage sind, im Rahmen des interaktiven Erzählens an der Geschichte mitzuwirken.

Das Bilderbuch „Die Maus, die hat Geburtstag heut" von Paul Maar erfüllt die genannten Kriterien in hohem Maße. Im Folgenden wird anhand dieses Buches exemplarisch gezeigt, wie ein Bilderbuch über das Betrachten hinaus intensiv zur Sprachförderung genutzt werden kann. Ähnlich kann mit anderen Kinderbüchern verfahren werden. Nicht immer eignet sich eine Geschichte zur Inszenierung; dann können Bilderbü-

cher auch mit Musikinstrumenten untermalt oder als „Kamishibai-Stummfilm" gestaltet werden, zu dem erzählt wird. Es können auch Fortsetzungen erdacht und erzählt werden.

Viele der populären Bilderbücher sind in mehreren Sprachen erhältlich. Mit Unterstützung der Eltern können die verschiedenen Fassungen gegenübergestellt oder miteinander verbunden werden. Die Beschäftigung mit einem Buch wird als lustvolle Erfahrung erlebt, an der alle teilhaben können: Nicht die Sprache, in der das geschieht, ist ausschlaggebend, sondern es zählt die gemeinsame Beschäftigung mit Büchern.

Alle Eltern können sich als kompetente Partner in der Sprach- und Leseförderung ihrer Kinder erleben: Es geht darum, grundsätzliche und positive Erfahrungen mit Geschichten, Texten und Büchern zu machen, was Eltern am kompetentesten in ihrer Herkunftssprache unterstützen können. Diese Erfahrungen legen eine gute Grundlage für die Beschäftigung mit Büchern in der Zweitsprache.

Überblick über die Förderangebote

GESAMTE LERNGRUPPE

- von eigenen Erlebnissen berichten
- eine Geschichte (global) verstehen
- Reimwörter
- vor einem Publikum sprechen

Ein Bilderbuch vorlesen: „Die Maus, die hat Geburtstag heut" (Paul Maar)

KV 1 Inszenierung: „Die Maus, die hat Geburtstag heut"

FÖRDERHORIZONT 1

- Wortschatz zum Thema „Tiere"
- Reime

KV 2 Tierreime

Reimwörter-Rap

FÖRDERHORIZONT 2

- Satzklammer mit Präfixverben (einpacken, hinstellen, hinlegen)

KV 3 Geburtstagsvorbereitungen

FÖRDERHORIZONT 3

- Sätze mit Inversionsstellung bilden
- Arbeitsschritte chronologisch beschreiben und mit „dann" verbinden

KV 4 Schön der Reihe nach

FÖRDERHORIZONT 4

- Nebensätze mit „weil"

KV 5 Die Maus freut sich

Wortschatz

NOMEN die Maus, der Elefant, das Schwein, der Vogel Strauß, die Schnecke, der Pinguin, der Geburtstag, das Geschenk, das Tier, das Auto, die Banane, die Brezel, der Teddy, die Tasse, der Käse, die Tischdecke, die Gabel, der Löffel, der Kuchen, die Decke, der Fisch, der Tisch, der Mund, der Hund, das Pferd, der Herd, die Katze, die Tatze, der Wal, der Schal, das Haus, die Nase, der Hase, die Kuh, der Schuh, der Hahn, der Zahn, der Wurm, der Turm, die Fliege, die Ziege …

VERBEN schenken, sich freuen, tanzen, hinstellen, hinlegen, einpacken, anziehen, auspacken …

SONSTIGE weil, dann …

ANGEBOTE FÜR DIE GESAMTE LERNGRUPPE

Ein Bilderbuch vorlesen: „Die Maus, die hat Geburtstag heut" (Paul Maar)

Die Maus, die hat Geburtstag heut

Die Maus, die hat Geburtstag heut.
Gleich kommt Besuch, der sie sehr freut.
Welches Tier kommt denn hier
und will der Maus was schenken?
Der Elefant kommt angerannt
*   und will der Maus was schenken.*
Nun schau gut hin, nun gib gut Acht:
Was hat der Elefant gebracht?

Die Maus, die hat Geburtstag heut.
Gleich kommt Besuch, der sie sehr freut.
Welches Tier kommt denn hier
und will der Maus was schenken?
Das dicke Schwein kommt jetzt herein
*   und will der Maus was schenken.*
Nun schau gut hin, nun gib gut Acht:
Was hat das Schwein denn mitgebracht?

Die Maus, die hat Geburtstag heut.
Gleich kommt Besuch, der sie sehr freut.
Welches Tier kommt denn hier
und will der Maus was schenken?
Der Vogel Strauß kommt jetzt ins Haus
*   und will der Maus was schenken.*
Nun schau gut hin, nun gib gut Acht:
Was hat der Vogel Strauß gebracht?

Die Maus, die hat Geburtstag heut.
Gleich kommt Besuch, der sie sehr freut.
Welches Tier kommt denn hier
und will der Maus was schenken?

Die Weinbergschnecke kriecht um die Ecke
*   und will der Maus was schenken.*
Nun schau gut hin, nun gib gut Acht:
Was hat die Schnecke mitgebacht?

Die Maus, die hat Geburtstag heut.
Gleich kommt Besuch, der sie sehr freut.
Welches Tier kommt denn hier
und will der Maus was schenken?
Der Pinguin kommt zu ihr hin
*   und will der Maus was schenken.*
Nun schau gut hin, nun gib gut Acht:
Was hat der Pinguin gebracht?

Die Maus, die hat Geburtstag heut.
Gleich kommt Besuch, der sie sehr freut.
Welches Tier kommt denn hier
und will der Maus was schenken?
Das Känguru kommt auch dazu
*   und will der Maus was schenken.*
Nun schau gut hin, nun gib gut Acht:
Was hat das Känguru gebracht?

Hier sieht man alle Gäste jetzt,
*   sie haben sich zu Tisch gesetzt.*
Nein, da fehlt ja noch ein Tier!
Sag: Wer sitzt denn noch nicht hier?

Jetzt tanzen Schwein und Pinguin,
das Känguru, der Strauß,
die Schnecke und der Elefant
mit der Geburtstags-Maus.

So tanzten sie bis Mitternacht.
Dann haben alle Schluss gemacht …
und gingen froh nach Haus.

MATERIAL/VORBEREITUNG ein Geburtstagspäckchen, Bilderbuch „Die Maus, die hat Geburtstag heut", evtl. Dokumentenkamera oder Farbkopien auf Folien für OHP

DURCHFÜHRUNG Die Lehrkraft führt in das Thema der Bilderbuchgeschichte ein, indem sie zunächst an die Erfahrungen der Kinder anknüpft. Dazu stellt sie als stummen Impuls ein Geburtstagspäckchen in die Mitte. Die Kinder äußern sich dazu und werden von der Lehrkraft durch Fragen und Impulse unterstützt.

Beispiele für einfache Fragen und Impulse (Förderhorizont 1 und 2):
„Was hast du zum Geburtstag bekommen?"
„Hast du Besuch bekommen?"
„Wer ist gekommen?"
„Hast du Kuchen gegessen?"

Beispiele für anspruchsvollere Fragen und Impulse (Förderhorizont 3 und 4):

„Was hast du an deinem Geburtstag gemacht?"
„Wie hat dir deine Feier gefallen?"
„Welche Spiele habt ihr gespielt?"
„Was fandest du am schönsten?"

Anschließend erzählt die Lehrkraft den Kindern, dass die Maus Geburtstag hat und von vielen Tieren Besuch bekommt. Sie präsentiert den Kindern das Bilderbuch (im optimalen Fall mit Hilfe einer Dokumentenkamera oder Farbfolien und OHP) und trägt die Geschichte vor. Dabei spricht sie rhythmisch, macht Pausen an den entsprechenden Stellen und lässt die SuS raten, welches Tier zu Besuch kommt und welches Geschenk das Tier mitbringt. Kinder auf den höheren Förderhorizonten fordert sie auf, ihre Vermutung zu begründen. Ebenso dürfen die Kinder erraten, wer am Geburtstagstisch noch fehlt.
Im Anschluss stellt die Lehrkraft Fragen zur Geschichte.

Beispiele für einfache Fragen (Förderhorizont 1 und 2):
„Hat dir die Geschichte gefallen?"
„Wer besucht die Maus?"
„Was hat die Maus bekommen?"
„Wer tanzt mit der Maus?"

Beispiele für anspruchsvollere Fragen (Förderhorizont 3 und 4):
„Was hat dir an der Geschichte besonders gut gefallen?"
„Wie haben die Tiere gefeiert?"
„Welches Tier ist zuerst gekommen?"
„Welches Tier ist dann gekommen?"

Zum Abschluss trägt die Lehrkraft die Geschichte noch einmal vor. In dieser zweiten Runde ergänzen die Kinder die Reimwörter in der Geschichte. Als Aufforderung dehnt die Lehrkraft die Wörter vor den Reimwörtern und macht eine Sprechpause.

KV 1 Inszenierung: „Die Maus, die hat Geburtstag heut"

MATERIAL/VORBEREITUNG KV 1 für jeden Mitspieler kopieren und die Textstellen für jede Rolle farbig markieren. Kamishibai (japanisches Holztheater), Kasperletheater o.Ä., Stockpuppen aus den Förderaktivitäten für Förderhorizont 1–4.

DURCHFÜHRUNG Nachdem die Angebote für Förderhorizont 1–4 durchgeführt wurden, präsentieren die Kinder ihre Szenen als Stockpuppentheater. Die Reihenfolge der einzelnen Rollen und die beiden Erzählerrollen werden geübt. Für die Szenen können die Kinder Hintergrundbilder für das Kamishibai gestalten.

> Die Ergebnisse der einzelnen Gruppen (Förderhorizont 1–4) münden in eine **gemeinsame Inszenierung** des Bilderbuchs. Die Texte, die die Kinder zu sprechen haben, resultieren unmittelbar aus den Arbeitsphasen der Fördergruppen 1–4 und führen die einzelnen Schwerpunkte zusammen.
> Das Einüben und die Präsentation des inszenierten Bilderbuchs führen in einem authentischen Zusammenhang zu vielen Wiederholungen der Strukturen auf den jeweiligen Förderhorizonten. Die Vorgabe des Textes entlastet besonders schwächere Kinder bei der Sprachproduktion.

ANGEBOT FÜR FÖRDERHORIZONT 1

KV 2 Tierreime

MATERIAL/VORBEREITUNG KV 2 auf DIN A3 kopieren und Bildkarten ausschneiden

DURCHFÜHRUNG Die Begriffe der Bildkarten werden geklärt und im Unterrichtsgespräch durch die Lehrkraft mehrfach wiederholt, z.B.:
„Die Maus ist klein."
„Wo ist der Hahn?"
Die Bildkarten können auch nach verschiedenen Kriterien sortiert werden, z.B. Tiere, Körperteile, Kleidungsstücke. Die Lehrkraft regt dies durch Fragen an:
„Der Hahn ist ein Tier. Stimmt das?"
„Die Maus ist ein Körperteil. Stimmt das?"

Nach der Sicherung der Begriffe spielt die Lehrkraft mit den SuS das Reimwörterspiel: Dazu legt sie 5 Karten auf den Tisch, die sich untereinander nicht reimen dürfen. Dann nennt sie ein Wort, das sich auf einen der abgebildeten Begriffe reimt. Die Kinder suchen die Karte mit dem passenden Reimwort und sprechen das Reimpaar rhythmisch.

VARIATIONEN

- Die Lehrkraft nennt nicht das Wort, zu dem das Reimwort gesucht werden soll, sondern zeigt den Kindern eine Bildkarte, sodass die Kinder auch die entsprechenden Begriffe selbstständig finden müssen.
- Die Lehrkraft legt 2 Reimpaare und eine zusätzliche Karte, die sich nicht mit den Paaren reimt. Die Kinder suchen das Wort, das keinen Reimpartner hat.
- Mit den Bildkarten kann auch nach den Spielregeln von Memory gespielt werden.

Reimwörter-Rap

Dideldidein
Das ist das (Schwein).

Dideldidauß
Das ist der (Strauß).

Dideldidecke
Das ist die (Schnecke).

Dideldidund
Das ist der (Hund).

Dideldidatze
Das ist die (Katze).

Dideldidaus
Das ist die (Maus).

Dideldidär
Das ist der (Bär).

Dideldiduh
Das ist die (Kuh).

Dideldidöwe
Das ist der (Löwe).

Dideldidurm
Das ist der (Wurm).

Dideldidisch
Das ist der (Fisch).

Dideldiderd
Das ist das (Pferd).

MATERIAL/VORBEREITUNG Text des Reimwörter-Raps. Die Bekanntheit mit Reimen wird vorausgesetzt.

DURCHFÜHRUNG Die Lehrkraft singt mit den Kindern den Reimwörter-Rap. In der Einführungsphase singt die Lehrkraft den Text und die Kinder ergänzen das in Klammern gesetzte Reimwort. Später können die Zeilen des Raps abwechselnd mit den Kindern gesungen werden: Die Lehrkraft singt jeweils die erste Zeile der Strophen, die Kinder antworten mit der zweiten Zeile.

VARIATIONEN
- Den Kindern macht es viel Spaß, wenn der Rap auf verschiedene Weise gesungen wird: laut, leise, langsam, schnell, …
- Wenn die Kinder das Reimprinzip durchschaut haben, können sie sich weitere Rap-Strophen ausdenken.

TIPP FÜR DIE WEITERARBEIT Der Reimwörter-Rap kann Teil einer Inszenierung des Bilderbuchs werden. Dafür fertigen die Kinder zu den einzelnen Tieren in der Geschichte Stockpuppen aus Papier an.

> Die **Beschäftigung mit Reimen** lenkt die Aufmerksamkeit auf die Klanggestalt von Wörtern und fördert sowohl die phonologische Bewusstheit als auch das Gefühl für den Sprachrhythmus im Deutschen. Reimen unterstützt außerdem das Behalten von Begriffen.

ANGEBOT FÜR FÖRDERHORIZONT 2

KV 3 Geburtstagsvorbereitungen

MATERIAL/VORBEREITUNG Geschenkpapier, Spielzeug und Einkaufsladenzubehör (Spielzeugauto, Tasse, Brezel, Käse, Banane, Teddy), Teller, Tassen, Löffel, Gabeln, Tischdecke, Kuchen

DURCHFÜHRUNG Die Lehrkraft bespricht mit den Kindern, dass viel zu tun ist, bevor die Geburtstagsfeier beginnen kann. Die Tiere müssen ihre Geschenke einpacken und die Maus muss den Geburtstagstisch decken. Gemeinsam mit den Kindern werden die verschiedenen Tätigkeiten durchgespielt: Jedes Kind sucht sich ein Tier aus dem Bilderbuch aus und sieht nach, welches Geschenk dieses Tier mitbringt. Das Kind packt das jeweilige Geschenk ein und versprachlicht sein Tun: „Ich packe *das Auto* ein."
Um die Versprachlichung des Satzmusters in der 3. Person Singular anzuregen, fragt die Lehrkraft die Kinder auch nach den Tätigkeiten der anderen, z.B.:
Lehrkraft: „Was packt der Elefant ein?"
Kind: „Der Elefant packt *das Auto* ein."

Wenn alle Geschenke eingepackt sind, helfen die Kinder der Maus bei ihren Vorbereitungen. Dazu decken sie gemeinsam mit der Lehrkraft einen Geburtstagstisch. Auch hierbei werden die einzelnen Schritte versprachlicht:
„Ich lege *die Tischdecke* hin."
„Ich stelle *den Teller* hin."
Im Anschluss ordnen die Kinder auf KV 3 zu, wie sich die Tiere auf die Feier vorbereiten, und schreiben die Sätze in ihr Heft.

VARIATIONEN Weitere Möglichkeiten der Geburtstagsvorbereitungen können durchgespielt werden:
- Die Maus packt die Geburtstagsgeschenke aus, z.B.: „Die Maus packt *das Auto* aus. Die Maus packt *die Banane* aus."
- Die Tiere machen sich schick und ziehen besondere Dinge für die Geburtstagsfeier an, z.B.: „Der Elefant zieht *ein Hemd* an. Das Schwein zieht *eine Jacke* an."

TIPP FÜR DIE WEITERARBEIT Für die spätere Inszenierung des Bilderbuchs fertigen die Kinder „Stockpuppengeschenke" aus Papier an (Auto, Banane, Brezel, Tasse, Käse, Teddy).

ANGEBOT FÜR FÖRDERHORIZONT 3

 KV 4 Schön der Reihe nach

MATERIAL/VORBEREITUNG Kaffeegeschirr (Teller, Tassen, Löffel, Gabeln), Tischdecken, Kuchen

DURCHFÜHRUNG Die Lehrkraft deckt mit den Kindern einen Gruppentisch für ein Frühstück. Dabei werden die einzelnen Schritte durch die Lehrkraft versprachlicht: „Zuerst lege ich die Tischdecke hin. Dann stelle ich die Teller hin. Dann stelle ich die Tassen hin. Dann lege ich die Löffel hin. Dann lege ich die Gabeln hin. Dann stelle ich den Kuchen hin."

Anschließend decken die Kinder weitere Gruppentische und versprachlichen dabei die jeweiligen Handlungen:
- Ein Kind versprachlicht sein eigenes Handeln.
- Ein anderes Kind versprachlicht, was das handelnde Kind gerade tut:
  „Ben legt die Tischdecke hin. Dann …"

Nun können die Kinder der Geburtstagsmaus auf KV 4 helfen, ihren Tisch zu decken.

VARIATIONEN
- Der Tisch im Puppenhaus kann gedeckt werden.
- Weitere Geburtstagsvorbereitungen der Maus können durchgespielt und versprachlicht werden, z.B. sich schick anziehen oder Kakao zubereiten. Dabei achtet die Lehrkraft auf die Verwendung der Inversionsstruktur mit „dann".

TIPP FÜR DIE WEITERARBEIT Die Beschäftigung mit dem Thema „Tisch decken" kann in eine Szene der Inszenierung des Bilderbuchs münden. Dafür fertigen die Kinder „Stockpuppengeschirr" aus Papier an (Tischdecke, Teller, Tasse, Löffel, Gabel, Kuchen).

> **Handlungsbegleitendes Sprechen** → „Gemüsesuppe und Obstsalat" S. 77

ANGEBOT FÜR FÖRDERHORIZONT 4

 KV 5 Die Maus freut sich

DURCHFÜHRUNG Die Lehrkraft erzählt den SuS, dass die Maus sich an ihrem Geburtstag sehr freut, und fragt sie, ob sie eine Idee haben, *warum* sich die Maus so freut. Sie greift die Äußerungen der Kinder auf und modelliert sie.

Beispiel:
Kind: „Weil sie kriegt Geschenke."
Lehrkraft: „Ja, ich glaube das auch. Die Maus freut sich, weil sie Geschenke kriegt."

Im Anschluss an das Gespräch bearbeiten die Kinder KV 5.

TIPP FÜR DIE WEITERARBEIT Die Kinder fertigen tanzende Stockpuppentiere aus Papier an, die zur Inszenierung des Bilderbuchs verwendet werden.

> **Elliptische Antworten** → „Im Tierpark" S. 90.

Die Maus, die hat Geburtstag heut

1. Szene
Erzähler 1: Heute hat die Maus Geburtstag. Sie hat viele Tiere eingeladen.
Die Tiere packen ihre Geschenke ein.

(Die Stockpuppengeschenke treten nacheinander auf.)

Kind 1:   Der Elefant packt das Auto ein.
Kind 2:   Das Schwein packt die Banane ein.
Kind 3.   Der Vogel Strauß packt den Teddy ein.
Kind 4:   Die Schnecke packt die Tasse ein.
Kind 5:   Der Pinguin packt den Käse ein.
Kind 6:   Das Känguru packt die Brezel ein.

2. Szene
Erzähler 2: Die Maus freut sich auf die Tiere. Sie deckt den Geburtstagstisch.

(Das Stockpuppengeschirr tritt nacheinander auf.)

Kind 1:   Zuerst legt die Maus die Tischdecke hin.
Kind 2:   Dann stellt die Maus die Teller hin.
Kind 3:   Dann stellt die Maus die Tassen hin.
Kind 4:   Dann legt die Maus die Löffel hin.
Kind 5:   Dann legt die Maus die Gabeln hin.
Kind 6:   Dann stellt die Maus den Kuchen hin.

3. Szene:
Erzähler 1: Dann kommen die Tiere.

(Die Stockpuppentiere treten gemeinsam auf und singen den Reimwörter-Rap)

Alle: Dideldidefant   Dideldidein
          Das ist der Elefant.   Das ist das Schwein.

          Dideldidauß   Dideldidecke
          Das ist der Strauß.   Das ist die Schnecke.

Sprachförderung PLUS
Förderbausteine für den Soforteinsatz im Regelunterricht
ISBN 978-3-12-666802-6

Dideldidund
Das ist der Hund.

Dideldidatze
Das ist die Katze.

Dideldidaus
Das ist die Maus.

Dideldidär
Das ist der Bär.

Dideldiduh
Das ist die Kuh.

Dideldidöwe
Das ist der Löwe.

Dideldidurm
Das ist der Wurm.

Dideldidisch
Das ist der Fisch.

Dideldiderd
Das ist das Pferd.

4. Szene:

Erzähler 2: Alle Tiere tanzen mit der Maus. Die Maus freut sich riesig.

(Die tanzenden Stockpuppentiere treten nacheinander auf.)

Kind 1:   Die Maus freut sich, weil der Elefant mit ihr tanzt.
Kind 2:   Die Maus freut sich, weil das Schwein mit ihr tanzt.
Kind 3:   Die Maus freut sich, weil der Vogel Strauß mit ihr tanzt.
Kind 4:   Die Maus freut sich, weil die Schnecke mit ihr tanzt.
Kind 5:   Die Maus freut sich, weil der Pinguin mit ihr tanzt.
Kind 6:   Die Maus freut sich, weil das Känguru mit ihr tanzt.

Sprachförderung PLUS
Förderbausteine für den Soforteinsatz im Regelunterricht
ISBN 978-3-12-666802-6
Klett
71

Tierreime

die Schnecke	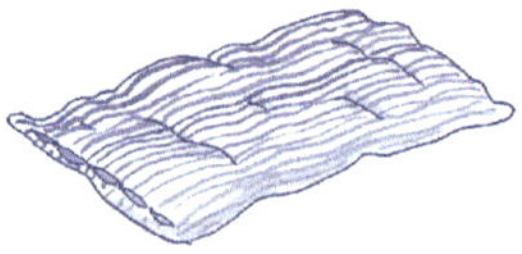 die Decke	 der Fisch	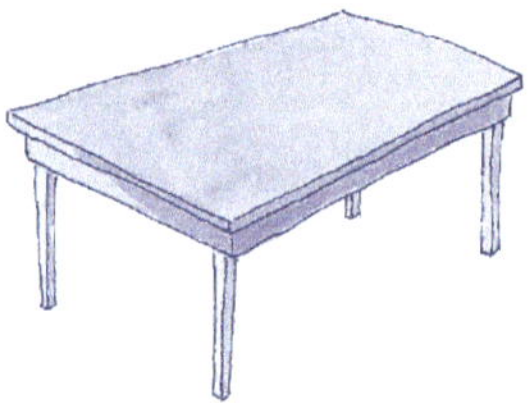 der Tisch
 der Hund	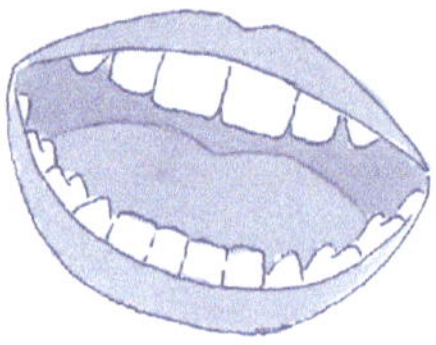 der Mund	 das Pferd	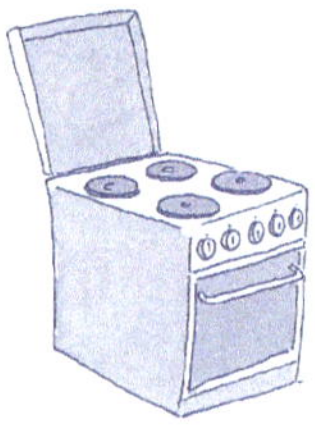 der Herd
 die Maus	 das Haus	 der Hase	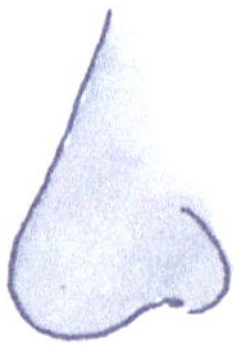 die Nase
 die Kuh	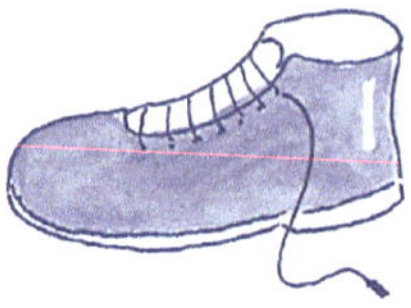 der Schuh	 der Hahn	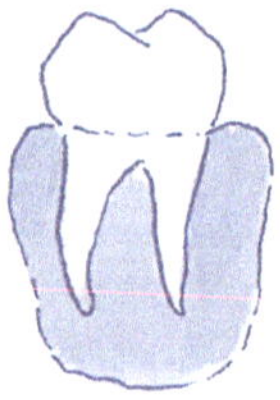 der Zahn
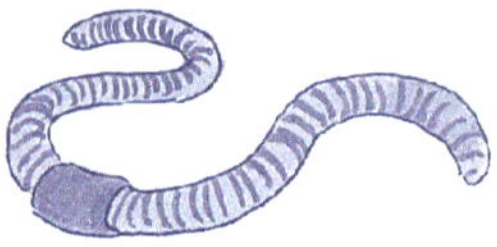 der Wurm	 der Turm	 der Wal	 der Schal

Sprachförderung PLUS
Förderbausteine für den Soforteinsatz im Regelunterricht
ISBN 978-3-12-666802-6

Geburtstagsvorbereitungen

Wie bereiten sich die Tiere auf die Feier vor? Verbinde.

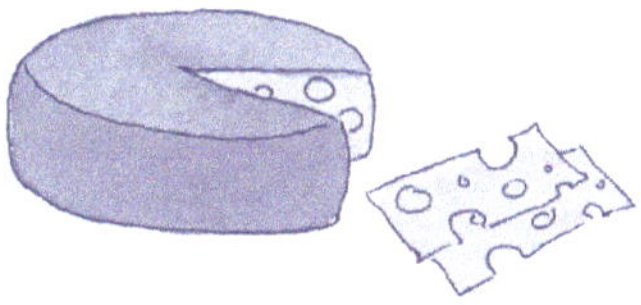

Der Elefant

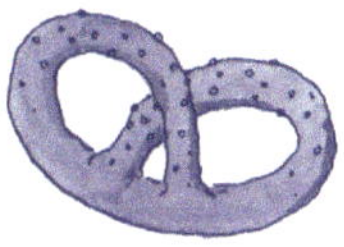

Das Schwein

Der Vogel Strauß

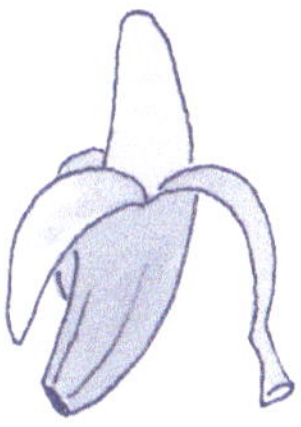

Die Schnecke

Der Pinguin

Das Känguru

die Brezel

den Käse

packt   das Auto   ein.

die Tasse

die Banane

den Teddy

Sprachförderung PLUS
Förderbausteine für den Soforteinsatz im Regelunterricht
ISBN 978-3-12-666802-6

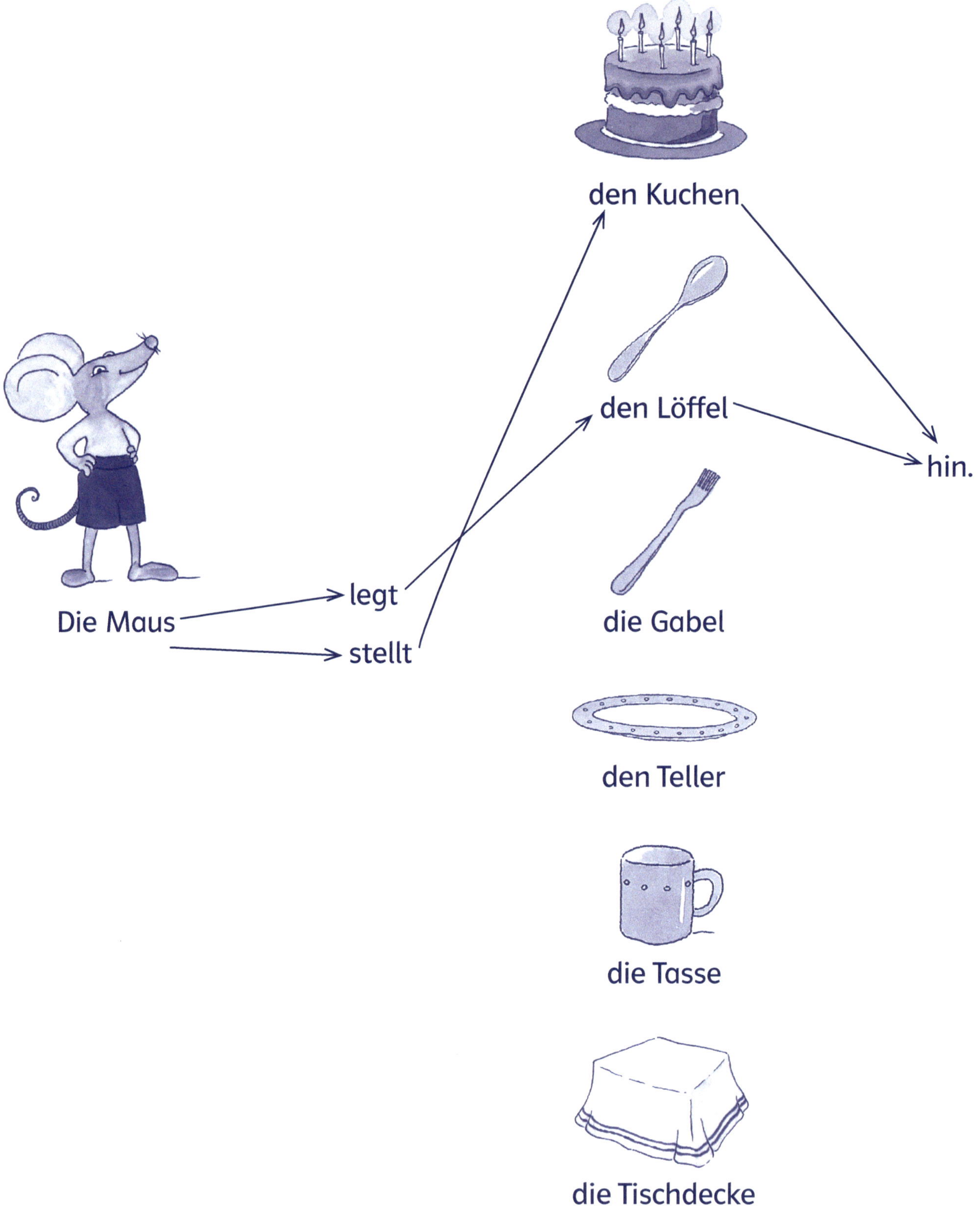

den Kuchen

den Löffel

hin.

die Gabel

Die Maus legt

stellt

den Teller

die Tasse

die Tischdecke

Schreibe so in dein Heft:

Der Elefant packt das Auto ein.

Die Maus stellt den Kuchen hin.

...

Sprachförderung PLUS
Förderbausteine für den Soforteinsatz im Regelunterricht
ISBN 978-3-12-666802-6

Schön der Reihe nach

Gleich kommen die Gäste. Die Maus muss den Tisch decken.
Schneide die Sätze aus und klebe sie zum passenden Bild.

Dann stellt die Maus die Teller hin. | Dann legt die Maus die Löffel hin.

Die Maus legt die Tischdecke hin. | Dann stellt die Maus die Tassen hin.

Zum Schluss stellt die Maus den Kuchen hin. | Dann legt die Maus die Gabeln hin.

Die Maus freut sich

Finde heraus, warum die Maus sich freut.

Die Maus freut sich, weil sie … bekommt.

ein   t u A o   eine   e a n n B a   eine   B e z e l r

einen   d e T y d   eine   s a e T s   ein Stück   e s ä K

Die Maus freut sich, weil … mit ihr tanzt.

das   e h n w c i S   der   e f l a t E n   der   n P n g i i u

der   o V l g e   Strauß   die   e h n c c e S k   das   n g K u r ä u

Schreibe in dein Heft, warum die Maus sich freut.

Die Maus freut sich, weil sie ein Auto bekommt.
Die Maus freut sich, weil ….

Die Maus freut sich, weil der Elefant mit ihr tanzt.
Die Maus freut sich, weil …

Sprachförderung PLUS
Förderbausteine für den Soforteinsatz im Regelunterricht
ISBN 978-3-12-666802-6

Gemüsesuppe und Obstsalat

Dem Thema „Essen und Trinken" kommt im Rahmen der schulischen Gesundheitserziehung eine besondere Rolle zu. Die täglichen Mahlzeiten sind herausragende Strukturmerkmale des kindlichen Tagesablaufs. Die Auswahl und Zubereitung von Nahrungsmitteln gehören außerdem zum Ausdruck kultureller Identität. Daher wird das Thema im Grundschulunterricht immer wieder in verschiedenen Zusammenhängen aufgegriffen. Viele Kinder verfügen in ihrer Zweitsprache lange über einen wenig ausdifferenzierten Wortschatz. Im Wortschatzbereich „Lebensmittel" benutzen sie z.B. den Oberbegriff „Gemüse" zur Bezeichnung aller Gemüse-

arten oder verwenden die Bezeichnung einer Obstsorte für alle ähnlichen Obstsorten (z.B. „Apfel" auch für Birne und Orange).

Der Baustein „Gemüsesuppe und Obstsalat" fördert u.a. die Ausdifferenzierung des Wortschatzes und die Erkenntnis, dass Wörter hierarchisch in Ober- und Unterbegriffe strukturiert sind.

Die Zubereitung von Nahrungsmitteln erfolgt in logischen Abfolgen und bietet somit einen authentischen Anlass, chronologisches Erzählen zu üben und die dazu benötigten Redemittel (besonders Satzverknüpfungen durch „dann") zu verstehen und anzuwenden.

Überblick über die Förderangebote

GESAMTE LERNGRUPPE

- Einführung des Wortschatzes „Obst und Gemüse" und „Küchengeräte"
- Handlungen versprachlichen

 KV 1 Gemüsesuppe und Obstsalat

FÖRDERHORIZONT 1

- Festigung und Erweiterung des Wortschatzes
- Arbeit mit Ober- und Unterbegriffen

Spiel: Obstsalat

 KV 2 Obst- und Gemüsememo

FÖRDERHORIZONT 2

- Satzteile verbinden (Satzklammer mit Modalverben)

 **KV 3** Eine Gemüsesuppe kochen

FÖRDERHORIZONT 3

- Sätze mit Inversionsstellung bilden
- Arbeitsschritte chronologisch beschreiben und mit „dann" verbinden
- Nomen zusammensetzen

Fernsehkoch I

 KV 4 Fernsehkoch II

FÖRDERHORIZONT 4

- sinnerfassendes Lesen: Texte entflechten
- Beachtung der Schlüsselwörter „zuerst", „dann" und „zum Schluss"

 KV 5 Obstsuppe

Wortschatz

NOMEN die Gemüsesuppe, der Obstsalat, das Obst, das Gemüse, das Arbeitsgerät, die Kartoffel, der Lauch, der Kohlrabi, die Möhre, der Brokkoli, die Zwiebel, die Tomate, die Paprika(schote), die Bohne, die Gewürze, das Salz, der Pfeffer, die Petersilie, der Schnittlauch, die Gemüsebrühe, das Messer, das Schneidebrett, der Sparschäler, der Topf, der Herd, die Schüssel, der Teller, der Löffel, die Gabel, der Messbecher, der Apfel, die

Banane, die Traube, die Himbeere, die Erdbeere, die Kirsche, die Melone, die Orange, der Orangensaft, der Honig, die Nuss, der Koch, die Schürze, das Rezept, das Buch …

VERBEN waschen, schälen, (ab)schneiden, (um)rühren, schmecken, wachsen, kochen, würzen …

ADJEKTIVE hart, weich, klein …

SONSTIGE zuerst, dann, zum Schluss …

PHRASEN Ich muss …

ANGEBOTE FÜR DIE GESAMTE LERNGRUPPE

KV1 Gemüsesuppe und Obstsalat

Rezept für Gemüsesuppe

Zutaten für 6 Kinder: ca. 400 g Gemüse der Saison (Kartoffeln, Lauch, Kohlrabi, Möhren, Brokkoli, Tomaten, Paprika, Bohnen, Zwiebeln …), 1,5 Liter Gemüsebrühe, Gewürze nach Geschmack (Salz, Pfeffer, Tomatenmark, Paprikapulver, Sojasauce, frische Kräuter wie Petersilie oder Schnittlauch)

Arbeitsgeräte: Messbecher, Schneidebretter, Sparschäler, Küchenmesser, Topf, Kochlöffel

Zubereitung: Das Gemüse waschen und putzen und in kleine Stücke schneiden. Zuerst die harten Gemüsesorten, nach 5 Minuten die restlichen Gemüsesorten in die Gemüsebrühe geben und so lange kochen, bis alles gar ist. Nach Geschmack würzen.

Tipp

- Die Gemüsesuppe kann mit Gabelnudeln oder Würstchen serviert oder auch püriert und mit Sahne verfeinert werden.

Rezept für Obstsalat

Zutaten für 6 Kinder: 1 Apfel, 1 Banane, 2 Kiwi, 300 g Beerenobst oder Obst nach Wahl und Saison, 100 ml Orangensaft, Honig

Arbeitsgeräte: Sparschäler, Küchenmesser, Schneidebretter, Schüssel, Löffel, Messbecher

Zubereitung: Das Obst waschen, schälen und in mundgerechte Stücke schneiden. Vorsichtig in einer Schüssel mischen. 1 Esslöffel Honig mit 100 ml Orangensaft verrühren und über den Obstsalat geben. Der Obstsalat sollte sofort serviert werden.

Tipp

- Einige Kinder sind gegen bestimmte Obstsorten allergisch. Dies sollte vorher abgefragt werden.

MATERIAL/VORBEREITUNG Zutaten und Küchengeräte nach Rezept, Wortkarten mit Artikel (Gemüsesorten, Obstsorten, Arbeitsgeräte und 3 Karten mit den Oberbegriffen: „das Obst", „das Gemüse", „die Arbeitsgeräte")

DURCHFÜHRUNG Vor der Zubereitung der Gerichte werden das Gemüse, das Obst, die Arbeitsgeräte sowie die Wortkarten in die Mitte gelegt. Die Kinder ordnen die Wortkarten zu. Die Lehrkraft achtet auf die Verwendung der Begriffe in Zusammenhängen, indem sie Fragen stellt und die Äußerungen der Kinder modelliert:

Beispiele für einfache Fragen (Förderhorizont 1 und 2):
„Magst du Bananen?"
„Hast du das schon einmal gegessen?"
„Schmecken dir Möhren?"
„Was ist das? Ein Messer oder ein Sparschäler?"

Beispiele für anspruchsvollere Fragen (Förderhorizont 3 und 4):
„Für was braucht man den Messbecher?"
„Wo wachsen Kartoffeln?"
„Worauf muss man achten, wenn man Gemüse schneidet?"
„Was macht man mit dem Sparschäler?"

Die Lehrkraft bespricht mit den Kindern mit Hilfe der Realien und KV1, wie die Gemüsesuppe und der Obstsalat zubereitet und die Arbeitsgeräte benutzt werden. Anschließend wird die Gruppe geteilt und die Kinder bereiten in getrennten Gruppen die Gemüsesuppe und den Obstsalat für alle zu.

Die Lehrkraft begleitet beide Gruppen und versprachlicht jeweils, was gerade getan wird, z.B.:
„Ich wasche die Paprika."
„Mit dem Küchenmesser schneiden wir das Gemüse klein."
„Ah, du rührst die Suppe um."

Nach ausreichender Wiederholung fordert die Lehrkraft die Kinder zur Versprachlichung der verschiedenen Arbeitsschritte auf, z.B.: „Was machst du gerade?" Die Aktion endet mit dem gemeinsamen Verzehren der Gemüsesuppe und des Obstsalats. Vor der Mahlzeit wünschen sich die Kinder in ihren Herkunftssprachen einen guten Appetit.

> **Handlungsbegleitendes Sprechen** unterstützt durch die im Kontext gegebenen Parallelinformationen zu einem versprachlichten Sachverhalt den Wortschatzerwerb sowie die Festigung grammatischer Strukturen. Die Parallelinformationen im Kontext (Tätigkeiten, Gegenstände, Gesten, Mimik …) helfen dem lernenden Kind, Bedeutungen und Strukturen zu erschließen.

ANGEBOT FÜR FÖRDERHORIZONT 1

KV2 Spiel: Obstsalat

MATERIAL/VORBEREITUNG Bildkärtchen mit vier verschiedenen Obstsorten, z.B. von KV2 (für jedes Kind eine Karte und 10 Extrakarten)

DURCHFÜHRUNG Die Kinder sitzen im Kreis. Vor Spielbeginn stellt die Lehrkraft sicher, dass alle Kinder die Bezeichnungen der abgebildeten Obstsorten kennen. Nun darf ein Kind in die Kreismitte; sein Stuhl wird weggestellt. Jedes der Kinder im Kreis erhält eine Obstkarte, die es verdeckt betrachtet. Die restlichen Karten werden auf einem Stapel in die Mitte gelegt. Das Kind in der Kreismitte zieht eine Karte aus dem Stapel und ruft die abgebildete Obstsorte. Alle Kinder, die eine Bildkarte mit dieser Obstsorte in der Hand halten, springen auf und versuchen, sich einen der frei gewordenen Plätze zu sichern. Auch das Kind in der Kreismitte versucht, einen Sitzplatz zu bekommen. Das Kind, das keinen Platz bekommen hat, steht nun in der Mitte und das Spiel beginnt von vorn. Wenn alle Karten aus dem Stapel gezogen sind, werden alle Karten neu gemischt und verteilt.

VARIATION Das Spiel kann auch mit Gemüsekarten oder anderen lexikalischen Sets gespielt werden.

 **KV 2 Obst- und Gemüsememo**

MATERIAL/VORBEREITUNG Es empfiehlt sich, nach dem Kopieren von KV 2 die Spalten mit den Bildern und die Spalten mit den Begriffen auf verschiedenfarbige Pappe aufzukleben. Anschließend werden die einzelnen Kärtchen ausgeschnitten.

DURCHFÜHRUNG Die Kärtchen werden gemischt und verdeckt ausgelegt. Es geht darum, zwei zusammengehörende Karten zu finden – eine Bildkarte und die dazu gehörende Wortkarte.
Das erste Kind deckt zwei Karten auf. Wenn die beiden Karten zusammenpassen, gehören sie ihm und es darf sie vom Spielfeld nehmen. Das Kind darf dann noch einmal zwei Karten umdrehen. Passen die beiden Karten nicht zusammen, ist das andere Kind an der Reihe. Das Kind, das am Ende des Spiels die meisten Kartenpaare vor sich liegen hat, hat gewonnen.

VARIATION
Gezinktes Memo: Die Lehrkraft präpariert die Rückseiten der Wortkarten mit dem Artikel und dem Anfangsbuchstaben des Wortes. Sie erklärt den Kindern, dass es Bildkarten und Wortkarten mit „Spickzettel" auf der Rückseite gibt.

TIPPS FÜR DIE WEITERARBEIT Das Obst- und Gemüsememo kann von den SuS eigenständig erweitert werden, indem sie eigene Bild- und Wortkarten anfertigen. Dazu stellt die Lehrkraft vorbereitete Kärtchen in der passenden Größe und Farbe sowie Supermarktprospekte zur Verfügung, aus denen Bilder ausgeschnitten werden können.

> Das Memospiel unterstützt durch viele Wiederholungen die **Verankerung der Begriffe im Langzeitgedächtnis**. Das gezinkte Memory motiviert die Kinder zusätzlich, sich Artikel und Begriff gut zu merken, weil hier nicht nur Glück und die Erinnerung, wo die Karten liegen, zum Ziel führen, sondern auch das Wissen um den Artikel und den Anfangsbuchstaben des gesuchten Begriffs.

 KV 2 Obst und Gemüse

DURCHFÜHRUNG Die Kinder arbeiten auf einer leeren Doppelseite in ihrem Heft. Eine Seite erhält die Überschrift „Obst", die andere die Überschrift „Gemüse".
Die Kinder schneiden die Kärtchen auf KV 2 aus (Bildkärtchen, Wortkärtchen oder beides, je nach Alphabetisierungsstand der Kinder). Dann werden die Kärtchen geordnet und auf die richtige Seite ins Heft geklebt.

TIPP FÜR DIE WEITERARBEIT Die Kinder erweitern ihre Sammlung, indem sie aus Prospekten weitere Bilder (oder Wörter) von Obst- und Gemüsesorten ausschneiden und in die passende Spalte kleben.

> Die Arbeit mit **Ober- und Unterbegriffen** ist ein wesentlicher Bestandteil der Wortschatzförderung. Die Kinder lernen, dass der Wortschatz systematisiert werden kann, und bekommen so einen weiteren Schlüssel zur Bildung sogenannter lexikalischer Sets, die zur vernetzten Abspeicherung von Begriffen beitragen.

ANGEBOT FÜR FÖRDERHORIZONT 2

KV 3 Eine Gemüsesuppe kochen

MATERIAL/VORBEREITUNG Anschauungsmaterial: Gemüse, Messer, Messbecher, Topf

DURCHFÜHRUNG Mit Hilfe des Anschauungsmaterials bespricht die Lehrkraft mit den Kindern, was man alles tun muss, wenn man eine Gemüsesuppe kocht: „Das braucht man für eine Gemüsesuppe. Was musst du machen?"
Mit den Kindern werden die einzelnen Arbeitsschritte versprachlicht. Dabei achtet die Lehrkraft auf den Gebrauch der Satzklammer mit „Ich muss".
Bsp.: „Ich muss das Gemüse waschen."
Im Anschluss bringen die Kinder die Arbeitsschritte auf KV 3 in die richtige Reihenfolge.

Das Erreichen von Förderhorizont 2 setzt die häufige (rezeptive und produktive) Begegnung mit der Satzklammer voraus. Der wiederholte **Gebrauch von Modalverben** stellt einen wesentlichen Schritt auf dem Weg zum vollständigen Erwerb der Klammerstruktur dar. Satzklammern mit Modalverben sind weniger komplex als Satzklammern mit trennbaren Verben oder Perfektformen.

ANGEBOT FÜR FÖRDERHORIZONT 3

KV1 Fernsehkoch I

MATERIAL/VORBEREITUNG Bildkarten „Gemüsesuppe" von KV1 (vergrößert und auf Pappe geklebt), Kamishibai (tragbares japanisches Holztheater) oder Pappkarton ohne Rückwand (als Fernsehgerät gestaltet), Kochmütze, Requisiten wie Topf, Gemüse etc.

DURCHFÜHRUNG Die Lehrkraft legt die Bildkarten in die Mitte und erklärt den Kindern, dass sie gemeinsam einen Auftritt als Fernsehkoch vorbereiten. Zuerst bringen die SuS die Karten in die richtige Reihenfolge. Mit Hilfe der Bilder und unterstützt von der Lehrkraft, erzählen die SuS dann, wie man eine Gemüsesuppe kocht. Dabei werden die einzelnen Arbeitsschritte durch „und dann" verbunden. Wenn den Kindern die Aufgabenstellung noch schwerfällt, gibt die Lehrkraft ein Beispiel vor:
„Zuerst wasche ich das Gemüse. Dann schneide ich das Gemüse klein. Dann …"
Anschließend proben die Kinder ihren Auftritt als Fernsehkoch. Dabei kommen die Kochmütze, die Requisiten, das Kamishibai oder der Pappkarton-Fernseher zum Einsatz.
Die Lehrkraft bespricht mit den Kindern, dass Fernsehsendungen für verschiedene Zielgruppen (z.B. Kinder oder Erwachsene) gemacht werden und regt an, die Kochsendung unterschiedlich zu gestalten. Je nach Sprachstand der Kinder können so verschiedene Ansprachformen erprobt werden:
„Zuerst musst du das Gemüse waschen. Dann musst du …"
„Zuerst müssen Sie das Gemüse waschen. Dann müssen Sie …"
Es kann auch ein Moderator eingesetzt werden, der kommentiert, wie ein Fernsehkoch die Gemüsesuppe zubereitet:
„Zuerst wäscht er/sie das Gemüse. Dann …"
Andere Fördergruppen können zur „Ausstrahlung" der Kochsendung als Publikum eingeladen werden.

TIPP FÜR DIE WEITERARBEIT Ähnlich kann mit der chronologischen Versprachlichung der Arbeitsschritte bei der Zubereitung des Obstsalats verfahren werden. Dazu malen die SuS die Bildkarten selbst.

Neben der Bildung von **Inversionsstrukturen** müssen Kinder den richtigen **Gebrauch des Adverbs „dann"** erwerben. Viele Kinder gebrauchen „dann" im ersten Erwerbsschritt als Verbindungwort zwischen zwei Sätzen, ohne bereits die Zeitbestimmung, die in der Wortbedeutung enthalten ist, zu verstehen: Nur Arbeitsschritte, die chronologisch an richtiger Stelle stehen, können mit „dann" verbunden werden. Das Sortieren ist also eine wichtige Übung, um die korrekte Versprachlichung zeitlicher und logischer Abfolgen zu fördern.

KV4 Fernsehkoch II

DURCHFÜHRUNG Bevor die Kinder mit dem Rätsel auf KV4 beginnen, stellt die Lehrkraft sicher, dass sie die bildlich dargestellten Begriffe benennen können.

Neben der Ableitung ist die **Zusammensetzung von Wörtern** das wichtigste Wortbildungsprinzip im Deutschen. Die Förderung der Wortbildungskompetenz trägt wesentlich zur Entwicklung eines differenzierten Wortschatzes bei. Die Kinder lernen über die Zeit, aus bereits verfügbaren Wörtern neue zu bilden und gewinnen die Einsicht, dass die Gesamtbedeutung eines zusammengesetzten Nomens eine andere ist als die Summe der Einzelbedeutungen.

ANGEBOT FÜR FÖRDERHORIZONT 4

KV5 Obstsuppe

DURCHFÜHRUNG Die Kinder schneiden die Satzteile auf KV5 aus und kleben sie in der richtigen Reihenfolge in ihr Heft.

Auch Kinder, die höheren Förderhorizonten zuzuordnen sind, scheitern noch oft am Verständnis von Texten. Die Bedeutung von Wörtern, die Sätze **inhaltlich und formal miteinander verknüpfen** (Pronomen, Zeit- und Ortsadverbien …), bereitet vielen Kindern noch lange Schwierigkeiten. Übungen wie das Entflechten von Texten trainieren die Beachtung signifikanter Schlüsselwörter (hier: „zuerst", „dann", „zum Schluss").

Zusammen kochen macht Spaß!

Gemüsesuppe

Das brauchen wir:

der Messbecher

das Schneidebrett

der Sparschäler

das Küchenmesser

der Kochlöffel

der Topf

die Tomaten

die Kartoffeln

die Paprikas

die Zwiebeln

die Gewürze

die Möhren

So geht es:

1

2

3

4

5

Klett

Obstsalat

Das brauchen wir:

der Messbecher

das Schneidebrett

der Sparschäler

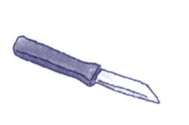
das Küchenmesser

der Löffel

der Apfel

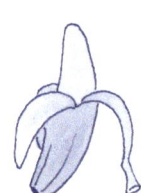
die Banane

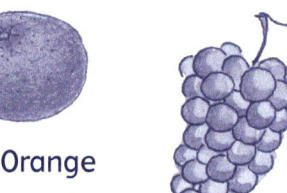
die Orange

die Weintrauben

der Honig

der Orangensaft

die Kiwi

So geht es:

1

2

3

4

5

Sprachförderung PLUS
Förderbausteine für den Soforteinsatz im Regelunterricht
ISBN 978-3-12-666802-6

 Klett

Obst- und Gemüsememo

		die Kartoffel	die Kirsche
		die Banane	die Paprika
		die Tomate	die Melone
		die Zwiebel	die Erdbeere
		der Apfel	die Möhre

Sprachförderung PLUS
Förderbausteine für den Soforteinsatz im Regelunterricht
ISBN 978-3-12-666802-6

Gemüsesuppe – so geht es!

Schneide die Satzteile aus und klebe sie an die richtige Stelle.

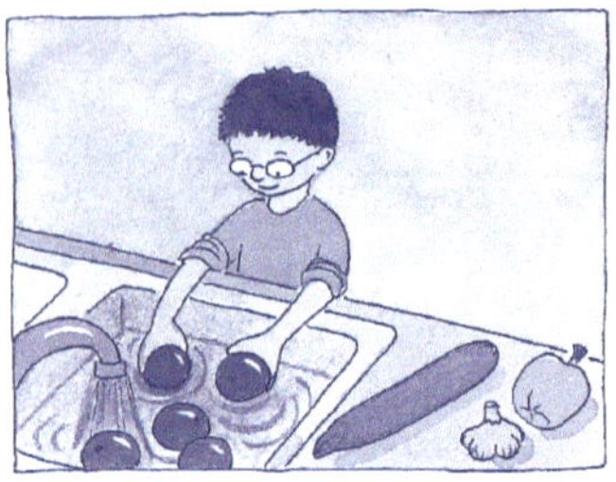

Ich muss

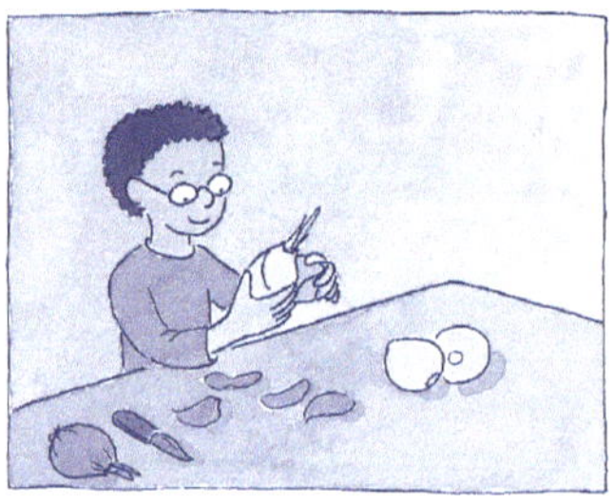

Ich muss

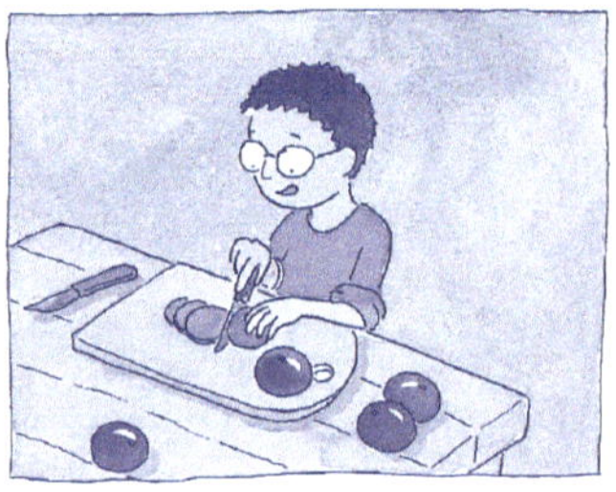

Ich muss

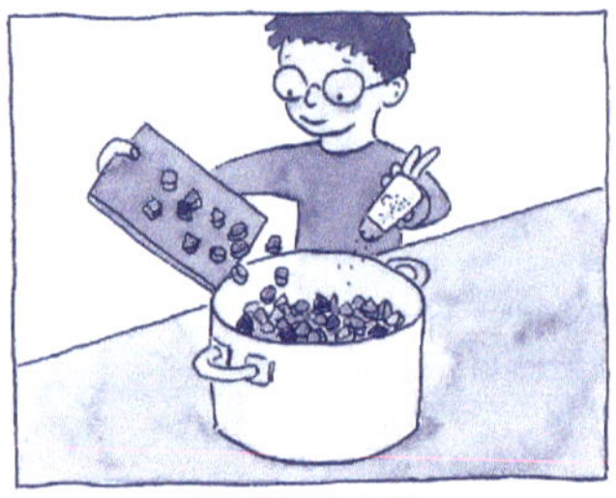

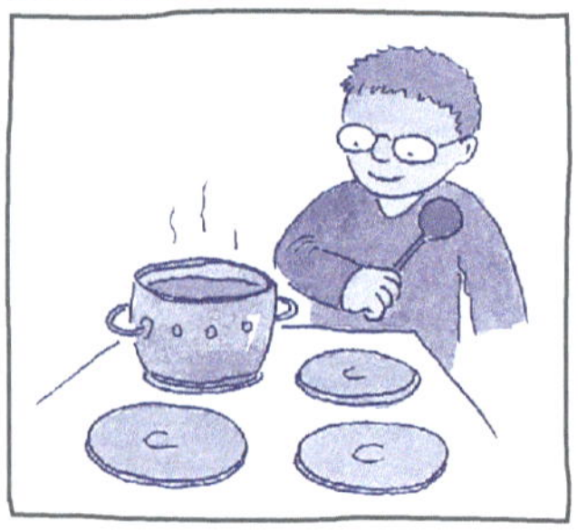

Ich muss

Ich muss

✂

das Gemüse weich kochen.

das Gemüse schälen.

das Gemüse waschen.

das Gemüse klein schneiden.

das Gemüse in den Topf geben.

Fernsehkoch

Löse die Rätsel und schreibe die Suchwörter auf die Linien.

Koch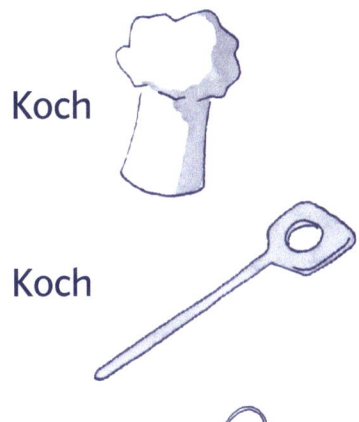

die Kochmütze

Koch

der Kochl_____

Koch

die Kochsch_____

Koch

der Koch_____

Koch

das Koch_____

Koch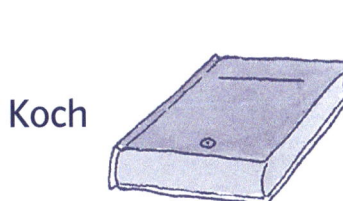

das K_____

■ die Mütze   ■ der Löffel   ■ die Schürze   ■ der Topf   ■ das Rezept   ■ das Buch

Obstsuppe

Schneide die Sätze aus und klebe sie in der richtigen Reihenfolge in dein Heft.
Dann verstehst du, was Lina und Timo in der Schule gemacht haben.

Lina hat

_____

gekocht.

Timo hat

_____

gemacht.

✂

Heute haben wir in der Schule eine Suppe gekocht. Zuerst haben wir den Lauch und die Kartoffeln und Möhren gewaschen.

In der Schule gab es heute Obstsalat. Dazu haben wir Äpfel, Birnen, Trauben und Bananen ausgesucht. Wir haben das Obst in kleine Stücke geschnitten.

Zum Schluss haben wir in einer Schüssel das Obst mit Honig und Orangensaft gemischt. Mmmh, lecker!

Zum Schluss haben wir die Suppe gewürzt. Sie hat sehr gut schmeckt.

Dann haben wir das Gemüse klein geschnitten. In einem Topf haben wir Gemüsebrühe gekocht. Das Gemüse kam auch dazu.

Sprachförderung PLUS
Förderbausteine für den Soforteinsatz im Regelunterricht
ISBN 978-3-12-666802-6

TIERE, TIERE, TIERE
Im Tierpark

Über Tiere und den Umgang mit ihnen gibt es viel zu lernen. Aus diesem Grund taucht der Themenbereich „Tiere" in allen Klassenstufen der Grundschule immer wieder auf.

Tiere interessieren Kinder und gehören zu ihrem unmittelbaren Lebensumfeld. Auch wenn nicht jede Familie ein Haustier hält, werden doch die meisten Kinder schon im Freundes- oder Bekanntenkreis oder auf der Straße mit Haustieren in Berührung gekommen sein. Einen Tierpark oder Zoo haben vermutlich alle Kinder mit der Familie oder einer vorschulischen Einrichtung schon besucht.

Um Gespräche und Texte über Tiere verstehen zu können und um über Tiere sprechen zu können, bedarf es eines spezifischen Wortschatzes, der sukzessive aufgebaut werden muss.

Überblick über die Förderangebote

GESAMTE LERNGRUPPE

- Wortschatz: Verben rund um Tiere
- syntagmatische Beziehungen

📋 **KV 1** Erzählen: Im Tierpark

📋 **KV 1** Semantische Wortschatzliste „Tierpark"

Bewegungsspiel: Wie die wilden Tiere

FÖRDERHORIZONT 1

- Satzstruktur: Subjekt – Verb – Objekt

📋 **KV 2** Arbeit im Tierpark und

FÖRDERHORIZONT 2

- Satzmuster: „Mein Tier kann …"
- Satzklammer mit Modalverben („können")
- syntagmatische Beziehungen

📋 **KV 3** Mein Tier kann …

FÖRDERHORIZONT 3

- Gebrauch der Präpositionen „in", „auf" und „unter" mit Dativ
- Verschmelzung der Präposition mit dem Artikel

📋 **KV 4** Wo leben die Tiere? 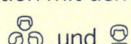 und

FÖRDERHORIZONT 4

- Nebensätze mit „weil"

📋 **KV 5** Wissenswertes über Tiere und

Wortschatz

NOMEN der Tierpark, der Zoo, der Löwe, die Giraffe, das Zebra, die Schlange, der Elefant, der Affe, der Vogel, der Fuchs, das Reh, das Wildschwein, der Maulwurf, der Regenwurm, der Delfin, der Wal, das Pferd, die Kuh, das Schaf, die Ziege, der Hund, die Katze, das Schwein, die Ente, die Biene, der Bär, der Pinguin, der Frosch, der Tierpfleger / die Tierpflegerin, der Tierarzt / die Tierärztin, der Wald, das Meer, die Erde, der Bauernhof, das Gras, der Flügel, der Rüssel, der Giftzahn, der Arm, die Nase …

VERBEN brüllen, wiehern, muhen, mähen, meckern, singen, grunzen, untersuchen, füttern, streicheln, putzen, riechen, kriechen, rennen, klettern, schleichen, bellen, jaulen, hecheln, jagen, miauen, schnurren, schnattern, schwimmen, watscheln, tauchen, springen, trompeten, tragen, trampeln, piepsen, fliegen, summen, stechen, brummen, galoppieren, fressen, zischen, quaken, hüpfen, schnappen, krabbeln, bauen, quieken, wühlen, graben, flattern …

ADJEKTIVE groß, klein, gefährlich, blind, spitz, lang …

SONSTIGE weil, in/im, auf …

PHRASEN ein Nest bauen, Milch geben, Eier legen, im Wald, auf dem Bauernhof, im Meer, unter der Erde …

ANGEBOTE FÜR DIE GESAMTE LERNGRUPPE

KV1 Erzählen: Im Tierpark

MATERIAL/VORBEREITUNG KV1 als Poster vergrößern

DURCHFÜHRUNG Die Lehrkraft hängt das Poster „Im Tierpark" auf. Die Kinder erzählen,

- was sie auf dem Bild entdecken,
- was sie über die Tiere wissen,
- was sie bei Besuchen im Tierpark gesehen haben,
- was sie selbst mit Tieren erlebt haben.

Kinder auf verschiedenen Förderhorizonten werden sich unterschiedlich äußern können: SuS auf Förderhorizont 1 benennen eher Tierarten. Kinder auf Förderhorizont 2 können z.B. versprachlichen, was ein Tier kann. Kinder auf Förderhorizont 3 oder 4 erzählen vielleicht schon kleine Erlebnisse.
Die Lehrkraft beobachtet die Kinder in dieser Phase aufmerksam und unterstützt sie durch entsprechende Impulse:

Beispiele für einfache Fragen und Impulse (Förderhorizont 1 und 2):
„Wie heißt dieses Tier?"
„Welches Tier kennst du?"
„Zeig mir …"
„Ist das …?"
„Was kann …?"
„Was hast du im Tierpark gesehen?"
„Was passiert hier?"

Beispiele für anspruchsvollere Fragen und Impulse (Förderhorizont 3 und 4):
„Was muss der Tierpfleger alles machen?"
„Was ist dann passiert? / Was passiert dann?"
„Warum ist der Löwe gefährlich?"
„Was weißt du über Delfine?"

KV1 Semantische Wortschatzliste „Tierpark"

MATERIAL/VORBEREITUNG KV1 mittig auf ein DIN-A3-Plakat kleben

DURCHFÜHRUNG Die SuS werden in Vierergruppen aufgeteilt. Jede Gruppe erhält ein Plakat mit dem Tierparkbild in der Mitte. Die Kinder beschriften das Themenbild mit Wörtern oder Sätzen. Die Lehrkraft unterstützt die Kinder bei ihrer Arbeit und achtet bei Nomen auf die richtige Verwendung des Artikels.

VARIATION Die Kinder malen eigene Bilder zum Thema „Tiere/Tierpark" und beschriften diese. Zur Unterstützung können sie Zooprospekte, Bilderbücher, Zeitschriften etc. verwenden.
Je spezifischer der Ausschnitt aus einem Gesamtthema ist, desto differenzierter wird sich auch die Wortschatzliste gestalten. Kinder auf den Förderhorizonten 3 oder 4 können z.B. ein Bild zum Thema „Aquarium" malen und beschriften, was eine Differenzierung des Wortschatzes im Themenbereich „Wassertiere" mit sich bringt.

 Diese Form der **Wortschatzerarbeitung und -festigung** stellt das Lernen der Wörter in Zusammenhänge, was die nachhaltige Speicherung der Wörter unterstützt. Durch das gemeinsame Arbeiten an einem Themenbild profitieren die Kinder auf den verschiedenen Förderhorizonten voneinander.

Bewegungsspiel: Wie die wilden Tiere

MATERIAL/VORBEREITUNG Bewegungsraum, Bildkarten von Tieren

DURCHFÜHRUNG Bevor das Spiel beginnt, betrachtet die Lehrkraft mit den Kindern die einzelnen Tierkarten und stellt Fragen:
„Wie heißt das Tier?"
„Wo lebt es?"
„Was frisst es?"
„Welche Laute macht es?"
„Wie bewegt es sich?"

Die Laute und typischen Gangarten des Tieres werden vorgemacht und benannt, z.B.:
Der Hund bellt. Die Katze miaut. Das Pferd wiehert.
Der Affe klettert. Die Katze schleicht. Die Schlange kriecht.
Anschließend bewegen sich die Kinder frei im Raum. Auf ein Signal hin sagt die Lehrkraft an, auf welche Weise die Kinder sich bewegen oder welchen Tierlaut sie nachmachen sollen, z.B.:
„Alle bellen wie ein Hund."
„Alle kriechen wie eine Schlange."
Nach einigen Runden können die Kinder die Aufgabe der Lehrkraft übernehmen und die Aufgaben ansagen.

 Bestimmte Wörter lassen sich mit anderen typischerweise verbinden und tauchen damit häufig gemeinsam auf. Sie bilden eine Wortgruppe. Das **Lernen dieser Wörter im Kontext** optimiert die genaue Ausdrucksmöglichkeit in der späteren Sprachproduktion, da die Begriffe vernetzt abgespeichert werden konnten.

ANGEBOT FÜR FÖRDERHORIZONT 1

 KV 2 Arbeit im Tierpark  **und**

MATERIAL/VORBEREITUNG Tierfiguren und Requisiten, z.B. Futternapf, Stethoskop, Pferdestriegel

DURCHFÜHRUNG Die Lehrkraft bespricht mit den Kindern, dass im Tierpark Menschen arbeiten, die sich um die Tiere kümmern, z.B. der Tierpfleger oder die Tierärztin. Sie erarbeitet mit den Kindern, was diese tun, und führt die entsprechenden Verben ein (z.B. untersuchen, füttern, putzen, streicheln). Mit Hilfe der Tierfiguren und der Requisiten können die Tätigkeiten des Tierpflegers und der Tierärztin vorgespielt und versprachlicht werden.
Anschließend gibt die Lehrkraft den Kindern Aufträge, die jeweils ein Kind mit Hilfe der Materialien darstellt.
Bsp.: „Der Tierpfleger füttert das Pferd."
„Der Tierpfleger streichelt die Ziege."
„Die Tierärztin untersucht den Fuchs."
Sobald die Kinder mit dem Wortschatz und der Satzstruktur vertraut sind, kann das Kind, das einen Auftrag ausgeführt hat, das Formulieren der nächsten Aufgabe übernehmen.
Zum Schluss ordnen die Kinder auf KV 2 zu, was ein Tierpfleger und eine Tierärztin tun.

> Die bevorzugte Satzstellung im Deutschen **Subjekt – Verb – Objekt** wird hier trainiert. Viele deutsche Verben verlangen eine Akkusativergänzung (transitive Verben), d.h. sie können nicht ohne ein Objekt im Satz verwendet werden.

ANGEBOT FÜR FÖRDERHORIZONT 2

 KV 3 Mein Tier kann …

MATERIAL/VORBEREITUNG KV 3 vergrößern und auf Pappe kopieren

DURCHFÜHRUNG Die Kinder schneiden die Spielkarten aus. Dann spricht die Lehrkraft mit ihnen über die Tiere und deren Fähigkeiten. Die Kinder spielen vor, was die Tiere können. Die Lehrkraft gibt das Sprachmodell für das Spiel mehrfach exemplarisch vor:
„Mein Tier kann bellen."
„Mein Tier kann brüllen."

Anschließend spielen die Kinder in Vierergruppen das Kartenspiel. Dazu werden die Karten gemischt und in einem Stapel in die Mitte gelegt. Das erste Kind zieht eine Karte und formuliert einen Satz zum darauf abgebildeten Tier: „Mein Tier kann …" Wenn ein Tier nach drei Fehlversuchen noch nicht erraten werden konnte, formuliert das Kind einen zweiten Satz zur Karte.
Das Kind, das als Erstes errät, welches Tier gemeint war, erhält die Spielkarte und darf als Nächstes eine Tierkarte vom Stapel ziehen. Gewonnen hat das Spiel, wer am Schluss die meisten Karten hat.

TIPPS FÜR DIE WEITERARBEIT Die Kinder können zu weiteren Themen in der Sprachförderung selbst Spielkarten herstellen.

> Die Bildung der Satzklammer mit dem **Modalverb „können"** wird in Verbindung mit syntagmatischen Beziehungen zwischen bestimmten Wörtern trainiert.

ANGEBOT FÜR FÖRDERHORIZONT 3

 KV 4 Wo leben die Tiere?

MATERIAL/VORBEREITUNG vergrößerte Bildkarten von KV 4

DURCHFÜHRUNG Die Lehrkraft legt an drei Stellen im Raum die Bildkarten mit den verschiedenen Lebensräumen aus. Die Tierkarten behält sie selbst. Die Kinder bewegen sich frei im Raum. Immer wenn die Lehrkraft eine Tierkarte hochhält, überlegen die Kinder, in welchem Lebensraum das Tier lebt, und laufen zur ausgelegten Lebensraumkarte. Die gefundene Lösung wird versprachlicht.
Bsp.: „Die Kuh lebt auf dem Bauernhof."

Zum Schluss ordnen die Kinder auf KV 4 den Tieren die passenden Lebensräume zu.

TIPPS FÜR DIE WEITERARBEIT Es können noch weitere Tier- und Lebensraumkarten einbezogen werden (z. B. Tiere, die im Dschungel leben, oder Tiere, die in der Wüste leben). In Kleingruppenarbeit können die Kinder selbst Tier- und Lebensraumkarten für das Spiel herstellen, indem sie Karten malen oder aus Zeitschriften ausschneiden. An einigen Schulen besteht auch die Möglichkeit, Bilder im Internet zu suchen und auszudrucken.

> Die Kinder üben die Verwendung von **Präpositionen** in typischen Verwendungskontexten und erhalten Beispiele für die Verschmelzung der Präposition mit dem Artikel.

ANGEBOT FÜR FÖRDERHORIZONT 4

 KV 5 Wissenswertes über Tiere

DURCHFÜHRUNG Die Lehrkraft führt mit den SuS ein Unterrichtsgespräch über Tiere und stellt Warum-Fragen zu den angesprochenen Tieren:
„Warum ist der Löwe so gefährlich?"
„Warum ist der Maulwurf fast blind?"
„Warum kann ein Vogel fliegen?"

Die SuS formulieren Erklärungen, die die Lehrkraft gegebenenfalls korrektiv aufgreift. Die Lehrkraft bezieht sich unmittelbar auf die Äußerung des Kindes und formuliert sie in zielsprachlich korrekter Form, z. B.:
Kind: „Weil der Elefant hat einen Rüssel."
Lehrkraft: „Stimmt, der Elefant kann einen Baumstamm tragen, weil er einen Rüssel hat."

Implizit wird den Kindern so mehrfach die zu erwerbende Struktur als Modell vorgegeben.
Im Anschluss an das Unterrichtsgespräch bearbeiten die Kinder KV 5.

> Es ist zu erwarten, dass die Kinder auf die Fragen der Lehrkraft **elliptisch antworten**. In diesem Fall heißt das, dass die Kinder den ersten Teil der Antwort weglassen und ihre Äußerung sofort mit „weil" beginnen. Die Auslassung lässt sich unmittelbar durch den sprachlichen und situativen Kontext erschließen. Das Auslassen von Satzteilen ist ein typisches Merkmal gesprochener Sprache. Die Kinder sollten im mündlichen Sprachgebrauch nicht dazu angehalten werden, Antworten so zu formulieren, dass der Inhalt der Frage als Aussage noch einmal wiederholt wird („Warum kann ein Elefant einen Baustamm tragen?" „Der Elefant kann einen Baumstamm tragen, weil er einen Rüssel hat."), da dies nicht dem Sprachgebrauch im Deutschen entspricht.

Im Tierpark

Sprachförderung PLUS
Förderbausteine für den Soforteinsatz im Regelunterricht
ISBN 978-3-12-666802-6

Arbeit im Tierpark

Im Tierpark gibt es viel Arbeit. Baue die Sätze zusammen und schreibe in dein Heft, was der Tierpfleger und die Tierärztin tun.

die Kuh

der Tierpfleger

füttert

die Ziege

streichelt

den Fuchs

untersucht

den Delfin

putzt

die Tierärztin

das Wildschwein

das Pferd

Schreibe so in dein Heft:

Der Tierpfleger füttert das Pferd.
Die Tierärztin streichelt die Ziege.
Der Tierpfleger ...

Sprachförderung PLUS
Förderbausteine für den Soforteinsatz im Regelunterricht
ISBN 978-3-12-666802-6

Mein Tier kann . . .

der Hund

bellen
jaulen
hecheln

der Löwe

brüllen
jagen
schleichen

die Katze

miauen
schleichen
schnurren

die Ente

schnattern
schwimmen
watscheln

der Delfin

tauchen
schnattern
springen

der Elefant

trompeten
Sachen tragen
trampeln

der Vogel

fliegen
piepsen
ein Nest bauen

die Biene

summen
fliegen
stechen

der Bär

brummen
brüllen
Fische fangen

die Ziege

meckern
klettern
Milch geben

die Kuh

muhen
Milch geben
Gras fressen

das Pferd

galoppieren
Gras fressen
wiehern

Sprachförderung PLUS
Förderbausteine für den Soforteinsatz im Regelunterricht
ISBN 978-3-12-666802-6

Wo leben die Tiere?

Weißt du, wo diese Tiere leben? Verbinde die passenden Bilder.

die Kuh

das Reh

das Wildschwein

der Wal

der Delfin

das Schaf

im Wald

auf dem Bauernhof

im Meer

Schreibe die Sätze in dein Heft.

Die Kuh lebt auf dem Bauernhof.
Das Reh lebt ...

Sprachförderung PLUS
Förderbausteine für den Soforteinsatz im Regelunterricht
ISBN 978-3-12-666802-6

Wissenswertes über Tiere

Setze die Sätze zusammen, die der Affe auseinandergerissen hat.

Der Löwe ist gefährlich, weil er …

Die Schlange ist gefährlich, weil sie …

… Giftzähne hat.

Der Maulwurf ist fast blind, weil er …

… lange Arme hat.

… unter der Erde lebt.

Der Vogel kann fliegen, weil er …

… eine feine Nase hat.

Der Affe kann so gut klettern, weil er …

… Flügel hat.

Der Hund kann gut riechen, weil er …

… spitze Zähne hat.

Schreibe die Sätze in dein Heft.

Der Löwe ist gefährlich, weil er spitze Zähne hat.

…

Sprachförderung PLUS
Förderbausteine für den Soforteinsatz im Regelunterricht
ISBN 978-3-12-666802-6

NATUR ERLEBEN

Auf der Wiese ist was los!

Die Natur gehört zum unmittelbaren Lebensraum von Kindern und stellt ein grundlegendes Lernfeld im Unterricht der Grundschule dar. Die Beschäftigung mit einer Wiese ist ein Ausschnitt aus diesem Lernfeld, der das Wahrnehmen, Betrachten und Beobachten von Natur anbahnt.

Exemplarisch lernen die Kinder, dass zur Erfassung eines spezifischen Lebensraums ein entsprechender Wortschatz notwendig ist. Um über die verschiedenen Blumen auf einer Wiese sprechen zu können, müssen deren Namen bekannt sein; es reicht nicht aus, alle Arten mit dem Oberbegriff zu bezeichnen. Auch die Fortbewegungsarten von Tieren werden durch unterschiedliche Verben unterschieden. Genauso ist ein bestimmtes Vokabular notwendig, um Sinneswahrnehmungen zu beschreiben.

Je vielfältiger der Wortschatz, umso genauer können Beobachtungen versprachlicht werden. Je umfangreicher die Ausdrucksmöglichkeiten sind, umso komplexere Sätze können verstanden und gebildet werden. Vor dem Hintergrund differenzierter Ausdrucksmöglichkeiten werden die Kinder befähigt, eigene Gedanken und Fragen zu Sachverhalten zu formulieren und sich am Unterricht zu Sachthemen zu beteiligen. Im Fokus stehen dabei immer die handelnde Auseinandersetzung mit den Sachverhalten sowie die wiederholte Rezeption und Produktion in verschiedenen Zusammenhängen.

Überblick über die Förderangebote

GESAMTE LERNGRUPPE

- Wortschatzerarbeitung in realem Kontext: Pflanzen und Tiere auf der Wiese
- Adjektive und Verben im Kontext

 KV1 Wiesendetektive

Sinnesreise: Auf der Wiese

Unsere Wiesenausstellung

FÖRDERHORIZONT 1

- sinnerfassendes Lesen
- einfache Sätze richtig zusammensetzen
- Strukturierung des Wortschatzes

Mindmap „Wiese"

 KV2 Lesespiel: Auf der Wiese ist was los

FÖRDERHORIZONT 2

- Hörverstehen: Bilder verschiedenen Szenen einer Geschichte zuordnen
- Aussagen auf ihre Richtigkeit überprüfen

 KV3 Fliegenklatsche

Stimmt das?

FÖRDERHORIZONT 3

- sinnerfassendes Lesen
- Imperativformen verstehen
- Präpositionen „auf", „über", „unter"

 KV4 Leseauftragsblatt: Sommerwiese

FÖRDERHORIZONT 4

- eine Bastelanleitung verstehen
- einen Zusammenhang zwischen Nomen und Pronomen herstellen

 KV5 Wiesen-Mini-Buch

Wortschatz

NOMEN die Wiese, der Detektiv, die Sonne, das Gras, der Wind, der Duft, die Hummel, die Fliege, der Löwenzahn, der Schmetterling, die Ameise, die Schnecke, der Regenwurm, das Blatt, das Gänseblümchen, der Stein, das Futter, der Käfer, die Blume, die Fliegenklatsche, die Blüte, die Biene, die Bank, die Maus, die Erde, die Pflanze, das Tier, die Erde, das Insekt, die Kette, das Muster …

VERBEN suchen, entdecken, beobachten, finden, sich setzen, kitzeln, spüren, fühlen, riechen, sehen, hören, schmecken, brummen, scheinen, krabbeln, duften, kriechen, fressen, summen, wachsen, pflücken, wehen, fliegen, spazieren gehen, huschen, flattern, anmalen, malen, einkreisen, falten, aufklappen …

ADJEKTIVE klein, weiß, grün, gelb, rot, braun, hart, schön, warm, weich, bunt, langsam …

SONSTIGE er, sie, es, auf, über, unter …

ANGEBOTE FÜR DIE GESAMTE LERNGRUPPE

KV1 Wiesendetektive ⚬⚬

MATERIAL/VORBEREITUNG für jedes Detektivteam KV1 auf DIN-A3-Karton vergrößern, Klebefilm, Materialboxen, Becherlupen, Bestimmungsbücher, evtl. Einmachgläser mit durchlöchertem Deckel oder Insektenboxen

DURCHFÜHRUNG Die Lehrkraft unternimmt mit den Kindern einen Ausflug auf eine nahe gelegene Wiese. Bevor die Kinder die Umgebung erforschen, bespricht die Lehrkraft mit ihnen Verhaltensregeln für Wiesendetektive. Nun sollen die SuS paarweise auf der Wiese Dinge mit bestimmten Eigenschaften suchen und diese in die passenden Felder auf KV1 kleben. Die Lehrkraft stellt sicher, dass die Kinder die Suchbegriffe auf der KV verstehen.
Nach der Sammelphase präsentieren die Kinder ihre Funde. Diese werden gemeinsam benannt und besprochen. Nicht alle Pflanzen oder anderen Fundstücke werden die Kinder eigenständig benennen können. Die Kinder erzählen, wo sie fündig wurden, beschreiben, was ihnen an ihrem Fund gefällt oder was sie darüber wissen. Gibt es Blumen, die oft gefunden wurden? Gibt es Dinge, die nur einmal gefunden wurden?
Zum Abschluss des Ausflugs sammeln die Kinder Exponate (z. B. Blumen, Gräser, Steine, Schneckenhäuser), die sie zur genaueren Untersuchung mit in die Schule nehmen wollen. Dort können Pflanzen in der Blumenpresse gepresst werden. Falls die Kinder sich für Insekten interessieren, sollten diese in belüfteten Gläsern oder Insektenboxen transportiert werden und nach der Beobachtung wieder in ihren Lebensraum gebracht werden.

> 💬 Das sinnliche und handelnde Wortschatzlernen in einem **authentischen Lernzusammenhang** unterstützt die nachhaltige und vernetzte Verarbeitung der neuen Begriffe. Damit z. B. einzelne Blumen oder Tiere auch sprachlich unterschieden werden können, muss man sie genauer als nur mit Oberbegriffen bezeichnen können. Die Ausdifferenzierung des umgangssprachlichen Wortschatzes wird in einem relevanten Kontext gefördert.

Sinnesreise: Auf der Wiese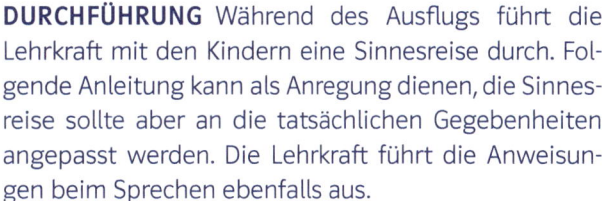

DURCHFÜHRUNG Während des Ausflugs führt die Lehrkraft mit den Kindern eine Sinnesreise durch. Folgende Anleitung kann als Anregung dienen, die Sinnesreise sollte aber an die tatsächlichen Gegebenheiten angepasst werden. Die Lehrkraft führt die Anweisungen beim Sprechen ebenfalls aus.

„Heute sind wir auf die Wiese gegangen.
Die Sonne scheint warm auf dein Gesicht. Spürst du die Wärme?
Setz dich auf die Wiese. Dein Platz auf der Wiese ist ganz weich.
Streiche mit der Hand über das Gras. Es kitzelt deine Hand.
Spürst du den Wind auf deiner Haut?
Kannst du den Duft des Grases riechen?
Schau über die Wiese! Siehst du etwas Weißes? Siehst du etwas Gelbes oder Rotes?
Hör genau hin! Hörst du eine Hummel brummen? Hörst du eine Fliege summen?"

Nach den einzelnen Abschnitten werden die Erfahrungen der Kinder aufgegriffen:

**Beispiele für einfache Fragen und Impulse
(Förderhorizont 1 und 2):**
„Ist dein Gesicht warm?"
„Ist deine Hand auch warm?"
„Wo ist es noch warm?"
„Siehst du eine weiße Blume?"
„Hörst du eine Biene?"

**Beispiele für anspruchsvollere Fragen und Impulse
(Förderhorizont 3 und 4):**
„Wie fühlt sich dein Platz auf der Wiese an?"
„Was hast du noch gesehen/gehört/gespürt?"
„Was kannst du noch riechen?"

> 💬 Sinnesreisen fördern die Wahrnehmung der Kinder. Durch die Unterstützung der Lehrkraft und die Führung durch den Text bekommen die Kinder Ausdrucksmöglichkeiten an die Hand, die zu einer **Ausdifferenzierung des Wortschatzes** führen.

Unsere Wiesenausstellung 👥

MATERIAL/VORBEREITUNG Ausstellungstische, Blumenpressen, kleine Gläser, Kartonaufsteller zum Beschriften, Insektenboxen, Plakatkarton, Klebefilm, Bestimmungsbücher, Becherlupen

DURCHFÜHRUNG Die Kinder bereiten eine Ausstellung vor. Sie pressen die mitgebrachten Blumen und Gräser oder stellen sie in kleinen Vasen aus. Steine oder Schneckenhäuser können nach verschiedenen Kriterien sortiert werden (z.B. Farbe, Größe, Sorte). Wenn Insekten mitgebracht wurden, können diese beobachtet und gezeichnet werden.
Mit Hilfe der Lehrkraft beschriften die SuS die Kartonaufsteller mit den Namen der Exponate. Zusätzlich können sie kleine Sätze auf die Aufsteller schreiben. Die gepressten Blumen können auf Plakate geklebt und die einzelnen Pflanzenteile beschriftet werden

> 💬 Die **offene Aufgabenstellung** ermöglicht es allen Kindern, sich entsprechend ihrer Sprachmöglichkeiten einzubringen – vom Abschreiben einfacher Wörter bis zur selbstständigen Gestaltung von Plakaten gibt es ausreichend Aufgaben für jedes Kind.

ANGEBOT FÜR FÖRDERHORIZONT 1

📝 KV 2 Lesespiel: Auf der Wiese ist was los 👥

MATERIAL/VORBEREITUNG Spielfiguren, Würfel. Spielplan und Lesekarten (KV 2) auf DIN A3 vergrößern und auf Pappe kleben, Lesekarten ausschneiden.

DURCHFÜHRUNG Das Lesespiel wird in Vierergruppen gespielt. Die Lesekarten werden gemischt und mit der Schrift nach unten auf das Kartenfeld gelegt. Jedes Kind erhält eine Spielfigur. Die Kinder würfeln der Reihe nach und dürfen immer so weit ziehen, wie sie Punkte gewürfelt haben. Wenn die Kinder auf ein Feld mit Blume kommen, dürfen sie eine Karte vom Stapel ziehen. Wenn sie den Puzzlesatz in die richtige Reihenfolge bringen können, dürfen sie ein Feld vorrücken. Die Spielrunde gewinnt das Kind, das als Erstes das Ziel erreicht.
Falls die Lehrkraft das Gruppenspiel nicht begleiten kann, können die Kinder ihre Puzzlesätze auch aufschreiben. Der nächste Spieler vergleicht die Lösung mit einer Vorlage zur Selbstkontrolle.

> 💬 Dieses Lesespiel trainiert die Erfassung des deutschen Satzbaus. Mit Unterstützung durch das Material bilden die Kinder einfache Aussagesätze nach dem Prinzip **Subjekt – finites Verb (– Objekt)**.

Mindmap „Wiese" 👥

MATERIAL/VORBEREITUNG Flipchart-Papier, Stifte

DURCHFÜHRUNG Die Lehrkraft präsentiert eine begonnene Mindmap zum Thema „Wiese" (s. Beispiele). Dazu werden Begriffe assoziativ gesammelt und durch Zuordnung zu verschiedenen Ästen, die vom Schlüsselbegriff ausgehen, kategorisiert. Je nach Unterrichtssituation ergeben sich verschiedene Möglichkeiten zur Begriffskategorisierung.

Beispiele für Mindmaps:

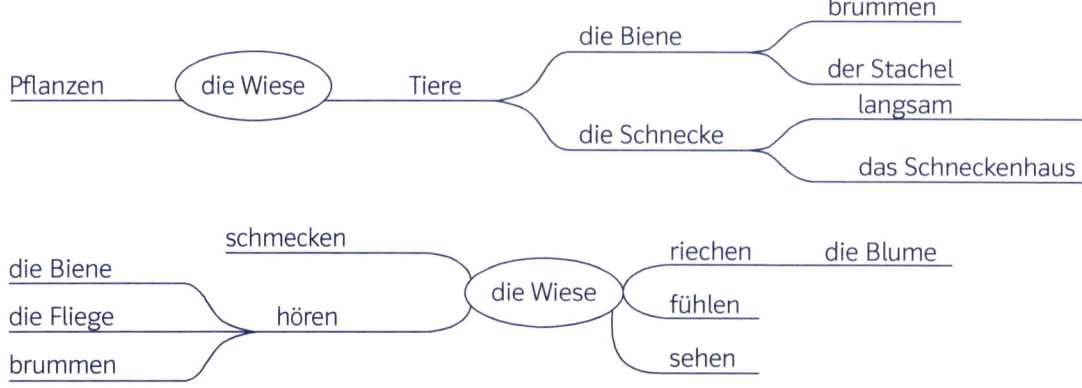

Zunächst entwickelt die Lehrkraft die Mindmap gemeinsam mit den SuS weiter. In einem weiteren Schritt können die Kinder die Mindmap abschreiben und selbstständig ergänzen und erweitern.

Sie können auch eigene Mindmaps mit anderer Strukturierung oder einem neuen Ausgangsbegriff finden (z. B. Blumen). Dazu stehen ihnen das Ausstellungsmaterial und die Blätter der „Wiesendetektive" zur Verfügung. Die Mindmaps können durch Bilder, Zeichnungen oder dazugeklebte Realien ergänzt werden.

> 💬 Mindmap-Aufgaben können auf verschiedene Art gelöst werden und passen sich somit dem Lern- und Sprachstand der SuS an. **Mindmaps** regen zur Strukturierung des Wortschatzes an und zeigen auf, dass es verschiedene Ordnungskriterien gibt – sowohl von der Sache als auch von der Sprache her. Indem die Kinder eigene Ordnungskriterien finden, wird die Auseinandersetzung mit Bedeutungen und Bedeutungsgrenzen gefördert. Wortbedeutungen werden vernetzt abgespeichert.

ANGEBOT FÜR FÖRDERHORIZONT 2

📝 KV 3 Fliegenklatsche

Auf der Wiese ist was los

Mila ist gestern spazieren gegangen. Auf einer Wiese hat sie eine Bank entdeckt. Dort hat sie eine Pause gemacht und die Pflanzen und Tiere auf der Wiese beobachtet. Ein Regenwurm hat ein Loch in die lockere Erde gegraben. Zum Schluss konnte Mila nur noch ein kleines Häufchen Erde sehen. Ein Schmetterling ist auf einer Blüte gelandet. Er hat Blütennektar gesammelt. Da hat Mila gestaunt: Dass es so viel auf der Wiese zu entdecken gibt! Mila hat auch eine kleine Maus gesehen. Die Maus ist durch das Gras gehuscht. Mila hat sich gefreut, dass auf ihrer Wiese so viel los ist. Deshalb hat sie genau geguckt und noch viele bunte Schmetterlinge entdeckt. Ein Schmetterling hat sich sogar auf die Bank gesetzt. Mila ist ganz ruhig sitzen geblieben und der Schmetterling ist bei ihr geblieben. Später hat Mila noch Ameisen entdeckt. Eine Ameise ist auf ein Blatt geklettert. Eine andere Ameise hat ein kleines Blatt weggetragen. Dann hat Mila etwas gegessen. Auf dem Rückweg hat Mila noch ein paar Gänseblümchen gepflückt. Daraus hat sie eine Kette gemacht. Zu Hause hat sie ihrer Mutter alles erzählt und ihrer Mutter die Kette geschenkt. Die Mutter hat die Gänseblümchenkette gleich angezogen.

MATERIAL/VORBEREITUNG eine Fliegenklatsche für jedes Kind, Bildkarten von KV 3

DURCHFÜHRUNG Jedes Kind erhält eine Fliegenklatsche. Die Lehrkraft legt die Bildkarten in die Mitte und liest die Geschichte vor. Sobald die Kinder ein Bild entdecken, das zur vorgelesenen Geschichte passt, klatschen sie es mit der Fliegenklatsche ab. Das Kind, das am schnellsten war, erhält einen Punkt. Das Kind, das am Ende der Runde die meisten Punkte hat, hat gewonnen.

Das Spiel kann mehrfach gespielt werden. Wenn die Bildkarten in der Mitte neu gemischt werden, bleibt der Anreiz für die Kinder erhalten.

> 💬 Neben dem **Verstehen von Perfektstrukturen** fördert das Spiel das **genaue Hinhören**. Um einige Bilder richtig abklatschen zu können, müssen die Kinder den einzelnen Szenen mehr Informationen als die Signalwörter entnehmen.

Stimmt das? 👥

MATERIAL/VORBEREITUNG ein Ja- und ein Nein-Feld auf den Boden malen, in dem mehrere Kinder Platz haben

DURCHFÜHRUNG Wenn das Vorlesen der Geschichte „Auf der Wiese ist was los" schon länger zurückliegt, liest die Lehrkraft die Geschichte noch einmal vor. Anschließend macht sie Aussagen zur Geschichte. Die Kinder müssen entscheiden, ob diese richtig oder falsch sind und entsprechend entweder in das Ja- oder das Nein-Feld springen. Falsche Aussagen werden von den Kindern richtiggestellt.

Beispiele für Aussagen:
Auf der Wiese ist viel los. (ja)
Heute ist Mila spazieren gegangen. (nein)
Mila hat eine Pause gemacht. (ja)
Mila hat Pferde beobachtet. (nein)
Ein Regenwurm ist auf die Bank gekrochen. (nein)
Ein Schmetterling ist auf einer Blume gelandet. (ja)
Die Maus hat ein Loch gegraben. (nein)
Ein Schmetterling ist auf Milas Tasche gelandet. (nein)
Mila hat Gänseblümchen gepflückt. (ja)
Mila hat ihrer Mutter einen Blumenstrauß geschenkt. (nein)

VARIATION Anstatt in das Ja- oder Nein-Feld zu springen, können mit den Kindern andere Tätigkeiten vereinbart werden, die bei richtigen bzw. falschen Aussagen durchgeführt werden (z. B. aufstehen, sich setzen, sich verkehrt herum auf den Stuhl setzen, sich hinter den Stuhl stellen).

💬 Es empfiehlt sich, das Spiel öfter im Anschluss an Erzählungen – z.B. im Erzählkreis – oder vorgelesene Geschichten zu spielen. **Genaues Zuhören** ist erforderlich, um im anschließenden Spiel gut abschneiden zu können. So unterstützt der Spielzusammenhang die Fokussierung der Aufmerksamkeit auf den Erzähler oder Vorleser.

TIPP FÜR DIE WEITERARBEIT Nach dem gleichen Faltprinzip können die Kinder weitere Minibücher herstellen – zum Beispiel zu einzelnen Tieren oder Pflanzen, die sie auf der Wiese entdeckt haben.

💬 Das Verständnis, dass sich **Pronomen** auf vorher im Text genannte Nomen beziehen, ist eine grundlegende Voraussetzung für das Verstehen von Texten.

ANGEBOT FÜR FÖRDERHORIZONT 3

 KV 4 Leseauftragsblatt Sommerwiese ©

DURCHFÜHRUNG Die Kinder befolgen die Malanweisungen auf KV 4. Das Leseauftragsblatt eignet sich sehr gut zur unbegleiteten Bearbeitung durch die Kinder. Die Ergebnisse können von der Lehrkraft eingesammelt oder von den SuS selbst überprüft werden, indem sie sie mit einem Lösungsblatt vergleichen.

💬 Neben dem sinnerfassenden Lesen wird das **Verstehen von Imperativformen** trainiert. Ziel ist es, diese Form der Aufforderung auch situationsungebunden verstehen zu lernen, d.h. in schriftlicher Form statt im Rahmen der mündlichen Unterrichtssituation.
Das Fehlen des Personalpronomens im Imperativ erschwert dessen Verständnis.

ANGEBOT FÜR FÖRDERHORIZONT 4

 KV 5 Wiesen-Mini-Buch ©

DURCHFÜHRUNG Die Lehrkraft faltet mit den Kindern das Mini-Buch. Dazu geht sie zunächst mit ihnen die Arbeitsschritte auf KV 5 durch. Dann können die Kinder versuchen, die Anweisungen mit Hilfe der Anleitungsbilder selbstständig umzusetzen. Bei einer ungeübten Lerngruppe demonstriert die Lehrkraft die einzelnen Arbeitsschritte. Das Mini-Buch wird fertiggestellt, indem die Kinder die Wiesenbilder auf KV 5 ausschneiden und auf die richtige Seite im Buch kleben.
Die Lehrkraft weist die SuS auf die unterlegten Wörter hin: „Er", „sie" und „es" stehen als Stellvertreter für die Pflanzen und Tiere, um die es im Wiesen-Mini-Buch geht. Entsprechend dem Beispiel auf Seite 1 des Mini-Buchs markieren die Kinder ab Seite 2 die Pronomen farbig und verbinden Nomen und Pronomen mit einem kleinen Pfeil.

Wiesendetektive

Finde mit deinem Partnerkind interessante Dinge und klebt sie in die passenden Felder.

Sucht etwas Gelbes.

Sucht etwas Hartes.

Sucht etwas Schönes.

Sucht etwas Kleines.

Sucht etwas Weißes.

Sucht etwas Grünes.

Sprachförderung PLUS
Förderbausteine für den Soforteinsatz im Regelunterricht
ISBN 978-3-12-666802-6

Klett

Lesespiel: Auf der Wiese ist was los

ist

Der Löwenzahn

gelb.

brummt.

Die Hummel

scheint.

Die Sonne

riecht

gut.

Das Gras

Der Schmetterling

klein.

Die Ameise

ist

Die Schnecke

langsam.

kriecht

frisst

Der Regenwurm

Blätter.

ist

bunt.

summt.

Die Fliege

Das Gänseblümchen

auf der Wiese.

wächst

pflückt

Lia

Blumen.

ist

grün.

Das Gras

zur Blume.

Der Schmetterling

fliegt

Futter.

sucht

Die Schnecke

Der Wind

weht.

ist

Die Blume

rot.

Sprachförderung PLUS
Förderbausteine für den Soforteinsatz im Regelunterricht
ISBN 978-3-12-666802-6

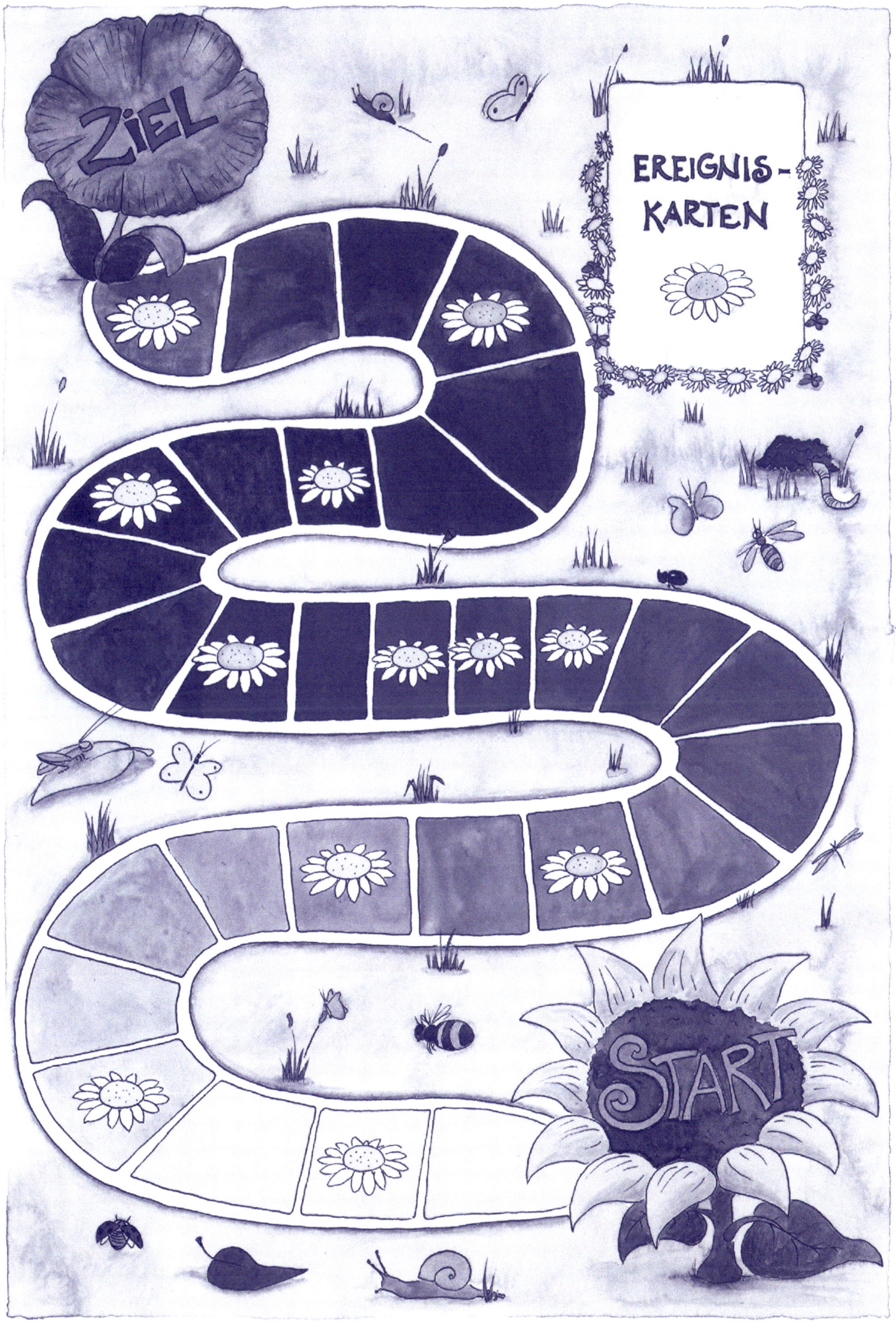

ZiEL

EREIGNIS-
KARTEN

START

3 Auf der Wiese ist was los!   D 1/2
Förderhorizont 2

Fliegenklatsche

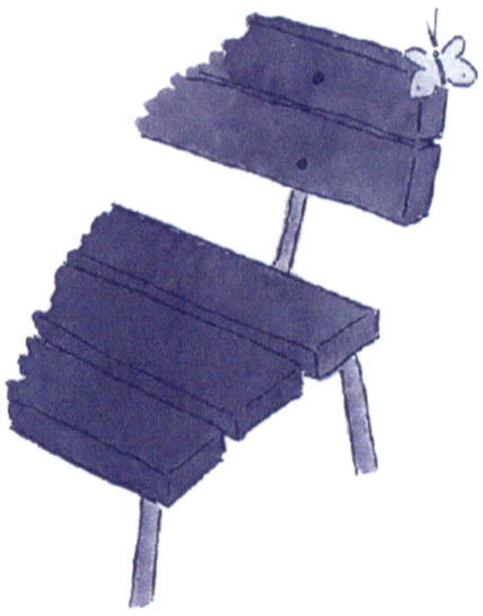

Sprachförderung PLUS
Förderbausteine für den Soforteinsatz im Regelunterricht
ISBN 978-3-12-666802-6

Sommerwiese

1| Male die Schnecke auf dem Blatt braun an.

2| Male der Schnecke unter dem Blatt ein Haus.

3| Kreise 6 Ameisen ein.

4| Suche den Regenwurm. Male ihn braun an.

5| Male den Schmetterling über dem Gänseblümchen bunt an.

6| Male den Schmetterling über der Bank fertig.

7| Eine Biene sitzt auf einem Löwenzahn. Male den Löwenzahn an.

8| Male auf den großen Stein unter der Bank ein Muster.

Sprachförderung PLUS
Förderbausteine für den Soforteinsatz im Regelunterricht
ISBN 978-3-12-666802-6

Wiesen-Mini-Buch

So faltest du ein Mini-Buch:

1| Falte das Blatt einmal längs und klappe es wieder auf.

2| Falte das Blatt einmal quer.

3| Falte das Blatt noch einmal in die gleiche Richtung und klappe es einmal wieder auf.
Du siehst vier Felder vor dir.

4| Schneide die Linie ein, die vom geschlossenen Rand bis zur Mitte führt.

5| Falte dein Blatt auf und falte es wieder der Länge nach.

6| Stelle das Blatt auf und drücke es vorsichtig von außen zusammen. Dabei entsteht ein Stern.

7| Falte den Stern zu einem Buch zusammen.

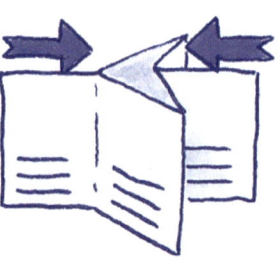

Sprachförderung PLUS
Förderbausteine für den Soforteinsatz im Regelunterricht
ISBN 978-3-12-666802-6

Der Löwenzahn leuchtet
auf der Wiese.
Er hat gelbe Blüten.

Die Ameise krabbelt
auf dem Boden.
Sie trägt ein kleines
Blatt.

Die Schnecke kriecht
über den Stein.
Sie trägt ihr kleines
Haus.

Der Schmetterling
flattert durch die Luft.
Er sucht eine Blume.

Wiesen–Mini–Buch
von _____

Der Regenwurm
gräbt ein Loch.
Er lebt unter der Erde.

Das Gras riecht gut.
Es ist grün.

Schneide nun die Bilder aus und klebe sie auf die richtigen Seiten deines Mini-Buchs.

Sprachförderung PLUS
Förderbausteine für den Soforteinsatz im Regelunterricht
ISBN 978-3-12-666802-6

NATURWISSENSCHAFTLICHES THEMENFELD
Schwimmen und sinken

Die folgenden Unterrichtsvorschläge zum Thema „Schwimmen und Sinken", das üblicherweise im Themenkanon der ersten Schulbesuchsjahre zu finden ist, zeigen exemplarisch, wie die Verbindung zwischen dem Aufbau fachlicher Kompetenzen und Sprachförderung gelingen kann. Durch welche Maßnahmen kann der Fachunterricht vorbereitet und unterstützt werden, sodass alle Kinder davon profitieren können? Welche Hilfen können eingeplant werden, damit sich alle Kinder beteiligen können?

Das Thema zeigt, welche Bedeutung der angemessenen Versprachlichung der untersuchten Phänomene beim fachlichen Erkenntnisgewinn zukommt: Ob ein Gegenstand schwimmt oder sinkt, hängt nicht von seiner Größe ab, sondern von der Materialdichte und der Wassermenge, die er beim Eintauchen verdrängt. Auch schwere Gegenstände (z.B. Schiffe) können schwimmen, wenn die Masse des von ihnen verdrängten Wassers größer als ihre eigene ist. Deshalb sinken z.B. Kugeln aus Knete, während Schalen aus Knetmasse schwimmen können.

Im ersten Erkenntnisschritt muss es den Kindern also gelingen, die Begriffe „klein", „leicht", „groß" und „schwer" zu differenzieren, um die beobachteten Phänomene in Worte fassen zu können. In einem zweiten Schritt muss sprachlich zwischen Explorationsgegenstand (z.B. Schraube), Material (z.B. Metall) und Form (z.B. Kugel oder Schale) unterschieden werden können, um das Alltagswissen der Kinder zu erweitern und zu hinterfragen und um zu neuen Erklärungen zu kommen.

Die nachfolgenden Vorschläge konzentrieren sich auf den ersten Erkenntnisschritt und beleuchten charakteristische Unterrichtssequenzen hinsichtlich sprachförderlicher Möglichkeiten und Notwendigkeiten, die in die Planung einer sinnstiftenden Unterrichtseinheit integriert werden können (z.B. Bootbauprojekt für Pfeifenreinigerpuppen, Forscherwerkstattauftrag o.Ä.)

Überblick über die Förderangebote

GESAMTE LERNGRUPPE

- Einführung des Fachwortschatzes
- Handlungen versprachlichen

Unser Versuch: Was schwimmt? Was sinkt?

Was schwimmt? Was sinkt? Das haben wir herausgefunden.

FÖRDERHORIZONT 1

- Sicherung des Fachwortschatzes
- Satzmuster: „… schwimmt." „… sinkt."

 KV 1, KV 2 Unser Versuch: Was schwimmt? Was sinkt?

FÖRDERHORIZONT 2

- Sicherung des Fachwortschatzes
- sinnerfassendes Lesen einer Versuchsbeschreibung und möglicher Versuchsergebnisse
- passende Wörter auswählen

 KV 1, KV 3 Unser Versuch: Was schwimmt? Was sinkt?

FÖRDERHORIZONT 3

- Sicherung des Fachwortschatzes
- Versuchsbeschreibung mit Wortgeländern
- sinnerfassendes Lesen

 KV 1, KV 4 Unser Versuch: Was schwimmt? Was sinkt?

FÖRDERHORIZONT 4

- Sicherung des Fachwortschatzes
- Vermutungen äußern („Wir vermuten, dass …")
- sinnerfassendes Lesen

 KV 1, KV 5 Unser Versuch: Was schwimmt? Was sinkt?

Wortschatz

NOMEN der Versuch, das Aquarium, das Wasser, die Kugel, die Knete, das Metall, das Glas, die Murmel, das Styropor, das Holz, der Stein, die Schraube, der Korken, der Apfel, die Büroklammer, der Gegenstand, die Vermutung …

VERBEN schwimmen, sinken, untersuchen, untergehen, beobachten, füllen, hineinfallen lassen, herausfinden, feststellen, vermuten …

ADJEKTIVE groß, klein, schwer, leicht …

SONSTIGE alle, manchmal …

ANGEBOTE FÜR DIE GESAMTE LERNGRUPPE

Unser Versuch: Was schwimmt? Was sinkt?

MATERIAL/VORBEREITUNG pro Arbeitsgruppe ein Tischaquarium oder eine große Glasschüssel mit Wasser, verschiedene Explorationsmaterialien wie Kugeln aus Knete, Metall, Styropor und Holz, Glasmurmeln oder -steine, Steine, Schrauben, Korken, Äpfel (jeweils in zwei Größen, sodass das Verhalten kleiner und großer Gegenstände verglichen werden kann).
Die Explorationsmaterialien können durch Gegenstände, die die Kinder auswählen, ergänzt werden (z.B. Radiergummi, Bleistift, Filzstift, Springball, Büroklammer …). Wortkarten mit Artikel und Adjektiv („die große Knetkugel", „die kleine Schraube" etc.).

DURCHFÜHRUNG Zur Vorbereitung auf den Versuch wird besprochen und beispielhaft gezeigt, was „Schwimmen" und was „Sinken" bedeutet, und wie die Materialien heißen, die für den Versuch benötigt werden. Dazu ordnen die Kinder den Gegenständen die vorbereiteten Wortkarten zu. Wenn die Begriffe für viele Kinder der Lerngruppe noch neu sind, empfiehlt sich an dieser Stelle ein Spiel zu Sicherung des Wortschatzes, z.B. das Kimspiel „Zwei, drei, vier" → Hurra, ich bin ein Schulkind, S.32) oder „Ich sehe was, was du nicht siehst" → In der Pause, S.53).
Anschließend erarbeitet die Lehrkraft mit den Kindern exemplarisch, wie der Versuch zum Schwimmen und Sinken durchgeführt wird. Bevor erprobt wird, ob ein Gegenstand schwimmt oder sinkt, lässt die Lehrkraft die Kinder Vermutungen anstellen, z.B.:
„Was denkt ihr? Schwimmt die Büroklammer?"

Um die Vermutungen der Kinder festzuhalten, werden die Gegenstände mit Wortkarten sukzessive in zwei Gruppen sortiert – in die vermuteten Schwimmer und die vermuteten Sinker.
Sprachstärkere Kinder kann die Lehrkraft dazu ermuntern, ihre Vermutung zu begründen. Die Erklärungsversuche werden dann von der Lehrkraft modelliert, z.B.:

Lehrkraft: „Du vermutest, dass die Büroklammer schwimmt? Warum?"
Kind: „Der ist klein."
Lehrkraft: „Du denkst, dass die Büroklammer schwimmt, weil sie klein ist."

Bei der anschließenden Versuchsdurchführung achtet die Lehrkraft darauf, dass die einzelnen Schritte handlungsbegleitend versprachlicht und die Ergebnisse an der Tafel festgehalten werden:

„Ich möchte wissen, ob die kleine Büroklammer schwimmt oder sinkt. Ich lasse die Büroklammer vorsichtig in das Wasser fallen. Ich kann beobachten, dass die Büroklammer sinkt. Das schreibe ich auf: Die kleine Büroklammer sinkt."

Nach einigen Beispieldurchgängen führen die SuS in Arbeitsgruppen die Versuche zum Schwimmen und Sinken selbstständig durch. Dazu bearbeiten alle Gruppen zur Sicherung des Wortmaterials zunächst KV 1, das auch als Hilfsmittel für die weitere Dokumentation verwendet werden kann. Zur Unterstützung kann die vorher in der Klasse erarbeitete Zuordnung der Realien mit den Wortkarten herangezogen werden.
Für die weitere Versuchsdokumentation verwenden die Arbeitsgruppen je nach Förderhorizont Arbeitsblatt 2–5.

💬 Beim Versuch „Schwimmen und Sinken" handelt es sich um einen Versuch, der in der Regel selbstständig von Kindern durchgeführt werden kann. Seine Auswertung und die Klärung des dahinterliegenden Prinzips sind jedoch komplex. Damit dies allen Kindern gelingen kann, muss die **Auswertung sprachlich vorbereitet werden**. In diesem Sinne dienen die Einführungsphase und die Bearbeitung der Arbeitsblätter der Sicherung des fachlichen Wortschatzes. Den Kindern werden Formulierungshilfen gegeben, Fachbegriffe (z.B. „sinken") werden durch handlungsbegleitendes Sprechen visualisiert. Um alle Kinder einzubeziehen, achtet die Lehrkraft auf die Formulierung ihrer Fragen: Entscheidungsfragen („Schwimmt die Büroklammer?") können auch Kinder auf Förderhorizont 1 beantworten, für die Beantwortung komplexerer Fragen („Was vermutest du?") fehlen ihnen noch die sprachlichen Mittel.

Was schwimmt? Was sinkt? Das haben wir herausgefunden. 👥

DURCHFÜHRUNG Nach der Durchführung der Versuche zum Schwimmen und Sinken und der Bearbeitung der Arbeitsblätter werden die Ergebnisse der Kinder ausgewertet. Es empfiehlt sich das gemeinsame Ausfüllen einer Auswertungstabelle an der Tafel. Dazu überträgt die Lehrkraft die Auswertungstabelle auf den Arbeitsblättern an die Tafel. Die Kinder können nun die Wortkarten aus den anfangs eingeteilten Gruppen „vermutete Sinker" und „vermutete Schwimmer" nehmen, in die passende Rubrik an der Tafel kleben und ankreuzen, ob der Gegenstand schwimmt oder sinkt. Dabei achtet die Lehrkraft auf die entsprechende Versprachlichung, z.B. „Der kleine Stein sinkt."
Bei jedem Gegenstand vergleichen die Kinder, ob ihre Vermutungen und ihre Beobachtungen übereinstimmen.

Beispiele für einfache Impulse (Förderhorizont 1 und 2):
„War eure Vermutung richtig oder falsch?"
„Wo lag der Gegenstand? Bei den Schwimmern oder Sinkern? Wohin gehört er jetzt?"

Beispiele für anspruchsvollere Impulse (Förderhorizont 3 und 4):
„Was habt ihr am Anfang gedacht? Was habt ihr herausgefunden?"
„Warum lag der Gegenstand bei den Schwimmern/ Sinkern? Was habt ihr jetzt entdeckt?"

Nach Fertigstellung der Tabelle werden in einem Unterrichtsgespräch die Beobachtungen der Kinder systematisiert und das Ergebnis des Versuchs herausgearbeitet: „Kleine Gegenstände können sinken und große Gegenstände können schwimmen (Beide Gegenstände einer Sorte schwimmen oder sinken.)"

Beispiele für nonverbale Impulse:
- Die Lehrkraft markiert in der Tabelle die Zeilen der schwimmenden Gegenstände farbig.
- Die Lehrkraft (oder die Kinder) sortiert die Gegenstände nach tatsächlichen Schwimmern und Sinkern.

Beispiele für einfache Impulse (Förderhorizont 1 und 2):
„Zeige mir, welcher Gegenstand schwimmt. Ist er groß?"
„Zeige mir an der Tafel die großen Gegenstände. Stehen sie bei den Schwimmern oder den Sinkern?"

Beispiele für anspruchsvollere Impulse (Förderhorizont 3 und 4):
„Was entdeckt ihr?"
„Was habt ihr herausgefunden?"

Die Lehrkraft greift die Äußerungen der Kinder auf und modelliert sie.

Kind:	„Groß ist da und da."
Lehrkraft:	„Genau, große Gegenstände sind hier bei den Schwimmern und hier bei den Sinkern."
Kind:	„Die sind gleich und schwimmen."
Lehrkraft:	„Ja, die beiden Gegenstände sind aus der gleichen Sorte. Beide können schwimmen."

ANGEBOT FÜR FÖRDERHORIZONT 1

📝 KV1, KV2 Unser Versuch: Was schwimmt? Was sinkt? 👥

MATERIAL/VORBEREITUNG Versuchsmaterialien wie angegeben

DURCHFÜHRUNG Die SuS überprüfen, ob die in der Klasse angestellten Vermutungen stimmen und beobachten, ob die Gegenstände schwimmen oder sinken. Ihre Beobachtungen zeichnen sie auf KV2 ein. Zum Schluss schreiben sie ihre Beobachtungen ins Heft, indem sie auf die linke Hälfte einer Doppelseite die Überschrift „schwimmt", auf die rechte Seite die Überschrift „sinkt" schreiben und darunter jeweils die passenden Sätze eintragen.

> 💬 Damit die Kinder auf Förderhorizont 1 dem Unterrichtsgespräch zum Thema folgen und sich auch daran beteiligen können, ist die **Sicherung des Fachwortschatzes** ein zentrales Anliegen dieses Angebots. Durch die visuelle Dokumentation und die Notation der gemachten Beobachtungen in einfachen Strukturen (Subjekt – Verb) erarbeiten die Kinder ihrem Sprachstand entsprechende Muster, mit deren Hilfe sie sich ins Auswertungsgespräch einbringen können.

ANGEBOT FÜR FÖRDERHORIZONT 2

💬 KV 1, KV 3 Unser Versuch: Was schwimmt? Was sinkt? 🎎

MATERIAL/VORBEREITUNG Versuchsmaterialien wie angegeben

DURCHFÜHRUNG Die SuS bearbeiten KV 3, indem sie zunächst eine einfache Versuchsbeschreibung lesen und passende Wörter im Text auswählen. Dann überprüfen sie, ob die in der Klasse angestellten Vermutungen stimmen. Ihre Beobachtungen ergänzen sie in der Tabelle auf KV 3.

💬 Neben der Sicherung des Fachwortschatzes werden die Kinder auf Förderhorizont 2 an die **Dokumentation von Versuchsabläufen und Beobachtungen** herangeführt. Ihrem Sprachstand entsprechend, werden sie dabei durch einen einfachen Text entlastet, den sie nur an einigen Stellen durch ein Auswahlverfahren ergänzen müssen. Langfristig sollen Kinder in der Grundschule dazu befähigt werden, Beobachtungen und entsprechende Schlussfolgerungen formulieren zu können. Hier bietet das Multiple-choice-Verfahren ebenfalls sprachliche Entlastung und bereitet die Beteiligung der Kinder am Auswertungsgespräch zum Versuch vor.

ANGEBOT FÜR FÖRDERHORIZONT 3

💬 KV 1, KV 4 Unser Versuch: Was schwimmt? Was sinkt? 🎎

MATERIAL/VORBEREITUNG Versuchsmaterialien wie angegeben

DURCHFÜHRUNG Die SuS schreiben auf KV 4 mit Hilfe von Wortgeländern einen kurzen Text zum Versuch. Dann überprüfen sie, ob die in der Klasse angestellten Vermutungen stimmen, und beobachten, ob die Gegenstände schwimmen oder sinken.

💬 Auch Kinder auf Förderhorizont 3 benötigen noch Unterstützung bei der Formulierung von Vorgehensweisen und Beobachtungen. **Wortgeländer** geben diese notwendigen Hilfen, führen die Kinder jedoch allmählich hin zur selbstständigen Versprachlichung in der Versuchsdokumentation. Wortgeländer können wie in diesem Beispiel sehr eng an der Zielformulierung orientiert sein, können aber auch weniger Hilfe geben. In diesem Fall könnten z.B. die Verben im Infinitiv stehen oder nur zentrale (fachliche) Begriffe angeboten werden.

ANGEBOT FÜR FÖRDERHORIZONT 4

💬 KV 1, KV 5 Unser Versuch: Was schwimmt? Was sinkt? 🎎

MATERIAL/VORBEREITUNG Versuchsmaterialien wie angegeben

DURCHFÜHRUNG Auf KV 5 schreiben die SuS einen kurzen Text zum Versuch, indem sie begonnene Sätze mit Hilfe von vorgegebenen Satzteilen ergänzen. Dann überprüfen sie, ob die in der Klasse angestellten Vermutungen stimmen, und beobachten, ob die Gegenstände schwimmen oder sinken. Zum Schluss wählen die Kinder selbst Gegenstände aus und stellen Vermutungen an, ob diese schwimmen oder sinken.

💬 Kinder auf Förderhorizont 4 sind im Begriff, **Nebensatzstrukturen** zu erwerben. Nebensätze spielen in der Versuchsbeschreibung, bei der Formulierung von Vermutungen, Beobachtungen und Schlussfolgerungen eine große Rolle, z.B. „Ich vermute, dass …", „Ich will wissen, ob …", „Wir haben gesehen, dass…". Aus diesem Grund stehen Nebensatzstrukturen bei diesem Förderangebot im Vordergrund.

Unser Versuch:
Was schwimmt? Was sinkt?

Was brauchen wir für den Versuch? Ordnet die Begriffe mit Pfeilen zu.

die große Styroporkugel

das Aquarium

die große Schraube

die kleine Schraube

die kleine Styroporkugel

der kleine Stein

der große Stein

der große Korken

der kleine Korken

der große Apfel

die kleine Holzkugel

die große Glasmurmel

die kleine Knetkugel

die große Holzkugel

der kleine Apfel

die große Knetkugel

die kleine Glasmurmel

die große Metallkugel

die kleine Metallkugel

Sprachförderung PLUS
Förderbausteine für den Soforteinsatz im Regelunterricht
ISBN 978-3-12-666802-6

Klett

Unser Versuch:
Was schwimmt? Was sinkt?

1| Probiert aus, welche Dinge schwimmen und welche sinken.
Male in das Bild, was ihr herausgefunden habt.

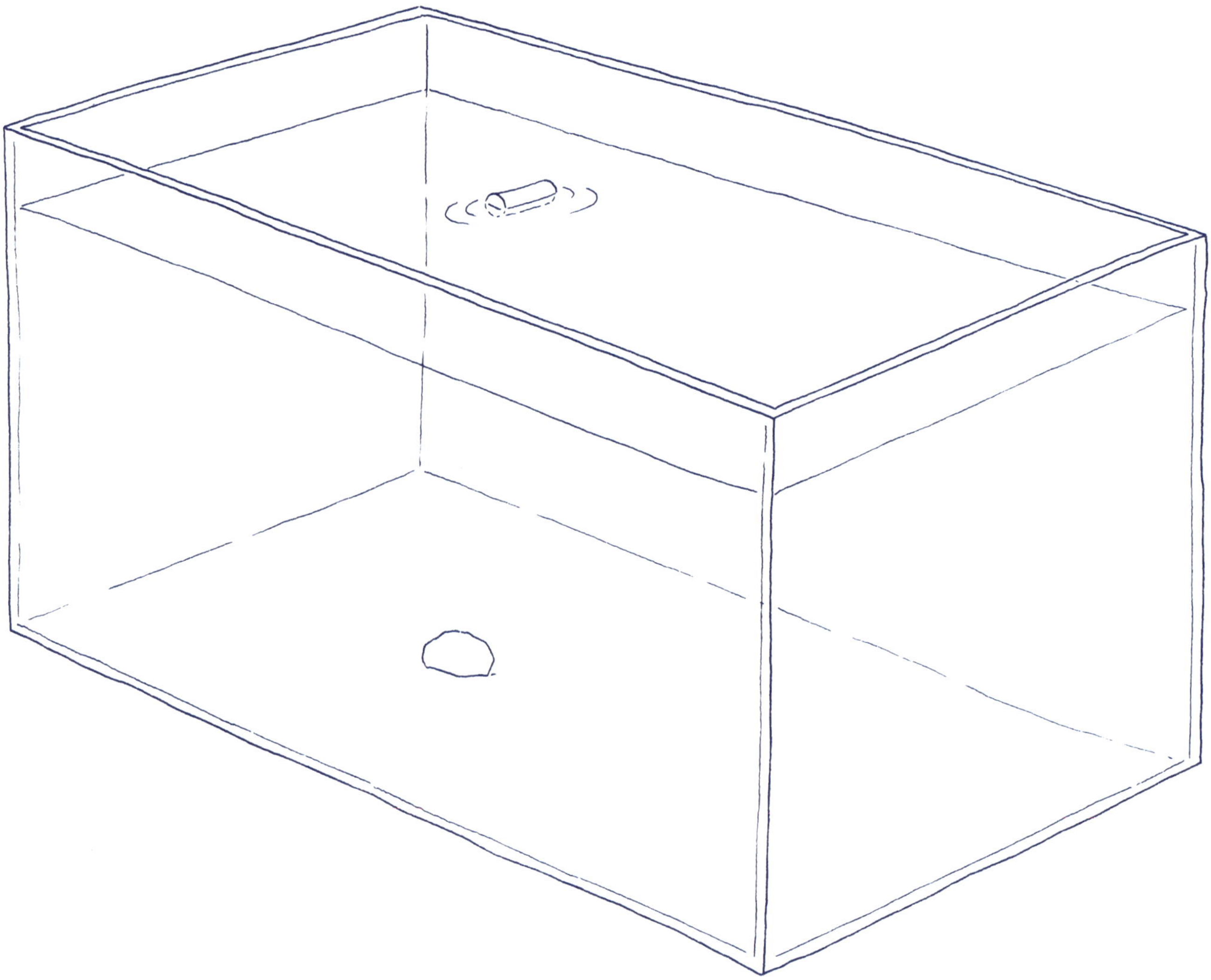

2| Schreibe in dein Heft, was ihr herausgefunden habt.

Der kleine Stein sinkt.
Der kleine Korken schwimmt.
...

Sprachförderung PLUS
Förderbausteine für den Soforteinsatz im Regelunterricht
ISBN 978-3-12-666802-6

Unser Versuch:
Was schwimmt? Was sinkt?

1| Kreise die Wörter ein, die in den Versuchsbericht passen.

Viele Sachen spritzen/(gehen) unter, wenn sie ins Wasser fallen.

Sie sinken/tauchen.

Manche Sachen sinken nicht. Sie schwimmen/fliegen.

Das haben wir gespielt/untersucht.

Wir haben in ein Aquarium Wasser gelaufen/gefüllt.

Wir haben verschiedene Gegenstände hineinfallen/hineinfahren lassen.

2| Kreuze an, welche Gegenstände schwimmen und welche sinken.

Gegenstand	schwimmt	sinkt
der kleine Stein	☐	☒
_____	☐	☐
_____	☐	☐
_____	☐	☐
_____	☐	☐

3| Das haben wir festgestellt. Kreuze an.

☐ Alle großen Gegenstände sinken.

☐ Manchmal können auch große Gegenstände schwimmen.

☐ Alle kleinen Gegenstände schwimmen.

☐ Manchmal können auch kleine Gegenstände sinken.

☐ Alle schweren Sachen sinken.

☐ Manchmal können auch schwere Sachen schwimmen.

☐ Alle leichten Sachen schwimmen.

☐ Manchmal können auch leichte Sachen sinken.

Sprachförderung PLUS
Förderbausteine für den Soforteinsatz im Regelunterricht
ISBN 978-3-12-666802-6

Klett

Unser Versuch:
Was schwimmt? Was sinkt?

1| Schreibe auf, was wir herausfinden wollen und wie wir das machen.

_____

manche Gegenstände ■ schwimmen ■ können

_____ _____

manche Gegenstände ■ sinken   ist das so? warum

_____

ein Aquarium ■ mit Wasser ■ haben ■ wir ■ gefüllt

_____

dann ■ haben ■ verschiedene Gegenstände ■ hineinfallen lassen ■ wir

2| Kreuze an, welche Gegenstände schwimmen und welche sinken.

Gegenstand	schwimmt	sinkt
der kleine Stein	☐	☒
_____	☐	☐
_____	☐	☐
_____	☐	☐
_____	☐	☐

3| Das haben wir festgestellt. Kreuze an.

☐ Alle großen Gegenstände sinken.

☐ Manchmal können auch große Gegenstände schwimmen.

☐ Alle kleinen Gegenstände schwimmen.

☐ Manchmal können auch kleine Gegenstände sinken.

☐ Alle schweren Sachen sinken.

☐ Manchmal können auch schwere Sachen schwimmen.

☐ Alle leichten Sachen schwimmen.

☐ Manchmal können auch leichte Sachen sinken.

Sprachförderung PLUS
Förderbausteine für den Soforteinsatz im Regelunterricht
ISBN 978-3-12-666802-6

Unser Versuch:
Was schwimmt? Was sinkt?

1| **Schreibe auf, was wir herausfinden wollen und wie wir das machen.**

Wir wissen, dass _____

_____ .

Andere Gegenstände sinken, wenn _____

_____ .

Wir wollen herausfinden, _____ .

Deshalb haben wir _____ .

Dann haben wir _____ .

Diese Satzteile können dir helfen:

man sie ins Wasser fallen lässt.   ▪   warum das so ist.
verschiedene Gegenstände ins Wasser fallen lassen.
manche Gegenstände auf dem Wasser schwimmen können.
ein Aquarium mit Wasser gefüllt.

2| **Das haben wir herausgefunden:**

Gegenstand	schwimmt	sinkt
der kleine Stein	☐	☒
_____	☐	☐
_____	☐	☐
_____	☐	☐
_____	☐	☐

Sprachförderung PLUS
Förderbausteine für den Soforteinsatz im Regelunterricht
ISBN 978-3-12-666802-6

3| Das haben wir festgestellt. Kreuze an.

☐ Alle großen Gegenstände sinken.

☐ Manchmal können auch große Gegenstände schwimmen.

☐ Alle kleinen Gegenstände schwimmen.

☐ Manchmal können auch kleine Gegenstände sinken.

☐ Alle schweren Sachen sinken.

☐ Manchmal können auch schwere Sachen schwimmen.

☐ Alle leichten Sachen schwimmen.

☐ Manchmal können auch leichte Sachen sinken.

**4| Welche Gegenstände möchtet ihr noch untersuchen?
Schwimmen sie oder sinken sie? Schreibe eure Vermutungen auf!**

Wir vermuten, dass die Büroklammer sinkt.

Wir vermuten, dass _____

_____

_____

_____

_____

**5| Überprüft eure Vermutungen. Wenn ihr herausgefunden habt, dass
sie richtig waren, kannst du ein Häkchen hinter die richtigen Sätze
machen.**

Sprachförderung PLUS
Förderbausteine für den Soforteinsatz im Regelunterricht
ISBN 978-3-12-666802-6

Jeder Tag ist anders

Die Entwicklung von Vorstellungen über die Zeit ist ein Ziel des Sachunterrichts (und auch des Mathematikunterrichts), das über einen längeren Zeitraum zu erarbeiten ist. Vorstellungen von Zeit gehen einher mit bewusster Wahrnehmung von Zeiträumen und erlebter Zeit in verschiedenen Dimensionen (zyklisch, linear …). Das Kennenlernen des Kalenders, die Benennung von Jahreszeiten, Monaten und Wochentagen sowie die Strukturierung unserer Zeit in verschiedene wiederkehrende Zyklen ist ein Baustein, um den Zeitbegriff der Kinder aufzubauen.

Die tägliche ritualisierte Arbeit mit dem Drehkalender ermöglicht es, die Aufmerksamkeit der Kinder auf wiederkehrende Ereignisse zu lenken, Zeiträume zunehmend bewusster zu gliedern und so sukzessive ein Zeitkonzept anzubahnen. Zeit wird erfahrbar gemacht – z.B. durch die Dokumentation der erlebten Woche, durch Lenkung der Aufmerksamkeit auf die sich verändernde Natur und das Wetter im Jahreszyklus und auf verschiedene sich wiederholende Ereignisse und Feste im Jahreskreis. Neben der Erfahrung der Zeit müssen die Kinder aber auch vertraut sein mit dem spezifischen Wortschatz, um Zeiterfahrungen sprachlich ausdrücken zu können.

Aus der Vielfalt der Aktivitäten rund um den Kalender werden exemplarisch einige Möglichkeiten herausgegriffen und aufgezeigt, wie die Entwicklung des Zeitbegriffs und sprachliche Förderung Hand in Hand gehen können.

Überblick über die Förderangebote

GESAMTE LERNGRUPPE

- eine Bastelanleitung global verstehen
- Aufbau des spezifischen Wortschatzes

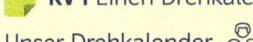 **KV 1** Einen Drehkalender basteln

Unser Drehkalender

Lieder zu Jahreszeiten, Wochentagen und Wetter

FÖRDERHORIZONT 1

- Training des Fachwortschatzes
- unpersönliche Formulierungen (z.B. „Es regnet/schneit") in einfachen Sätzen

Wochen-Leporello

 KV 2 Wetter-Setzleiste

FÖRDERHORIZONT 2

- Training des Fachwortschatzes
- unpersönliche Formulierungen (z.B. „Es regnet/schneit") in einfachen Sätzen
- Satzklammer (Perfekt)

 KV 3 Wie ist das Wetter?

KV 4, KV 5 Meine Woche

FÖRDERHORIZONT 3

- sinnerfassendes Lesen
- die Richtigkeit von Aussagen überprüfen
- Inversion (z.B. „Am Montag habe ich …" „Am Montag bin ich …")

 KV 4, KV 6 Meine Woche

KV 7 Jahreszeiten-Stöpselkarte

FÖRDERHORIZONT 4

- Zeitadverbien
- Nebensätze („Wenn …, dann …")

 KV 4, KV 6 Meine Woche

KV 8 Wochenrätsel

KV 9 Was ziehe ich an?

Wortschatz

NOMEN der Kalender, der Montag, der Dienstag, der Mittwoch, der Donnerstag, der Freitag, der Samstag / der Sonnabend, der Sonntag, der Januar, der Februar, der März, der April, der Mai, der Juni, der Juli, der August, der September, der Oktober, der November, der Dezember, der Frühling, der Sommer, der Herbst, der Winter, die Sonne, der Regen, die Wolke, der Wind, der Blitz, das Gewitter, der Nebel, die Kälte, die Wärme, der Schnee, das Eis, der Handschuh, der Schal, das T-Shirt, die kurze Hose, der Regenmantel, der Gummistiefel, die Sicherheitsweste …

VERBEN scheinen, regnen, schneien, blitzen, gewittern, Schlitten fahren …

ADJEKTIVE wolkig, neblig, sonnig, kalt, warm, heiß, windig, dunkel, bunt …

SONSTIGE heute, morgen, übermorgen, gestern, vorgestern …

PHRASEN Es ist (warm/kalt/sonnig …) …

ANGEBOTE FÜR DIE GESAMTE LERNGRUPPE

KV 1 Einen Drehkalender basteln

Bastelanleitung:
1. Die Rückplatte des Drehkalenders mit Farbe und Dekomaterial gestalten.
2. Die Kalenderkreise und Fensterteile ausschneiden und gestalten.
3. Die Fenster ausschneiden.
4. Die Kalenderkreise nach Anleitung (s. Illustration auf KV 1) auf der Rückplatte anordnen. (Bei den Zahlenkreisen für den Tag werden ein großer und ein kleiner Kreis übereinandergelegt.)
5. Die Fensterteile und Verstärkerringe (evtl. auch Lochverstärkerringe) über die Kalenderkreise legen.
6. Die Kalenderkreise und Fensterteile mit Pinnnadeln an der Rückplatte festpinnen.

MATERIAL/VORBEREITUNG KV 1 vergrößert auf Bastelpappe kopieren, Demokalender und Einzelteile vorbereiten, Bastelpapier, Klebstoff, dünne Holzplatten o. Ä. in passender Größe für die Rückplatten, Pinnnadeln, Stifte, Scheren, Dekomaterial, evtl. Lochverstärkerringe

DURCHFÜHRUNG Bevor die Kinder mit dem Basteln beginnen, erklärt die Lehrkraft, wie der Drehkalender angefertigt wird. Dazu zeigt sie einen Demokalender und demonstriert, wie die Einzelteile auf der Rückplatte befestigt werden. Die einzelnen Bastelschritte werden an der Tafel visualisiert.

Mögliche Formulierung der Bastelanleitung:
„Wir wollen einen Drehkalender basteln. (Demokalender zeigen)
Du darfst deine Rückplatte anmalen, wie du es schön findest. (Rückplatte zeigen)
Schneide die Kalenderkreise aus und male sie an. (Kalenderkreise zeigen)
Schneide die Fensterteile und die Fenster aus. (Fensterteile zeigen)
Lege die Kalenderkreise und die Fensterteile auf die Rückplatte. (demonstrieren)
Hier kannst du sehen, wie du es machen musst. (Demokalender zeigen)
Pinne die Kalenderkreise fest."

VARIATION Mit Hilfe einer unbeschrifteten Vorlage nach dem Vorbild von KV 1 können Drehkalender in den Herkunftssprachen der Kinder gebastelt werden. Im Rahmen eines Eltern-Kind-Nachmittags kann mit den Eltern über den täglichen Umgang mit dem Kalender zu Hause gesprochen werden.

TIPP FÜR DIE WEITERARBEIT Der Kalender kann mit weiteren Kalenderkreisen erweitert werden, z. B. mit Adjektiven zum Wetter, mit Außentemperaturen oder typischen Festen im deutschen und den in der Klasse vertretenen Kulturkreisen.

> Das Basteln der Drehkalender eignet sich sehr gut für eine gemeinsame Aktion mit Eltern, z. B. im Rahmen eines Eltern-Kind-Nachmittags. Die **Herkunftssprachen der Kinder** werden einbezogen und mit den Eltern kann besprochen werden, wie der Drehkalender zu Hause in ein tägliches Ritual integriert werden kann. Auf diese Weise wird die Orientierung im Jahreskreis in beiden Sprachen des Kindes gefördert.

Unser Drehkalender

MATERIAL/VORBEREITUNG Drehkalender, leicht zugängliches Außenthermometer

DURCHFÜHRUNG Der Drehkalender hängt an einem exponierten Platz im Klassenraum und wird täglich – am besten zu Unterrichtsbeginn – neu eingestellt. Dabei spricht die Lehrkraft mit den Kindern über das Datum, den aktuellen Monat, den Wochentag, die Jahreszeit und das Wetter an diesem Tag.

Beispiele für einfache Fragen und Impulse (Förderhorizont 1 und 2):

„Ist heute Montag oder Dienstag?"

„Ist heute der 23. oder der 24. Mai?"

„Ist es im Sommer kalt?"

„Scheint heute die Sonne?"

„Kann man heute ohne Jacke rausgehen?"

Beispiele für anspruchsvollere Fragen und Impulse (Förderhorizont 3 und 4):

„Wie heißt der Wochentag, der morgen kommt?"

„Der Wievielte ist heute?"

„Was passiert noch in dieser Jahreszeit?"

„Warum bist du heute mit einem Regenschirm in die Schule gekommen?"

„Was hast du gemessen?"

> Durch die regelmäßige Verwendung des **spezifischen Wortschatzes** kann dieser nachhaltig abgespeichert werden.

Lieder zu Jahreszeiten, Wochentagen und Wetter

1. Die Jahresuhr (Rolf Zuckowski)

Januar, Februar, März, April,
die Jahresuhr steht niemals still.
Januar, Februar, März, April,
die Jahresuhr steht niemals still.

Mai, Juni, Juli, August,
weckt in uns allen die Lebenslust.
Mai, Juni, Juli, August,
weckt in uns allen die Lebenslust.

September, Oktober, November, Dezember,
und dann, und dann
fängt das Ganze schon wieder von vorne an …

2. Der Herbst ist da

Der Herbst, der Herbst, der Herbst ist da,
er bringt uns Wind, hei hussassa.
Schüttelt ab die Blätter,
bringt uns Regenwetter,
heia hussassa, der Herbst ist da.

Der Herbst, der Herbst, der Herbst ist da,
er bringt uns Obst, hei hussassa.
Macht die Blätter bunter,
wirft die Äpfel runter,
heia hussassa, der Herbst ist da.

Der Herbst, der Herbst, der Herbst ist da,
er bringt uns Wein, hei hussasa.
Nüsse auf den Teller,
Birnen in den Keller,
heia hussassa, der Herbst ist da.

Der Herbst, der Herbst, der Herbst ist da,
er bringt uns Spaß, hei hussassa.
Rüttelt an den Zweigen,
lässt die Drachen steigen,
heia hussassa, der Herbst ist da.

3. Das Lied der sieben Wochentage (Detlef Cordes)

Montag, Dienstag, Mittwoch, Donnerstag, Freitag,
Samstag, Sonntag.
Montag, Dienstag, Mittwoch, Donnerstag, Freitag,
Samstag, Sonntag:
Das sind die 7 Wochentage,
hörst du, was ich sage?
Das sind die 7 Wochentage,
hast du sonst noch 'ne Frage?
Montag ist der erste,
Dienstag ist der zweite,
Mittwoch ist der dritte
und Donnerstag der vierte Wochentag.
Freitag ist der fünfte,
Samstag ist der sechste,
Sonntag ist der siebte, und dann geht's von vorne los.

Montag, Dienstag, Mittwoch, Donnerstag, Freitag,
Samstag, Sonntag.
Montag, Dienstag, Mittwoch, Donnerstag, Freitag,
Samstag, Sonntag.

4. Es regnet, es regnet

Es regnet, es regnet,
die Erde wird nass!
Und wenn's genug geregnet hat,
dann wächst auch wieder Gras!

Es regnet, es regnet,
es regnet seinen Lauf!
Und wenn's genug geregnet hat,
dann hört's auch wieder auf!

Es regnet, es regnet,
was kümmert uns das!
Wir sitzen im Trockenen
und werden nicht nass!

5. Liebe, liebe Sonne

Liebe, liebe Sonne,
scheine doch recht hell!
Jage fort die Wolken,
komm hervor ganz schnell!

Liebe, liebe Sonne,
komm ein bisschen runter,
lass den Regen oben,
dann wolln wir dich loben.
Einer schließt den Himmel auf,
kommt die liebe Sonn' heraus.

Auch über das **Singen von Liedern** aus dem Jahreskreis oder über das Wetter wird der spezifische Wortschatz in Sinnzusammenhängen aufgebaut. Auch andere Lieder wie „Die Vogelhochzeit", „Es war eine Mutter" oder „A, a, a, der Winter der ist da" bieten sich an. Das Singen der Lieder kann durch verschiedene Aktivitäten begleitet werden: Begleitung mit Rhythmusinstrumenten, Zuordnen von Bildern zu den einzelnen Strophen, Hochhalten von Wortkarten, wenn der Begriff im Lied auftaucht, Malen von Bildern zum Lied, Inszenierung …

ANGEBOT FÜR FÖRDERHORIZONT 1

Wochen-Leporello

MATERIAL/VORBEREITUNG DIN-A3-Papier, der Länge nach halbiert

DURCHFÜHRUNG Die Kinder falten ihren Papierstreifen wie eine Ziehharmonika zusammen, sodass eine Vorderseite und 7 Seiten entstehen. Eine Erweiterung des Leporellos ist durch das Zusammenkleben von zwei Papierstreifen möglich.

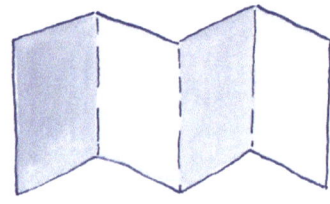

Jede Seite wird mit dem Namen eines Wochentags beschriftet. Täglich bekommen die Kinder nun Gelegenheit, Ereignisse an dem jeweiligen Wochentag in die Felder zu malen und Begriffe dazu zu sammeln.
Die fertigen Leporellos werden im Rahmen des täglichen Drehkalenderrituals vorgestellt. Die Lehrkraft unterstützt die Kinder beim Versprachlichen ihrer Eintragungen auf dem Leporello, z.B.:

„Du hast deine Oma besucht. Am Montag oder am Sonntag?"
„Du bist schwimmen gegangen. Wann?"
„Am Donnerstag war es heiß. Bist du schwimmen gegangen?"
„Du gehst zum Turnen. An welchem Tag?"

TIPP FÜR DIE WEITERARBEIT Die Aufgabe kann über einen längeren Zeitraum hinweg regelmäßig durchgeführt werden.

💬 Zur Förderung der Zeitvorstellung werden die Ereignisse einer Woche dokumentiert. Durch regelmäßige Gespräche, passende Fragen und Impulse werden die relevanten Begriffe wiederholt und trainiert und der **Wortschatz wird sukzessive erweitert**.

📋 **KV 2 Wetter-Setzleiste**

MATERIAL/VORBEREITUNG Karten von KV 2 auf DIN-A3-Karton kopieren, ausschneiden und laminieren; Setzleisten

DURCHFÜHRUNG Das Setzleistenspiel lässt sich gut im Rahmen von Werkstätten, Wochenplan- oder Freiarbeit einsetzen. Die Kinder setzen die Karten passend zugeordnet in die Setzleisten.

💬 Das Zuordnungsspiel trainiert die unpersönlichen Verben bei Aussagen über das Wetter. **Unpersönliche Sprache**, die auch ein Kennzeichen für fachsprachliche Texte ist, ist ein typischer Stolperstein für Zweitsprachenlerner, dem in der Förderung besondere Aufmerksamkeit geschenkt werden muss.

ANGEBOT FÜR FÖRDERHORIZONT 2

📋 **KV 3 Wie ist das Wetter?**

DURCHFÜHRUNG Zur Vorbereitung auf KV 3 kann das Setzleistenspiel (Förderhorizont 1) eingesetzt werden. Im Rahmen einer Werkstatt oder der Wochenplan- oder Freiarbeit bearbeiten die Kinder KV 3 selbstständig.

📋 **KV 4, KV 5 Meine Woche**

DURCHFÜHRUNG Täglich tragen die Kinder auf KV 4 ein, was sie am Vortag gemacht haben. Wenn alle Felder ausgefüllt sind, schreiben die Kinder mit Hilfe von Satzbausteinen einfache Sätze zu den einzelnen Wochentagen. Im Rahmen des täglichen Drehkalenderrituals stellen die Kinder ihre Woche vor.

TIPP FÜR DIE WEITERARBEIT Die Aufgabe kann über einen längeren Zeitraum hinweg regelmäßig durchgeführt werden.

💬 Zur **Förderung der Zeitvorstellung** werden die Ereignisse einer Woche dokumentiert. Für Kinder auf Förderhorizont 2 bietet dies einen authentischen Anlass, Sätze mit Verbklammer (Perfekt) zu bilden.

ANGEBOT FÜR FÖRDERHORIZONT 3

📋 KV 4, KV 6 Meine Woche

DURCHFÜHRUNG Täglich tragen die Kinder auf KV 4 ein, was sie am Vortag gemacht haben. Wenn die Tabelle fertiggestellt ist, schreiben die Kinder mit Hilfe von Satzbausteinen einfache Sätze zu den einzelnen Wochentagen. Im Rahmen des täglichen Drehkalenderrituals stellen die Kinder ihre Woche vor.

TIPP FÜR DIE WEITERARBEIT Die Aufgabe kann über einen längeren Zeitraum hinweg regelmäßig durchgeführt werden.

> 💬 Zur Förderung der Zeitvorstellung werden die Ereignisse einer Woche dokumentiert. Für Kinder auf Förderhorizont 3 bietet dies einen authentischen Anlass, **Sätze mit Inversion nach einer Zeitangabe am Satzbeginn** zu bilden.

📋 KV 7 Jahreszeiten-Stöpselkarte

MATERIAL/VORBEREITUNG KV 7 laminieren und Löcher einstanzen; auf der Rückseite Lösungslöcher farbig markieren. Alternativ kann die KV auch als Ankreuzblatt verwendet werden.

DURCHFÜHRUNG Die Stöpselkarte lässt sich gut im Rahmen von Werkstätten, Wochenplan- oder Freiarbeit einsetzen. Die Kinder holen sich die Stöpselkarte und eine Setzleiste und entscheiden, ob die Sätze auf der Karte richtig oder falsch sind. Die Lösungen können sie auf der Rückseite selbst kontrollieren.

> 💬 Die Kinder überprüfen Aussagen zu den Jahreszeiten und erhalten gleichzeitig **Modellsätze mit Inversionsstrukturen**.

ANGEBOT FÜR FÖRDERHORIZONT 4

📋 KV 4, KV 6 Meine Woche

→ Förderhorizont 3

📋 KV 8 Wochenrätsel

DURCHFÜHRUNG Wenn im Rahmen des täglichen Drehkalenderrituals die Begriffe „heute", „morgen", „übermorgen", „gestern" und „vorgestern" eingeführt wurden, eignet sich KV 8 als Aufgabe im Rahmen von Werkstätten, Wochenplan- oder Freiarbeit. Die Lösungen können die Kinder selbst kontrollieren.

> 💬 Die **Zeitadverbien „heute", „morgen", „übermorgen", „gestern" und „vorgestern"** sollten immer wieder aufgegriffen und geübt werden, damit sowohl die dahinterliegende Zeitvorstellung als auch die Begriffe selbst nachhaltig erworben werden. Hier werden die Begriffe in ein Rätsel verpackt, durch das gleichzeitig der Gebrauch von Nebensätzen gefördert wird.

📋 KV 9 Was ziehe ich an?

DURCHFÜHRUNG Im Rahmen des täglichen Drehkalenderrituals wird auch die passende Kleidung für die aktuelle Wetterlage angesprochen. Wie die Kleidung der dunklen Jahreszeit angepasst werden muss, damit man im Straßenverkehr gesehen wird, kann durch Versuche in einem abgedunkelten Raum ausprobiert werden.
Nachdem das Thema mehrmals aufgegriffen wurde, kann KV 9 im Rahmen von Werkstätten, Wochenplan- oder Freiarbeit eingesetzt werden.

> 💬 Der sachunterrichtliche Aspekt, dass Kleidung passend zur Witterung und Tageszeit ausgewählt wird, damit man sich wohlfühlt und sich sicher auf der Straße bewegen kann, wird in diesem Beispiel zur Formulierung von **wenn–dann–Beziehungen** genutzt.

Einen Drehkalender basteln

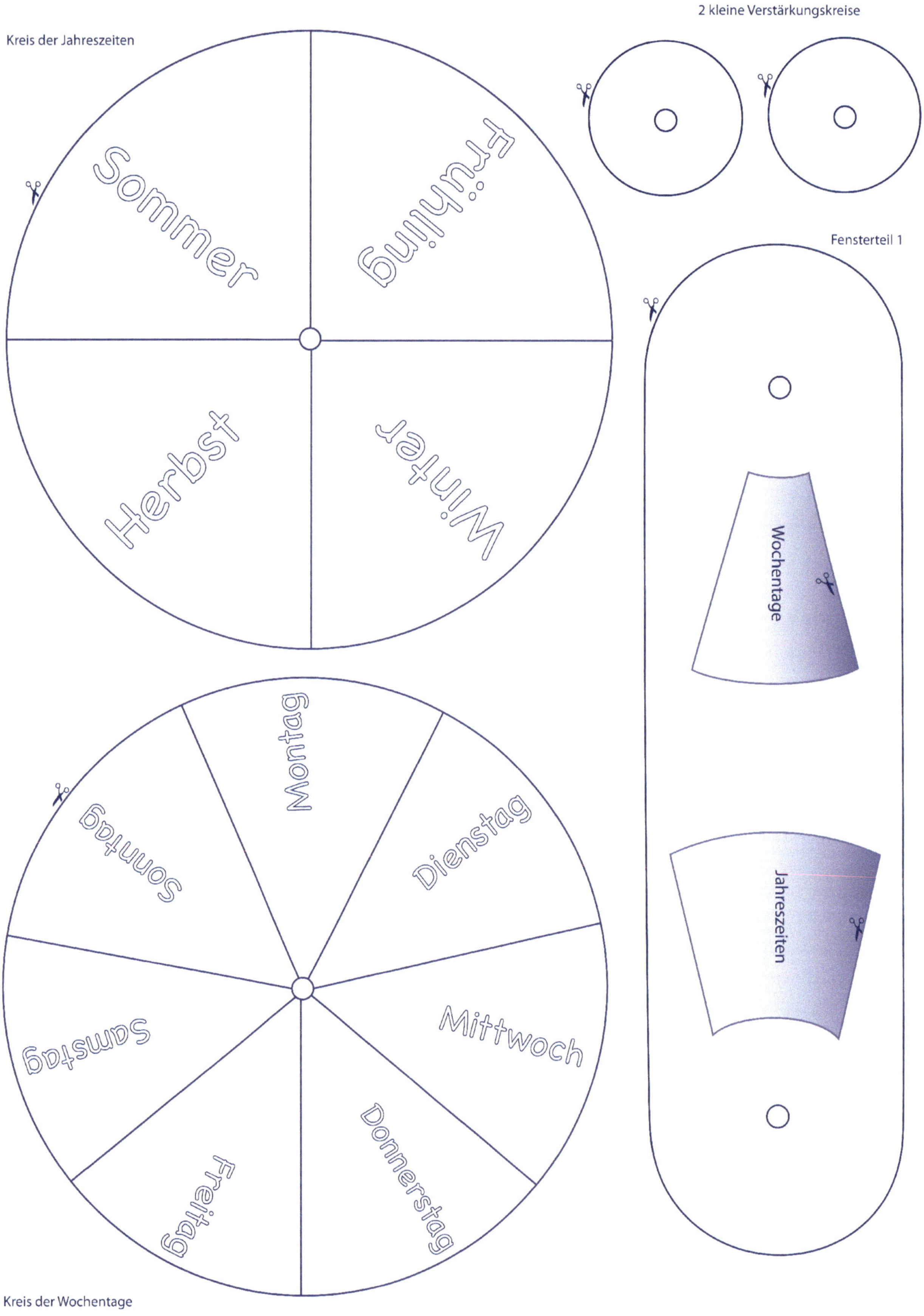

Kreis der Jahreszeiten

2 kleine Verstärkungskreise

Sommer

Frühling

Herbst

Winter

Fensterteil 1

Wochentage

Jahreszeiten

Montag

Dienstag

Sonntag

Mittwoch

Samstag

Donnerstag

Freitag

Kreis der Wochentage

Sprachförderung PLUS
Förderbausteine für den Soforteinsatz im Regelunterricht
ISBN 978-3-12-666802-6

Kreis der Monatsnamen

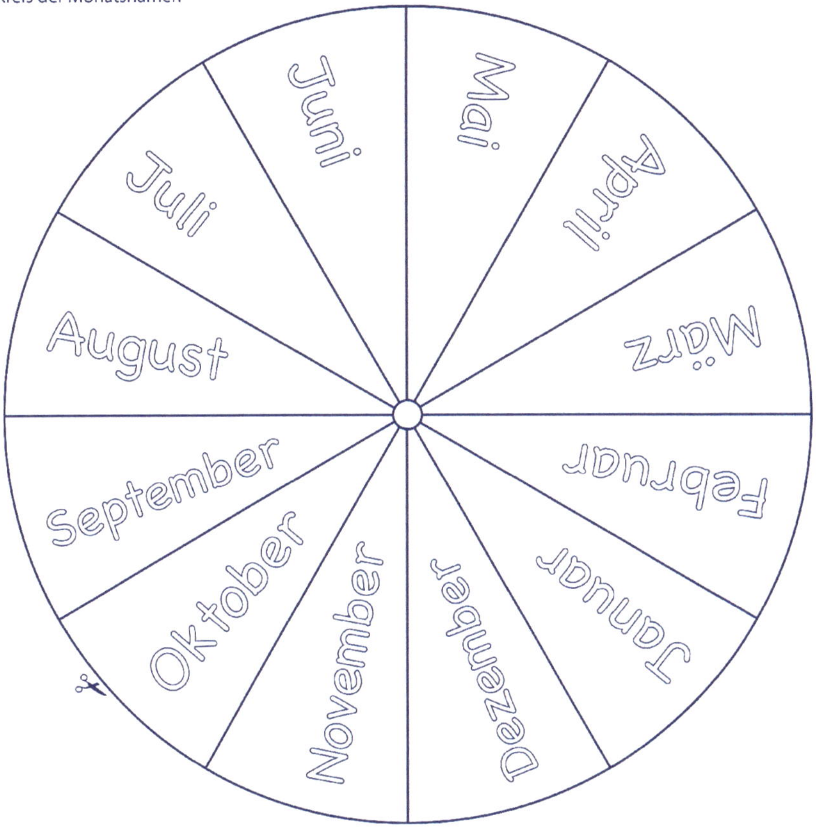

Juni
Mai
Juli
April
August
März
September
Februar
Oktober
Januar
November
Dezember

Fensterteil 2

Monat

Tageszahl

5
6
7
8
9
4
0
3
1
2

großer Zahlenkreis für den Tag (hintere Zahl)

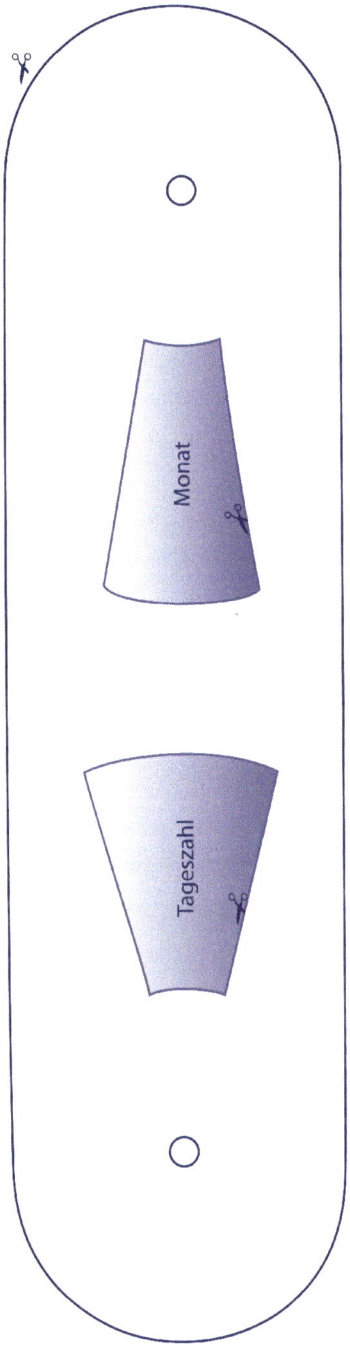

2 kleine Verstärkungskreise

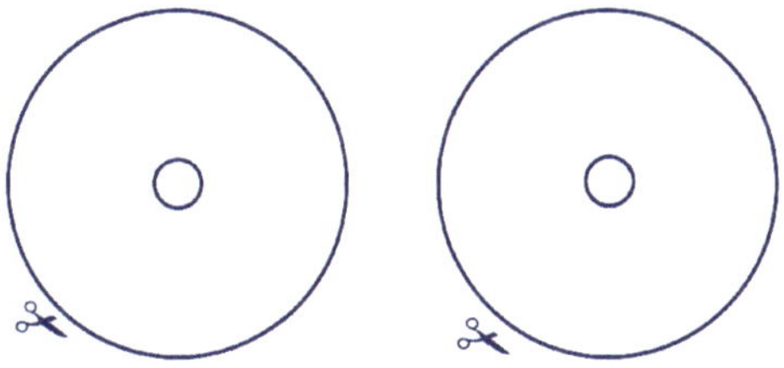

Sprachförderung PLUS
Förderbausteine für den Soforteinsatz im Regelunterricht
ISBN 978-3-12-666802-6

Klett

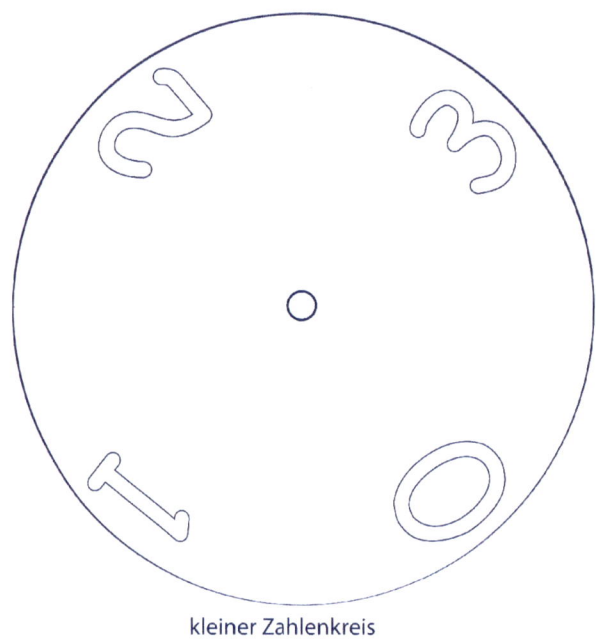

kleiner Zahlenkreis

Anordnung der einzelnen Kalenderteile:

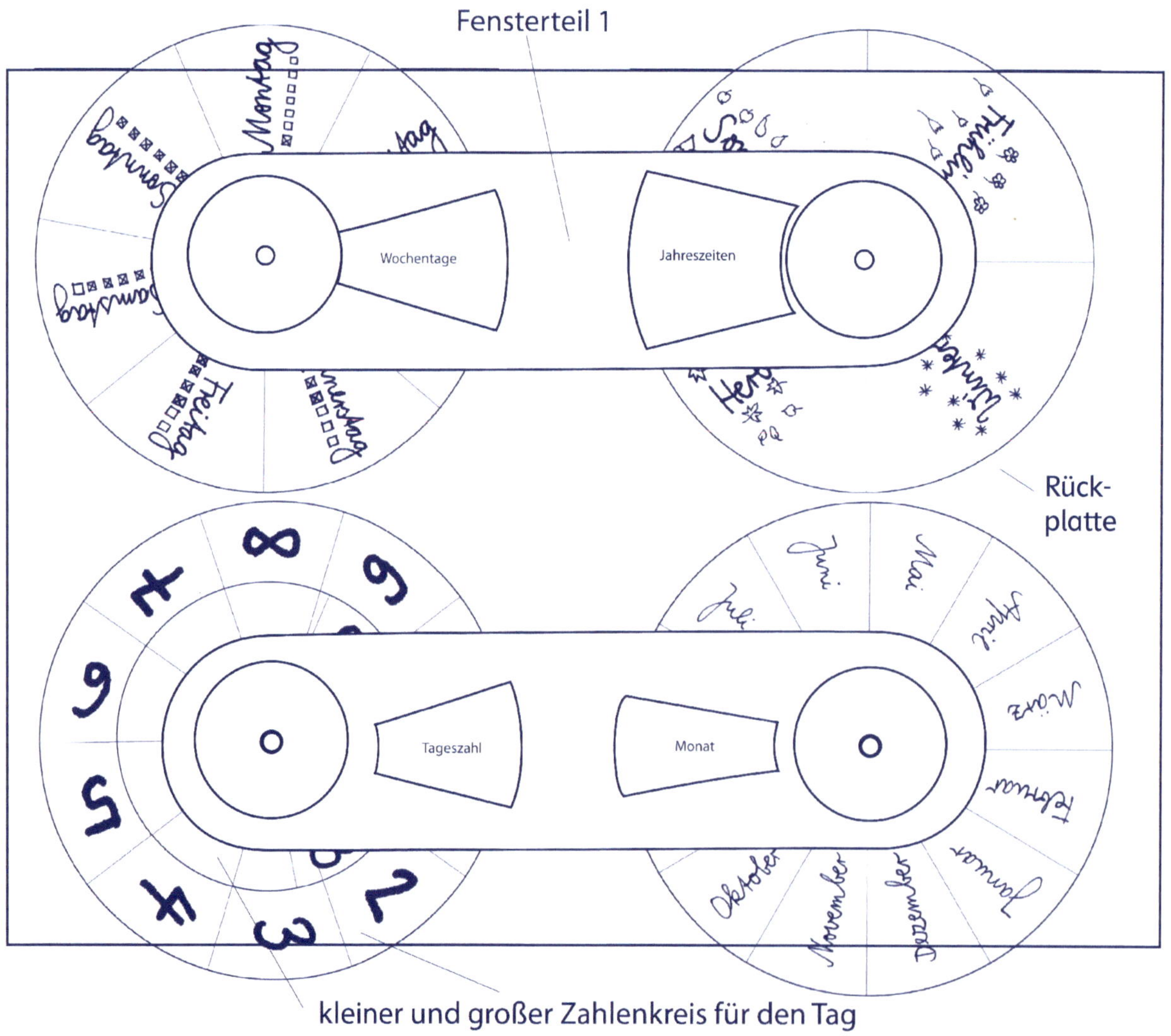

Fensterteil 1

Rück-platte

kleiner und großer Zahlenkreis für den Tag

Sprachförderung PLUS
Förderbausteine für den Soforteinsatz im Regelunterricht
ISBN 978-3-12-666802-6

Wetter-Setzleiste

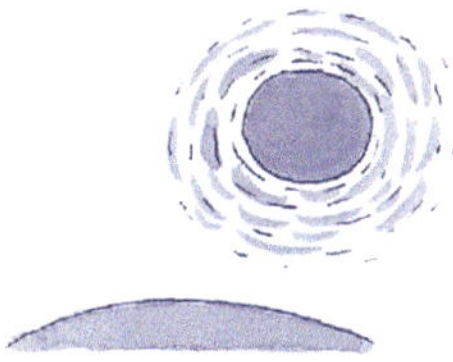 die Sonne	 die Wolke	 der Regen	 der Nebel	 der Schnee

 der Wind	 der Blitz	 das Gewitter	 die Kälte	 die Wärme

Die Sonne scheint. Es ist sonnig.	Es ist wolkig.	Es regnet.	Es ist neblig.	Es schneit.

Es ist windig.	Es blitzt.	Es gewittert.	Es ist kalt.	Es ist warm.

Sprachförderung PLUS
Förderbausteine für den Soforteinsatz im Regelunterricht
ISBN 978-3-12-666802-6

Wie ist das Wetter?

Schreibe zu den Bildern. Die Wörter unten helfen dir dabei.

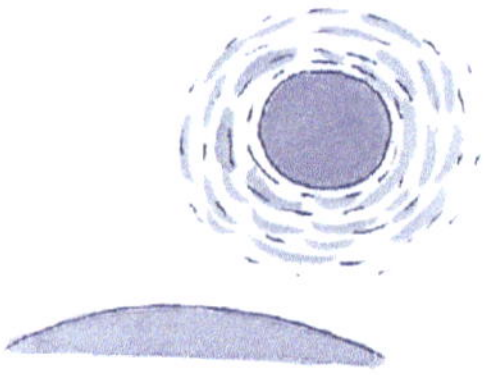

Es ist _sonnig_ .

Es ist _____.

Es _____.

Es _____.

Es ist _____.

Es _____.

Es ist _____.

Es ist _____.

wolkig ✳ regnet ✳ ~~sonnig~~ ✳ schneit
windig ✳ gewittert ✳ kalt ✳ warm

Sprachförderung PLUS
Förderbausteine für den Soforteinsatz im Regelunterricht
ISBN 978-3-12-666802-6

Meine Woche

Schreibe oder male in die Felder, was du an diesen Tagen gemacht hast.

Montag

Dienstag

Mittwoch

Donnerstag

Freitag

Samstag

Sonntag

Sprachförderung PLUS
Förderbausteine für den Soforteinsatz im Regelunterricht
ISBN 978-3-12-666802-6

ok Klett

Meine Woche

Schreibe nun Sätze zu deiner Woche in dein Heft.
Die Wörter unten helfen dir dabei.
Aber bestimmt hast du noch viel mehr erlebt.

Ich habe ...

mit meiner Freundin gespielt ▪ mit Autos gespielt
Hausaufgaben gemacht ▪ einen Freund besucht
meiner Mutter geholfen ▪ gemalt ▪ Sport gemacht
meine Großeltern besucht

Ich bin ...

spielen gegangen ▪ turnen gegangen
Rad gefahren ▪ einkaufen gegangen
zu Hause geblieben ▪ krank gewesen
im Schwimmbad gewesen ▪ beim Arzt gewesen
Eis essen gewesen

Schreibe so in dein Heft:

Montag: Ich habe mit meiner Freundin gespielt.
Dienstag: Ich bin turnen gegangen.
Mittwoch: Ich ...

Sprachförderung PLUS
Förderbausteine für den Soforteinsatz im Regelunterricht
ISBN 978-3-12-666802-6

Meine Woche

Schreibe nun Sätze zu deiner Woche in dein Heft.
Die Wörter unten helfen dir dabei.
Aber bestimmt hast du noch viel mehr erlebt.

Am Montag habe ich ...

mit meiner Freundin gespielt ▪ mit Autos gespielt
Hausaufgaben gemacht ▪ einen Freund besucht
meiner Mutter geholfen ▪ gemalt
Sport gemacht ▪ meine Großeltern besucht

Am Montag bin ich ...

spielen gegangen ▪ turnen gegangen ▪ Rad gefahren
einkaufen gegangen ▪ zu Hause geblieben ▪ krank gewesen
im Schwimmbad gewesen ▪ beim Arzt gewesen
Eis essen gewesen

Schreibe so in dein Heft:

Am Montag habe ich mit meiner Freundin gespielt.
Am Dienstag bin ich turnen gegangen.
Am Mittwoch ...

Sprachförderung PLUS
Förderbausteine für den Soforteinsatz im Regelunterricht
ISBN 978-3-12-666802-6

Jahreszeiten-Stöpselkarte

Stimmt das?

ja   nein

Im Sommer blühen viele Blumen.   ◯ ◯

Im Frühling baue ich mit meinen Freunden einen Schneemann.   ◯ ◯

Im Sommer schneit es.   ◯ ◯

Im Winter brauche ich Mütze, Schal und Handschuhe.   ◯ ◯

Im Herbst werden die Blätter bunt.   ◯ ◯

Im Winter ist es heiß.   ◯ ◯

Im Frühling bekommen die Bäume neue Blätter.   ◯ ◯

Im Herbst wacht der Igel aus seinem Winterschlaf auf.   ◯ ◯

Im Frühling fallen die Blätter von den Bäumen.   ◯ ◯

Im Winter kann man Schlitten fahren.   ◯ ◯

Sprachförderung PLUS
Förderbausteine für den Soforteinsatz im Regelunterricht
ISBN 978-3-12-666802-6

Wochenrätsel

➡ Montag Dienstag Mittwoch Donnerstag Freitag Samstag Sonntag

Wenn heute Sonntag ist, welcher Tag ist dann morgen?

Wenn heute Sonntag ist, dann ist morgen _____ .

Wenn heute Donnerstag ist, welcher Tag ist dann übermorgen?

Wenn heute Donnerstag ist, dann ist übermorgen_____ .

Wenn heute Mittwoch ist, welcher Tag war dann gestern?

Wenn heute Mittwoch ist, dann war _____ .

Wenn heute Samstag ist, welche Tag war dann vorgestern?

Wenn heute _____ , dann _____ .

Wenn übermorgen Freitag ist, welcher Tag ist dann heute?

Wenn _____ ,

_____ .

Wenn gestern Donnerstag war, welcher Tag ist dann heute?

Wenn _____ ,

_____ .

➡ vorgestern   gestern   heute   morgen   übermorgen

Lösungswörter:

Montag   Samstag   Dienstag   Donnerstag   Mittwoch   Freitag

Sprachförderung PLUS
Förderbausteine für den Soforteinsatz im Regelunterricht
ISBN 978-3-12-666802-6

ok Klett

Was ziehe ich an?

Was ziehst du an, wenn die Sonne scheint? Oder wenn es regnet oder dunkel ist? Und was ziehst du an, wenn es schneit?
Verbinde die Kleidungsstücke mit Pfeilen.

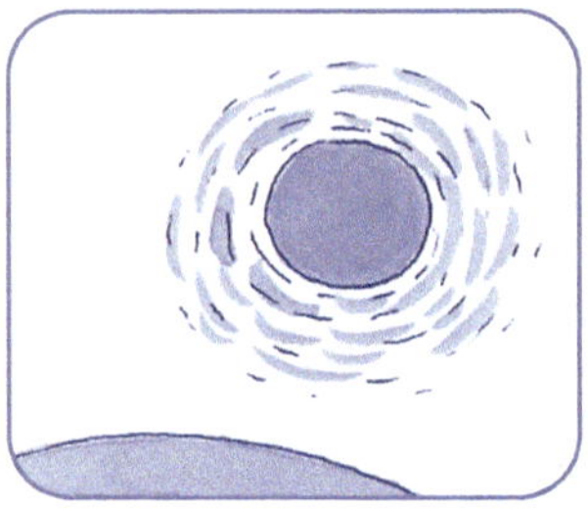

die Sicherheitsweste

der Regenmantel

der Schal

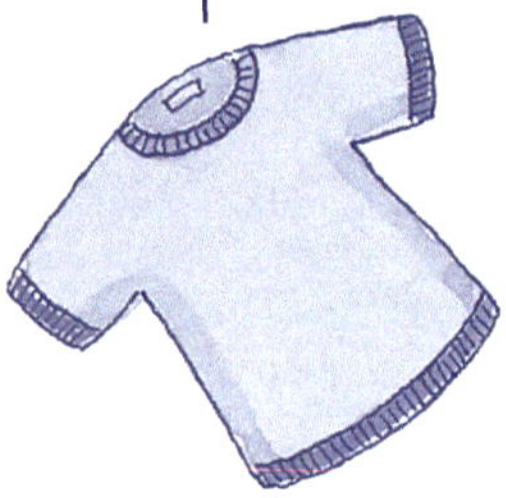

das T-Shirt

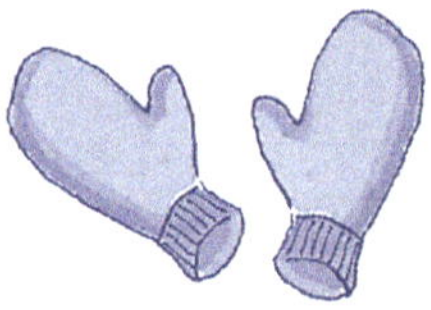

die Handschuhe

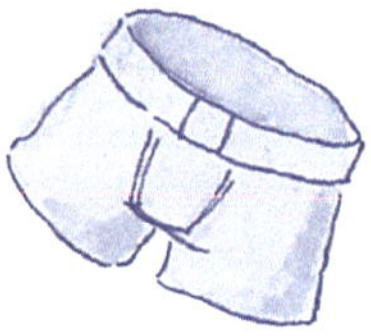

die kurze Hose

die Gummistiefel

Schreibe so in dein Heft:

Wenn die Sonne scheint, dann ziehe ich ein T–Shirt an.
Wenn es regnet, dann ziehe ich ...
Wenn es schneit, dann ziehe ich ...
Wenn es dunkel ist, dann ...

Hast du noch eigene Ideen? Male und schreibe!

Sprachförderung PLUS
Förderbausteine für den Soforteinsatz im Regelunterricht
ISBN 978-3-12-666802-6

ZAHLZERLEGUNG

Das Klappbrettspiel

Mathematisch ist das Klappbrettspiel dem Bereich „Zahlen und Operationen" und hier dem Bereich der Zahlzerlegung zuzuordnen. Die Automatisierung der Zahlzerlegung ist ein grundlegendes Ziel des Anfangsunterrichts in Mathematik. Durch das Spielen des Klappbrettspiels wird den Kindern eine motivierende Gelegenheit geboten, das Zerlegen der Zahlen von 1 bis 9 zu trainieren. Daneben gilt es, eine Gewinnstrategie zu entdecken: Je nachdem, welche Zahlzerlegung gewählt wird, lässt sich die Restpunktezahl der einzelnen Spielrunden reduzieren. Wer Zahlzerlegungen mit möglichst hohen Zahlen wählt, kann damit Einfluss auf die Restpunktezahl nehmen, die über den Spielsieg entscheidet.

Zu den prozessbezogenen Zielen eines zeitgemäßen Mathematikunterrichts gehört, Strategien zu entwickeln und diese zu kommunizieren. Dies beinhaltet sowohl das Beschreiben eigener Denkprozesse und Vorgehensweisen als auch das Verstehen von Denkprozessen und Vorgehensweisen anderer. Mathematikunterricht und Sprachförderung sind also unmittelbar aufeinander bezogen und gleichermaßen in der Planung zu beachten, damit der Aufbau fachsprachlicher Ausdrucksweisen von Beginn an unterstützt wird und sprachlich bedingte Lernhemmnisse minimiert werden. Andererseits darf jedoch das selbstständige Entdecken von Lösungen und Strategien durch sprachliche Vermittlungshilfen nicht vorweggenommen werden.

Der Baustein „Das Klappbrettspiel" zeigt, wie sprachförderliche Maßnahmen (z.B. die Lehrkraft als Sprachvorbild und Modell, Visualisierung, sprachliche Hilfen für die Verschriftlichung) in einen entdeckenden Mathematikunterricht integriert werden können.

Überblick über die Förderangebote

GESAMTE LERNGRUPPE

- Demonstration der Spielregeln
- Einführung des spezifischen Wortschatzes
- Sicherung des Aufgabenverständnisses
- Äußerungen zu einer Spielstrategie nachvollziehen
- sich zu einer Spielstrategie äußern oder sie demonstrieren

Einführung: Das Klappbrettspiel

 KV1 Das Klappbrettspiel spielen

Auswertung: Das Klappbrettspiel

FÖRDERHORIZONT 1

- Wort-Bild-Zuordnungen verstehen
- eine passende Antwort auswählen (Multiple Choice)

 KV2 Das Klappbrettspiel: Mein Trick

FÖRDERHORIZONT 2

- Wort-Bild-Zuordnungen verstehen
- einfache Sätze mit Verbklammer vervollständigen

 KV3 Das Klappbrettspiel: Mein Trick

FÖRDERHORIZONT 3

- Wort-Bild-Zuordnungen verstehen
- einfache Sätze mit Verbklammer vervollständigen
- Inversion

 KV4 Das Klappbrettspiel: Mein Trick

FÖRDERHORIZONT 4

- Wort-Bild-Zuordnungen verstehen
- Begründungen mit „weil"

 KV5 Das Klappbrettspiel: Mein Trick

Wortschatz

NOMEN das Klappbrettspiel, die Klappe, der Würfel, die Tabelle, der Spieler, der Punkt, die Spalte, die Reihe, der Trick, das Ziel, der Gewinner, die (Spiel-)Runde, das Ergebnis …

VERBEN würfeln, umklappen, zerlegen …

ADJEKTIVE geschickt, umgeklappt …

SONSTIGE zusammen, zuerst, dann …

PHRASEN hohe Zahlen, niedrige Zahlen, dran sein, (…) plus (…) ist (gleich) …

ANGEBOTE FÜR DIE GESAMTE LERNGRUPPE

Einführung: Das Klappbrettspiel

Spielanleitung

Jeweils zwei Kinder sitzen sich an einem Klappbrettspiel gegenüber, sodass jedes Kind eine Zahlenreihe von 1 bis 9 vor sich hat. Vor Beginn des Spiels wird vereinbart, über wie viele Runden das Spiel gespielt wird (z. B. 5 Runden). Es wird jeweils mit 2 Würfeln abwechselnd gewürfelt. Ziel des Spiels ist, so viele Klappen wie möglich umzuklappen und dabei so wenige Punkte wie möglich zu sammeln.

Das Kind, das am Zug ist, würfelt zunächst mit beiden Würfeln und bildet die Augensumme (Addition).

Bsp.: Das Kind würfelt eine Eins und eine Sechs: $1+6=7$

Das Kind entscheidet sich nun für eine Möglichkeit, die gewürfelte Zahl in zwei unterschiedliche Summanden zu zerlegen (im Beispiel entweder $6+1$, $5+2$ oder $4+3$) und klappt entsprechend der ausgewählten Zahlzerlegung eine oder zwei Klappen um.
Dabei gilt, dass das Kind nur die Zahlzerlegungen auswählen kann, für die die Klappen noch nicht umgeklappt wurden. Wenn sich das Kind also für die Zerlegung $4+2$ entschieden hat und in der nächsten Runde eine Augensumme von 5 würfelt, kann 5 nicht mehr in $2+3$ zerlegt werden, weil die 2 schon umgeklappt ist.
Es wird so lange gespielt, bis ein Kind nicht mehr weiterspielen kann, da entweder alle Klappen umgelegt worden sind oder keine Klappen mehr für die möglichen Zahlzerlegungen zur gewürfelten Augensumme zur Verfügung stehen. Nun addiert jedes Kind die Zahlen auf den Klappen, die es noch nicht umgeklappt hat. Sieger der Runde ist das Kind mit den wenigsten Punkten.

Nach jeder Runde werden die Spielpunkte notiert. Gewinner ist das Kind, das nach Beendigung der letzten Spielrunde insgesamt die wenigsten Punkte gesammelt hat.
Zu Spielbeginn sind Lösungen zur Zahlzerlegung noch einfach zu finden, da noch allen Klappen umgeklappt werden können. Nach mehrmaligem Würfeln muss schon geknobelt werden, um eine Lösung zu finden. Die Spieler sollten also von Anfang an geschickt spielen, um die Spielrunde mit wenigen Punkten zu beenden.
Das Spiel kann auch in der Variation gespielt werden, dass die gewürfelte Augensumme auch in drei Summanden (oder mehr) zerlegt werden darf.

MATERIAL/VORBEREITUNG 1 Klappbrettspiel, 2 Würfel, vergrößerte Spielstandstabelle von KV1

DURCHFÜHRUNG Die Lehrkraft und ein Kind sitzen in der Mitte und haben ein Klappbrettspiel zwischen sich. Sie demonstrieren, wie das Spiel gespielt wird. Dazu werden die Vorgehensweise und somit die Spielregeln durch die Lehrkraft handlungsbegleitend versprachlicht.

Beispiel:
„Ich habe eine 5 und eine 3 gewürfelt. (Die Lehrkraft zeigt jeweils den Würfel.) 5 und 3 sind zusammen 8. Ich darf eine oder zwei Klappen umklappen. Ich klappe die 5 und die 3 um. Jetzt ist Helen dran. Sie hat eine 5 und eine 6 gewürfelt. (Das Kind zeigt jeweils den Würfel.) 5 und 6 sind zusammen 11. Helen darf eine oder zwei Klappen umklappen. Die 5 ist schon umgeklappt. Helen darf die 5 nicht mehr nehmen. Welche Klappen kann Helen nehmen?"

Zur Demonstration spielt die Lehrkraft mehrere Runden mit wechselnden Kindern. Die Spielergebnisse der einzelnen Runden werden in die Spielstandstabelle eingetragen (eine Spalte für die Lehrkraft, eine Spalte für die Kinder). Durch Fragen und Impulse werden alle Kinder einbezogen.

Beispiele für einfache Fragen und Impulse (Förderhorizont 1 und 2):
„Darf Helen drei Klappen umklappen?"
„Kann Helen noch Klappen umklappen?"
„Wie viele Klappen darf Helen umklappen?"
„Welche Spalte gehört Helen?"
„Muss ich das Ergebnis in diese Reihe eintragen?"

Beispiele für anspruchsvollere Fragen und Impulse (Förderhorizont 3 und 4):
„Welche Klappen würdest du umklappen?"
„Was muss Helen zuerst machen?"

„Wie geht es jetzt weiter?"
„Wo muss ich das Ergebnis eintragen?"

Um das Verständnis des Spiels zu unterstützen, notiert die Lehrkraft die ersten Spielschritte an der Tafel und sammelt mit den Kindern die verschiedenen Möglichkeiten der Zahlzerlegung. Dabei erkennen die SuS, dass manche Lösungen doppelt vorkommen bzw. dass es sich um Tauschaufgaben handelt. Sie entdecken außerdem, dass beim Klappbrettspiel bei geraden Zahlen die Zahlzerlegung in zwei gleiche Teile (halbieren) nicht genutzt werden kann, weil die Zahlen von 1 bis 9 jeweils nur einmal vorkommen.

Beispiel:

$3 + 5 = 8$

8	
8	0
7	1
6	2
5	3
4	4
3	5
2	6
1	7
0	8

Am Ende einer Spielrunde demonstriert die Lehrkraft, wie die Spielpunkte zusammengezählt und in die Tabelle eingetragen werden müssen. Nach einigen Demonstrationsrunden wird dann der Spielsieger ermittelt, indem die Lehrkraft gemeinsam mit den SuS die Gesamtpunktzahl errechnet. Der Punktestand des Spielers mit den wenigsten Punkten (entweder die Lehrkraft oder die Kinder, die gegen sie gespielt haben) wird rot eingerahmt.
Zu diesem Zeitpunkt weist die Lehrkraft die Kinder noch nicht auf geschickte Spielstrategien hin. Diese sollen die Kinder in der anschließenden Spielphase durch eigenes Spielen selbst entdecken.

Durch Demonstrieren des Spiels und **handlungsbegleitendes Sprechen** wird das Erfassen der Spielregeln auch für die Kinder auf den unteren Förderhorizonten nachvollziehbar.

KV1 Das Klappbrettspiel spielen

MATERIAL/VORBEREITUNG 1 Klappbrettspiel und 2 Würfel für je 2 Kinder

DURCHFÜHRUNG Die Kinder spielen das Klappbrettspiel. Die Ergebnisse der Spielrunden tragen sie in die Spielstandstabelle auf KV1 ein. Die Lehrkraft beobachtet die Kinder und unterstützt sie gegebenenfalls.

Auswertung: Das Klappbrettspiel

MATERIAL/VORBEREITUNG KV2 auf Folie kopiert

DURCHFÜHRUNG Nachdem die Kinder das Klappbrettspiel gespielt und KV2–5 bearbeitet haben, wird die Siegerstrategie gemeinsam besprochen. Richtige Spielzüge werden danach beurteilt, ob sie geschickt sind oder ob sie optimiert werden können. Dazu präsentiert die Lehrkraft KV2 an der Projektionsfläche. Die SuS schlagen zu jeder Aufgabe mögliche Spielzüge vor, die in der Klasse besprochen werden. Die Lehrkraft steuert und unterstützt das Unterrichtsgespräch:

Beispiele für einfache Fragen und Impulse (Förderhorizont 1 und 2):
„Machst du das auch so?"
„Ist das richtig?"
„Ist das geschickt?"
„Zeige, wie du es machst."

Beispiele für anspruchsvollere Fragen und Impulse (Förderhorizont 3 und 4):
„Warum machst du das so?"
„Warum würdest du es anders machen?"
„Welche Möglichkeit gibt es noch?"
„Welche Zahlen klappst du zuerst um? Welche Zahlen klappst du dann um?"
„Erkläre, was du dir überlegt hast!"
„Erkläre uns deinen Trick!"

Durch die Bearbeitung von KV2–5 wird die Auswertungsphase vorbereitet. Die an die jeweiligen Förderhorizonte angepassten **Formulierungshilfen** können von den Kindern aufgegriffen werden, sodass sich alle Kinder gemäß ihrer sprachlichen Fähigkeit am Auswertungsgespräch beteiligen können.

ANGEBOT FÜR FÖRDERHORIZONT 1–4

KV 2, KV 3, KV 4, KV 5
Das Klappbrettspiel: Mein Trick 👥👥

DURCHFÜHRUNG Nachdem die Kinder mindestens einmal den Spielsieger ermittelt haben, führt die Lehrkraft auf die Bearbeitung von KV 2–5 hin: „Ich habe bemerkt, dass viele von euch geschickt spielen, damit sie gewinnen. Ich bin gespannt auf euren Trick."

Auf KV 2–5 kennzeichnen die SuS nun geschickte Spielzüge für die vorgegebenen Spielsituationen und versprachlichen ihren Trick ihrem Förderhorizont entsprechend.

LÖSUNG Geschickte Spielzüge: **1.** Klappe 7, **2.** Klappe 8, **3.** Klappe 9 und 2, **4.** Klappe 6

KV 2–5 bieten der Lehrkraft die Möglichkeit, zu überprüfen, ob die Kinder eine Gewinnstrategie entdeckt haben oder ob sie möglichst einfache Zahlzerlegungen umsetzen (z. B. Zerlegung wie gewürfelt), ohne das Spielziel im Auge zu behalten, wenige Punkte zu sammeln. Dies wird durch die Beispielspielzüge auf den KVs erkennbar.

Auch Kinder auf Förderhorizont 1 können so ihre Fähigkeit beweisen, geschickt zu spielen und eine Spielstrategie zu entdecken. Auf Förderhorizont 2 werden die SuS anhand eines einfachen Satzmusters und mit **Formulierungshilfen** auf die Versprachlichung von Vorgehensweisen hingeführt. Kinder auf Förderhorizont 3 üben neben der Bildung von **Satzklammern mit einem Präfixverb** („umklappen") auch Inversionsstrukturen. Die Bearbeitung von KV 5 verlangt die Begründung einer Vorgehensweise: Bei der Bildung von **Nebensätzen mit „weil"** werden die Kinder auf Förderhorizont 4 durch ein vorgegebenes Satzmuster unterstützt.

Das Klappbrettspiel

Ordnet die Wörter den Pfeilen zu.

der Würfel ⚃ die umgeklappte Klappe ⚃ die Klappe

	Spieler 1 Name: _____	Spieler 2 Name: _____	
Runde 1			1. Reihe
Runde 2			2. Reihe
Runde 3			3. Reihe
Runde 4			4. Reihe
Runde 5			5. Reihe
zusammen			6. Reihe
	1. Spalte	2. Spalte	

Sprachförderung PLUS
Förderbausteine für den Soforteinsatz im Regelunterricht
ISBN 978-3-12-666802-6

Das Klappbrettspiel – Mein Trick

Du willst wenige Punkte bekommen. Welche Klappen klappst du um?
Kreise die Zahlen ein.

1 2 3 4 5 6 7 8 9

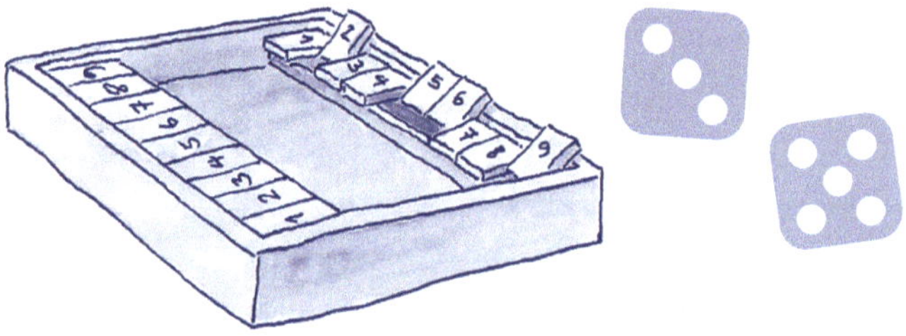

1 2 3 4 5 6 7 8 9

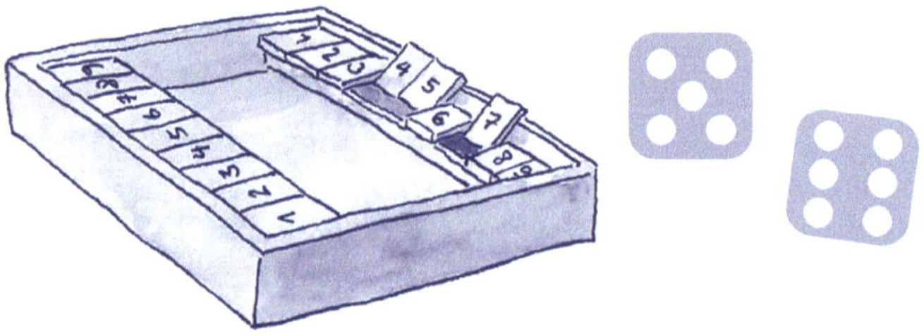

1 2 3 4 5 6 7 8 9

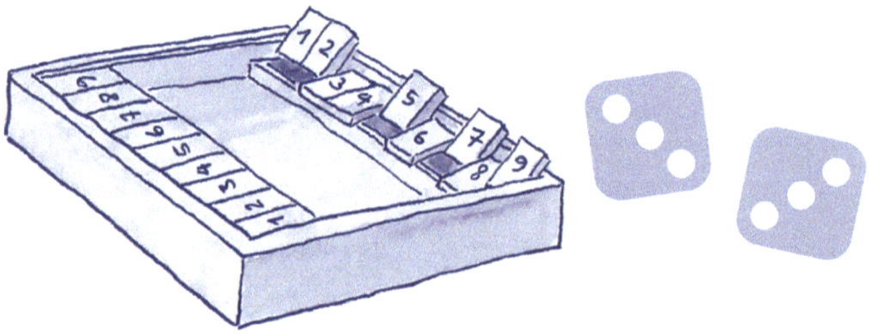

1 2 3 4 5 6 7 8 9

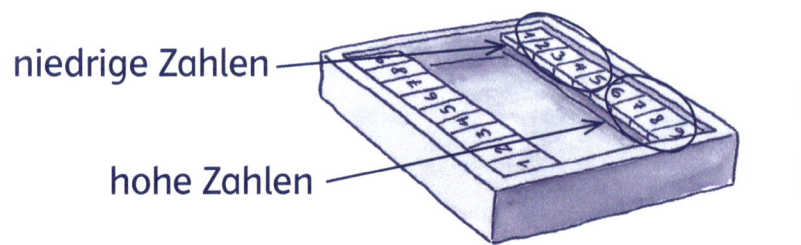

niedrige Zahlen

hohe Zahlen

☐ Ich nehme hohe Zahlen.

☐ Ich nehme niedrige Zahlen.

Sprachförderung PLUS
Förderbausteine für den Soforteinsatz im Regelunterricht
ISBN 978-3-12-666802-6

Klett

Das Klappbrettspiel – Mein Trick

Du willst wenige Punkte bekommen. Welche Klappen klappst du um?

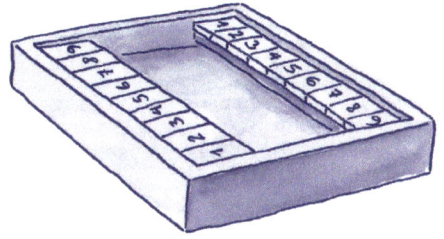 

1| Ich klappe _____ um.

1   2   3   4   5   6   7   8   9

2| Ich klappe _____ um.

1   2   3   4   5   6   7   8   9

3| Ich klappe _____ um.

1   2   3   4   5   6   7   8   9

4| Ich klappe _____ um.

1   2   3   4   5   6   7   8   9

Das versuche ich:

Ich klappe _____

_____ um.

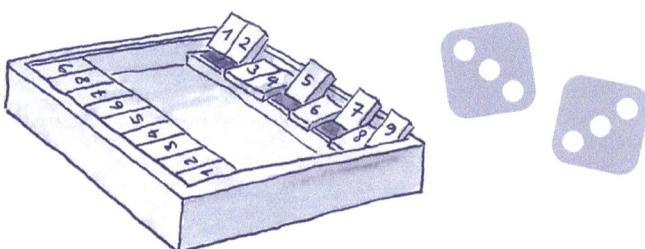

niedrige Zahlen

hohe Zahlen

Sprachförderung PLUS
Förderbausteine für den Soforteinsatz im Regelunterricht
ISBN 978-3-12-666802-6

© Ernst Klett Sprachen GmbH, Stuttgart 2013 | www.klett-sprachen.de | Alle Rechte vorbehalten. Die Nutzung der Inhalte
für Text- und Data-Mining ist ausdrücklich vorbehalten und daher untersagt. Von dieser Druckvorlage ist die Vervielfältigung
für den eigenen Unterrichtsgebrauch gestattet. Die Kopiergebühren sind abgegolten.

Klett

Das Klappbrettspiel – Mein Trick

Welche Klappen klappst du um, damit du wenige Punkte bekommst?

1| Ich klappe _____ um.

1   2   3   4   5   6   7   8   9

2| Ich klappe _____ um.

1   2   3   4   5   6   7   8   9

3| Ich klappe _____ um.

1   2   3   4   5   6   7   8   9

4| Ich klappe _____ um.

1   2   3   4   5   6   7   8   9

niedrige Zahlen

hohe Zahlen

Das versuche ich:

Zuerst nehme ich _____

_____.

Dann _____

_____.

Sprachförderung PLUS
Förderbausteine für den Soforteinsatz im Regelunterricht
ISBN 978-3-12-666802-6

Klett

Das Klappbrettspiel – Mein Trick

Welche Klappen klappst du um, damit du wenige Punkte bekommst?

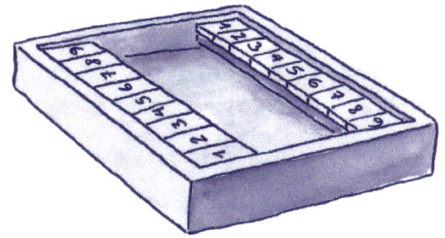

1| Ich klappe _____ um,

weil _____.

1   2   3   4   5   6   7   8   9

2| Ich klappe _____ um,

weil _____.

1   2   3   4   5   6   7   8   9

3| Ich klappe _____ um,

weil _____.

1   2   3   4   5   6   7   8   9

4| Ich klappe _____ um,

weil _____.

1   2   3   4   5   6   7   8   9

Das versuche ich:

Ich klappe _____

_____ um,

weil _____

_____.

niedrige Zahlen

hohe Zahlen

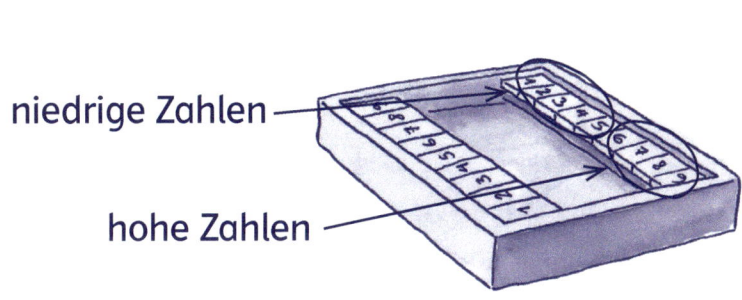

Sprachförderung PLUS
Förderbausteine für den Soforteinsatz im Regelunterricht
ISBN 978-3-12-666802-6

RECHENGESCHICHTEN
Auf dem Bauernhof

Besondere Schwierigkeiten bereitet Kindern im Zweitspracherwerb das Verstehen, Lösen und Beantworten von Textaufgaben. Diese bringen verschiedene Hürden mit sich, die bewältigt werden müssen: Nicht immer sind den Kindern alle Wörter aus dem Themenfeld, in dessen Kontext die Aufgabe gesetzt wurde, bekannt. In den Texten kommt es zu einer sprachlichen Verdichtung und es tauchen verstärkt Funktionswörter, Phrasen und Anaphern auf, die das Verständnis der Aufgabe für Kinder auf den unteren Förderhorizonten verhindern. Zudem müssen die Kinder die Operation, die sich aus dem Text ergibt, richtig erkennen; oft sind sie nicht in der Lage, entsprechende Signalwörter im Text zu erkennen oder zu interpretieren (z.B. Signalphrase „Jeder bekommt …" → Division; Signalwort „verlieren" → Subtraktion usw.).

Das Lösen von Textaufgaben bzw. Rechengeschichten ist eine Kompetenz, die über einen langen Zeitraum aufgebaut werden muss und auch mit Kindern nichtdeutscher Herkunftssprache von Anfang an geübt werden kann bzw. sollte. Die Schlussfolgerung, diesen Bereich des Mathematikunterrichts aus sprachlichen Gründen für diese Kinder zunächst auszusparen, stellt die Weichen falsch. Vielmehr ist es sinnvoll, die Kinder ihrem Förderhorizont entsprechend über Rechengeschichten mit Bildern an Textaufgaben im engeren Sinne heranzuführen, sie durch eine ausführliche Klärung der außermathematischen Sachverhalte zu entlasten und durchgängig auf den Erwerb des Fachvokabulars zu achten.

Der folgende Förderbaustein zeigt Möglichkeiten, wie Kinder auf den verschiedenen Förderhorizonten durch sprachliche Anpassung der Aufgaben und die Begleitung von Bildern an Rechengeschichten herangeführt werden können. Im Vordergrund stehen hier nicht das Kopfrechnen und das Lösen von Aufgaben, sondern die Übertragung eines Sachverhalts in verschiedene Darstellungsformen bzw. Sprachen (Sätze, Sprache der Mathematik). Mit Hilfe der Bilder entdecken die Kinder, welche mathematischen Aufgaben zu welchen Sätzen gehören und ordnen diese einander zu.

Überblick über die Förderangebote

GESAMTE LERNGRUPPE
Klärung der außermathematischen Sachverhalte – Wortschatz Bauernhof
KV 1, KV 2 Rechenbild – Auf dem Bauernhof

FÖRDERHORIZONT 1	FÖRDERHORIZONT 2
einfache Aussagesätze mit Hilfe einer Illustration verstehen passende Rechenaufgaben zuordnen **KV 1, KV 3** Auf dem Bauernhof – Rechengeschichten ♟ oder ♟♟	Sätze mit Satzklammer mit Hilfe einer Illustration verstehen passende Rechenaufgaben zuordnen **KV 1, KV 4** Auf dem Bauernhof – Rechengeschichten ♟ oder ♟♟

FÖRDERHORIZONT 3	FÖRDERHORIZONT 4
Sätze mit Inversion mit Hilfe einer Illustration verstehen passende Rechenaufgaben zuordnen **KV 1, KV 5** Auf dem Bauernhof – Rechengeschichten ♟ oder ♟♟	Sätze mit Nebensätzen („wenn …, dann …", „…, weil …") mit Hilfe einer Illustration verstehen passende Rechenaufgaben zuordnen **KV 1, KV 6** Auf dem Bauernhof – Rechengeschichten ♟ oder ♟♟

Wortschatz

NOMEN der Bauernhof, der Bauer, die Bäuerin, das Mädchen, der Junge, das Pferd, das Huhn, das Schwein, das Ei, das Küken, der Hahn, die Ente, die Gans, der Apfel, die Birne, der Apfelbaum, der Laden, das Eis/die Kugel Eis, der Schinken, das Brot, das Tierfutter, die Tüte, die Wiese, die Weide, das Nest …

VERBEN kaufen, geben, liegen, kosten, bezahlen, zurückgeben, holen, finden, bringen, aufpassen …

SONSTIGE übrig, zusammen …

PHRASEN Wie viel …?, Wie viele …? …

ANGEBOTE FÜR DIE GESAMTE LERNGRUPPE

📄 KV 1, KV 2 Rechenbild – Auf dem Bauernhof ☺ oder ☺☺

MATERIAL/VORBEREITUNG KV 1 auf DIN A3 vergrößert, Klebepfeile

DURCHFÜHRUNG Die Lehrkraft präsentiert die vergrößerten Bauernhof-Rechenbilder als stummen Impuls. Die Kinder erzählen,
- was sie auf den Bildern entdecken,
- was sie über den Bauernhof wissen,
- was sie selbst bereits auf einem Bauernhof erlebt haben.

Die Kinder auf den unterschiedlichen Förderhorizonten werden sich unterschiedlich äußern können: Kinder auf Förderhorizont 1 werden eher die Tiere benennen; Kinder auf Förderhorizont 3 oder 4 erzählen vielleicht schon kleine Erlebnisse.

Die Lehrkraft beobachtet die SuS in dieser Phase aufmerksam und unterstützt sie durch Impulse, die dem jeweiligen Förderhorizont entsprechen. Mit Hilfe von Klebepfeilen können die Kinder die entsprechenden Stellen auf dem Poster markieren oder Begriffe oder Sätze zu den von der Lehrkraft markierten Stellen finden.

Beispiele für einfache Fragen und Impulse (Förderhorizont 1 und 2):
„Wie heißt dieses Tier?"
„Welches Tier kennst du?"
„Zeig mir …!"
„Wie viele … siehst du?"
„Hat der Bauer mehr Hühner oder mehr Pferde?"
„Was kann …"
„Was hast du auf dem Bauernhof gesehen?"
„Was ist (hier) passiert?"

Beispiele für anspruchsvollere Fragen und Impulse (Förderhorizont 3 und 4):
„Was muss der Bauer alles machen?"
„Was denkst du? Was passiert dann?"
„Warum …?"
„Was macht …?"
„Was weißt du über Hühner? Gehört der Hahn auch zu den Hühnern?"
„Was muss der Bauer machen, wenn Miro zu viel bezahlt?"

Die Lehrkraft sammelt wichtige Wörter an der Tafel und achtet darauf, dass die sechs Szenen, die für die Lösung der Rechengeschichten relevant sind, besprochen werden: 2 Gänse sind auf dem Hof und 9 Gänse auf der Wiese; auf dem Hof gibt es 4 Hühner, 2 Küken und einen Hahn; ein Pferd ist im Stall und 2 Pferde sind auf der Weide; ein Brot kostet 3 € und 10 Eier kosten 2 €; in den Nestern liegen 3, 4 und 2 Eier; 10 Äpfel kosten 4 € und 5 Birnen kosten 2 €.

Anschließend schneiden die Kinder die Bilder von KV 1 aus, kleben sie in ihr Heft und beschriften sie mit den an der Tafel gesammelten Wörtern. Auf KV 2 kreuzen sie dann die richtigen Antworten zu den Fragen an.

LÖSUNG KV 2: **1.** 9 Eier; **2.** 1 €; **3.** 2 Enten; **4.** 9 Gänse; **5.** 4 €; **6.** 2 Kugeln Eis; **7.** 2 Pferde; **8.** 3 Schinken; **9.** 3 €

> 💬 Um Aussagen oder Fragen zu Rechengeschichten verstehen oder selbst finden und formulieren zu können, müssen Kinder über den grundlegenden Wortschatz zum Thema verfügen. Beim Lesen von Textaufgaben oder Rechengeschichten orientieren sich die Kinder zunächst an den Nomen und den Verben. Wenn sie schon diese nicht verstehen oder nicht sinngemäß erfassen können, bleibt der Zugang zur Aufgabe versperrt. Aus diesem Grund ist die **Klärung der außermathematischen Begriffe und Sachverhalte** ein wesentlicher didaktischer Schritt bei der Bearbeitung von Rechengeschichten oder Textaufgaben.

ANGEBOT FÜR FÖRDERHORIZONT 1–4

Auf dem Bauernhof – Rechengeschichten ☺ oder ☺☺

MATERIAL/VORBEREITUNG je nach Förderhorizont KV 3–6 zusammen mit KV 1 auf ein DIN-A3-Blatt kopieren

DURCHFÜHRUNG Nach der Klärung der außermathematischen Begriffe und Sachverhalte bearbeiten die Kinder ihrem Förderhorizont entsprechend in Einzel- oder Partnerarbeit KV 3–6. Die Lehrkraft unterstützt und betreut sie dabei und trainiert die Umsetzung zielführender Strategien:

- den jeweiligen Satz und die Bilder genau vergleichen,
- die Aufgaben, die am einfachsten oder sichersten gelöst werden können, zuerst lösen,
- die Aufgaben, die zugeordnet werden konnten, sofort durchstreichen,
- unbekannte Wörter unterstreichen und jemanden danach fragen.

LÖSUNG

KV 3 UND 4: 1. 9 + 2 = 11; **2.** 4 + 2 = 6; **3.** 1 + 2 = 3; **4.** 3 € + 2 € = 5 €; **5.** 3 + 4 + 2 = 9; **6.** 2 € + 2 € = 4 €
KV 5 UND 6: 1. Ja: 9 + 2 = 11; **2.** Ja: 4 + 2 = 6; **3.** Ja: 1 + 2 = 3; **4.** Ja: 3 € + 2 € = 5 €; **5.** Nein: 3 + 4 + 2 = 9; **6.** Nein: 2 € + 2 € = 4 €

TIPP FÜR DIE WEITERARBEIT Wenn die SuS die KVs bearbeitet haben, können sie sich eigene Rechengeschichten ausdenken. Dazu können Kinder auf Förderhorizont 1 und 2 den Bildern selbst entdeckte Aufgaben mit Pfeilen zuordnen oder eigene kleine Bilder zu selbst ausgedachten Aufgaben malen. Kinder auf Förderhorizont 3 und 4 können dies durch kleine Sätze ergänzen.

> 💬 Die Rechengeschichten auf KV 3–6 sind **dem sprachlichen Niveau der Förderhorizonte angepasst:** Die Zuordnung der entsprechenden Details auf den Bildern und der richtigen Rechenaufgabe erfolgt auf Förderhorizont 1 mit Hilfe von einfachen Aussagesätzen, auf Förderhorizont 2 mit Hilfe von Sätzen mit Satzklammer, auf Förderhorizont 3 mit Hilfe von Sätzen mit Inversion und auf Förderhorizont 4 mit Hilfe von Sätzen mit Nebensatzstrukturen.

Auf dem Bauernhof

Sprachförderung PLUS
Förderbausteine für den Soforteinsatz im Regelunterricht
ISBN 978-3-12-666802-6

Wie viele?

Schau die Bilder genau an und kreuze die richtigen Antworten an.

1| Wie viele Eier liegen in den Nestern?
☐ 1 Ei ☐ 5 Eier ☐ 9 Eier

2| Wie viel kostet eine Kugel Eis?
☐ 2 € ☐ 1 € ☐ 3 €

3| Wie viele Enten schwimmen auf dem See?
☐ 2 Enten ☐ 4 Enten ☐ 6 Enten

4| Wie viele Gänse sind auf der Wiese?
☐ 7 Gänse ☐ 8 Gänse ☐ 9 Gänse

5| Wie viel kosten 10 Äpfel?
☐ 6 € ☐ 4 € ☐ 2 €

6| Wie viele Kugeln Eis kauft Miro?
☐ 5 Kugeln Eis ☐ 3 Kugeln Eis ☐ 2 Kugeln Eis

7| Wie viele Pferde sind auf der Weide?
☐ 1 Pferd ☐ 2 Pferde ☐ 3 Pferde

8| Wie viele Schinken hängen im Laden?
☐ 14 Schinken ☐ 1 Schinken ☐ 3 Schinken

9| Wie viel kostet ein Brot?
☐ 3 € ☐ 1 € ☐ 4 €

Sprachförderung PLUS
Förderbausteine für den Soforteinsatz im Regelunterricht
ISBN 978-3-12-666802-6

Rechengeschichten

Zu welchen Bildern gehört die Geschichte? Verbinde.
Welche Aufgabe gehört dazu? Schreibe die Aufgabe auf.

1| Der Bauer hat 11 Gänse.

$9 + 2 = 11$

$4 + 2 = 6$

2| Es sind 4 Hühner und 2 Küken.

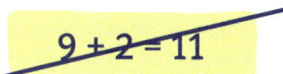
~~$9 + 2 = 11$~~

3| Der Bauer hat 3 Pferde.

$3€ + 2€ = 5€$

$1 + 2 = 3$

4| 1 Brot und 10 Eier kosten 5 €.

$2€ + 2€ = 4€$

5| In den Nestern liegen 9 Eier.

$3 + 4 + 2 = 9$

6| Alina kauft 5 Äpfel und 5 Birnen.

Sprachförderung PLUS
Förderbausteine für den Soforteinsatz im Regelunterricht
ISBN 978-3-12-666802-6

ok Klett

Rechengeschichten

Zu welchen Bildern gehört die Geschichte? Verbinde.
Welche Aufgabe gehört dazu? Schreibe die Aufgabe auf.

1| Der Bauer will die Gänse in den Stall bringen. Er muss 11 Gänse holen.

9 + 2 = 1 1

2| Die Bäuerin muss sich um die 4 Hühner und die 2 Küken kümmern.

3| Der Bauer muss noch 2 Pferde von der Weide holen.

4| Die Frau will ein Brot und 10 Eier kaufen. Sie muss 5 € bezahlen.

5| Die Hühner haben 9 Eier gelegt.

6| Alina will 5 Äpfel und 5 Birnen kaufen.

2 € + 2 € = 4 €

~~9 + 2 = 11~~

4 + 2 = 6

3 € + 2 € = 5 €

1 + 2 = 3

3 + 4 + 2 = 9

Sprachförderung PLUS
Förderbausteine für den Soforteinsatz im Regelunterricht
ISBN 978-3-12-666802-6

Klett

Rechengeschichten

Lies die Geschichte genau durch. Schau dir die Bilder genau an. Schreibe die richtige Rechnung dazu.

Stimmt die Geschichte? Kreuze an.

1| Zuerst bringt der Bauer 9 Gänse auf die Wiese.
Dann holt er noch die Gänse vom Hof.
Zusammen sind es 11 Gänse.

$$9 + 2 = 1\ 1$$

2| Jeden Tag muss der Hahn auf 4 große Hühner und
2 kleine Küken aufpassen.

3| Gestern hat der Bauer 2 Pferde auf die Weide gebracht.
Zusammen hat er 3 Pferde.

4| Zuerst kauft die Frau ein Brot. Dann nimmt sie noch
10 Eier. Sie muss 5 € bezahlen.

5| Zuerst holt die Bäuerin 3 Eier aus dem Nest.
Dann findet sie noch 4 Eier. Zum Schluss findet sie
2 Eier. Zusammen sind es 10 Eier.

6| Zuerst kauft Alina 5 Äpfel. Dann kauft sie 5 Birnen.
Sie muss 5 € bezahlen.

$$2€ + 2€ = 4€$$

$$\cancel{9 + 2 = 11}$$

$$4 + 2 = 6$$

$$3€ + 2€ = 5€$$

$$1 + 2 = 3$$

$$3 + 4 + 2 = 9$$

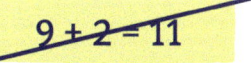

Sprachförderung PLUS
Förderbausteine für den Soforteinsatz im Regelunterricht
ISBN 978-3-12-666802-6

Rechengeschichten

Lies die Geschichte genau durch.
Schau dir die Bilder genau an.
Schreibe die richtige Rechnung dazu.

Stimmt die Geschichte? Kreuze an.

1| Wenn der Bauer alle Gänse auf die Wiese bringt,
dann sind es zusammen 11 Gänse.

$9 + 2 = 1\ 1$

2| Der Hahn hat viel Arbeit, weil er auf 4 große Hühner
und auf 2 Küken aufpassen muss.

3| Wenn der Bauer insgesamt 3 Pferde hat, dann müssen
2 auf der Weide und ein Pferd im Stall sein.

4| Die Frau braucht 5 €, weil sie ein Brot und 10 Eier
kaufen will.

5| Wenn in den Nestern 3, 4 und 2 Eier liegen, dann sind es
insgesamt 10 Eier.

6| Alina muss 5 € bezahlen, wenn sie 5 Äpfel und 5 Birnen
kauft.

$2 € + 2 € = 4 €$

$9 + 2 = 11$

$4 + 2 = 6$

$3 € + 2 € = 5 €$

$1 + 2 = 3$

$3 + 4 + 2 = 9$

Sprachförderung PLUS
Förderbausteine für den Soforteinsatz im Regelunterricht
ISBN 978-3-12-666802-6

Sophia und die Katzenkinder

Eigene Texte altersgemäß verfassen zu können, ist ein grundlegendes Ziel des Grundschulunterrichts. Kindern im Zweitspracherwerb fällt die Produktion schriftlicher Texte besonders schwer, auch wenn sie alltagssprachlich bereits kompetent agieren und kommunizieren können. Die Produktion von Schriftsprache erfordert andere, komplexere Kompetenzen: Im Gegensatz zur gesprochenen Sprache, die in der Regel dialogisch gebraucht wird, ist die Produktion von schriftlichen Texten ein monologischer Prozess, der nicht an eine gemeinsame Äußerungssituation mit mehreren Beteiligten gebunden ist. Beim Sprechen nehmen Ausdrücke wie „hier", „da" oder „gleich" unmittelbar auf die Äußerungssituation Bezug und werden oftmals durch Gesten unterstützt. In schriftlichen Texten muss die Bezugssituation erst schriftlich angelegt werden, daher müssen diese deiktischen Ausdrücke hier auch anders gebraucht werden (z.B. „Sophia ging im Garten spazieren. Sie hatte ihren neuen Katzenpulli an. Da begegnete sie Katzenkindern."). Hinzu kommt, dass viele Ausdrücke und Füllwörter in der schriftlichen Sprache nicht verwendet werden.

Gesprochene Sprache ist kurzlebig, oft verkürzt, und auch bei Muttersprachlern kommt es zu Äußerungsabbrüchen oder Fehlern, da es nach Äußerungsbeginn noch zu Änderungen der Redeabsicht kommen kann. Schriftliche Texte tolerieren solche Abweichungen von der Standardsprache nicht. Um sie produzieren zu können, ist sowohl die Planung einzelner Äußerungen als auch die Planung des gesamten Textes notwendig. Die einzelnen Sätze müssen durch komplexe Mittel miteinander in Beziehung gesetzt werden, z.B. durch den Gebrauch von Konjunktionen (Bindewörter, z.B. „denn", „bevor", „damit") oder Anaphern (Wörter, deren Bezugselement im vorhergehenden Text zu suchen ist, z.B. Pronomen).

Neben den Schwierigkeiten, die auch noch herkunftssprachliche Kinder mit der Planung und Gestaltung von Texten haben, kommen für Kinder im Zweitspracherwerb die Probleme mit der Zweitsprache hinzu. Damit Kinder bei der Textproduktion gut unterstützt werden können, empfiehlt sich unbedingt die Erhebung ihrer schriftsprachlichen Kompetenzen. In vielen Fällen wird festzustellen sein, dass sich die Kinder im mündlichen und schriftlichen Bereich auf unterschiedlichen Förderhorizonten befinden.

Der folgende Baustein zeigt Möglichkeiten auf, wie Kinder im Zweitspracherwerb in die Aktivitäten zur Textproduktion einbezogen werden können und die Aufgabenstellung so angepasst werden kann, dass die SuS von Anfang an an Prozessen der Textproduktion partizipieren können. Bildergeschichten eignen sich u.a. deshalb gut zur Förderung des schriftlichen Erzählens, weil sie die Aufgaben, die von den Kindern im Schreibprozess zu lösen sind, durch eine gewisse Vorentlastung reduzieren: Die Geschichte ist durch die Bilder bereits in Teilhandlungen gegliedert und damit vorstrukturiert. Die Visualisierung der Handlung bietet viele methodische Möglichkeiten, die Schreibaufgabe so zu gestalten, dass sie von allen Kindern erfolgreich bewältigt werden kann, z.B. Arbeit mit Denk- oder Sprechblasen, Bild-Text-Zuordnung etc.

Überblick über die Förderangebote

- Einführung des schreibrelevanten Wortschatzes
- Ideen zu Bildern/Bilderfolgen versprachlichen (mündlich)
- eine eigene Geschichte präsentieren
- über selbst verfasste Texte sprechen

KV1 Zu einer Bildergeschichte erzählen: „Sophia und die Katzenkinder"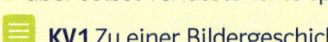

Präsentation/Schreibkonferenz

FÖRDERHORIZONT 1

- Sicherung des Wortschatzes zur Bilderfolge
- Bildern und Denkblasen einfache Sätze zuordnen
- ein mögliches Geschichtenende erfinden (und schreiben)

KV2, KV3 Eine Bildergeschichte schreiben: Sophia und die Katzenkinder

FÖRDERHORIZONT 2

- sinnerfassendes Lesen
- Bildern einfache Sätze zuordnen
- Sätze zur Geschichte in die richtige Reihenfolge bringen
- ein mögliches Geschichtenende erfinden und schreiben

KV4 Eine Bildergeschichte schreiben: Sophia und die Katzenkinder

FÖRDERHORIZONT 3

- Sätze zu vorgegebenen Satzanfängen schreiben
- Inversion
- ein mögliches Geschichtenende erfinden und schreiben

KV5 Eine Bildergeschichte schreiben: Sophia und die Katzenkinder

FÖRDERHORIZONT 4

- mit Hilfe von Leitfragen einen Text zur Bildergeschichte schreiben
- Nebensätze (besonders mit „weil")
- ein mögliches Geschichtenende erfinden und schreiben

KV6 Eine Bildergeschichte schreiben: Sophia und die Katzenkinder

Wortschatz

NOMEN die Katze, das Katzenkind, die Katzenmutter, das Gras, der Pulli, der Busch, der Faden, die Kralle ...

VERBEN spazieren gehen, verwechseln, liegen, laufen, herausziehen, auftrennen, hören, passieren, jemandem begegnen ...

ADJEKTIVE aufgeregt, ärgerlich, überrascht, scharf ...

SONSTIGE zurück, plötzlich, auf einmal, huch! ...

PHRASEN einen Pulli anhaben ...

ANGEBOTE FÜR DIE GESAMTE LERNGRUPPE

Zu einer Bildergeschichte erzählen: „Sophia und die Katzenkinder"

MATERIAL/VORBEREITUNG vergrößerte Bilder 1–3 von KV1, Wortkarten:

- zu Bild 1: Sophia, der Katzenpulli, der Garten, spazieren gehen
- zu Bild 2: im Gras liegen, die Katzenkinder
- zu Bild 3: der Busch, die Katzenmutter, aufgeregt, ärgerlich

DURCHFÜHRUNG Die Lehrkraft präsentiert den Kindern Bild 1 der Bildergeschichte als stummen Impuls. Die Kinder versprachlichen ihre Assoziationen zum Bild. Dabei steuert und unterstützt die Lehrkraft je nach Unterrichtssituation. Kindern auf Förderhorizont 1 und 2 bietet sie die Wortkarten an und lässt sie zuordnen.

**Beispiele für einfache Fragen und Impulse
(Förderhorizont 1 und 2):**

„Wer ist das?"

„Was ist das?"

„Was macht Sophia?"

„Was hat Sophia an?"

„Regnet es oder scheint die Sonne?"

**Beispiele für anspruchsvollere Fragen und Impulse
(Förderhorizont 3 und 4):**

„Was passiert hier?"

„Was denkst du? Was passiert jetzt?"

„Wie ist der Tag, an dem Sophia spazieren geht?"

Nachdem die Kinder ihre Ideen zum Bild und ihre Vermutungen über den Fortgang der Geschichte geäußert haben, präsentiert die Lehrkraft das zweite Bild der Bildergeschichte. Entsprechend der Sprachfertigkeiten der SuS unterstützt sie sie bei der Versprachlichung ihrer Gedanken zum Bild / zur Bildfolge:

**Beispiele für einfache Fragen und Impulse
(Förderhorizont 1 und 2):**

„Wer ist das?"

„Was ist das?"

„Was machen die Katzenkinder?"

„Was denken die Katzenkinder?

„Was macht Sophia?"

**Beispiele für anspruchsvollere Fragen und Impulse
(Förderhorizont 3 und 4):**

„Was passiert hier?"

„Was denkst du? Warum laufen die Katzenkinder zu Sophia?"

„Wie geht die Geschichte weiter?"

Ebenso wird abschließend mit dem dritten Bild der Bildergeschichte verfahren.

**Beispiele für einfache Fragen und Impulse
(Förderhorizont 1 und 2):**

„Wer ist das?"

„Was macht die Katzenmutter?"

„Ist die Katzenmutter aufgeregt?"

„Was denkt die Katzenmutter?"

„Will die Katzenmutter ihre Kinder wiederhaben?"

**Beispiele für anspruchsvollere Fragen und Impulse
(Förderhorizont 3 und 4):**

„Was passiert hier?"

„Warum ist die Katzenmutter so aufgeregt?"

„Wie geht die Geschichte weiter?"

Wenn die Kinder mit der Geschichte und dem notwendigen Vokabular vertraut geworden sind und im Unter-

richtsgespräch auf diese Weise bereits Schreibideen vorbereitet wurden, erhalten die Kinder Schreibaufträge zur Geschichte entsprechend ihrem Förderhorizont (→ Angebote für Förderhorizont 1–4).

> Im Unterrichtsgespräch werden die **Schreibaufgaben** für die Kinder vorbereitet. Die erfolgreiche Bewältigung der jeweiligen sprachlichen Anforderungen wird durch verschiedene Maßnahmen im Vorfeld erleichtert: Bereitstellung des Basiswortschatzes, Entwicklung von Schreibideen, Vorentlastung der Schreibplanung, Fokussierung der Aufmerksamkeit auf das Handlungsgeschehen und nicht auf die einzelnen Bilder.

Präsentation/Schreibkonferenz

MATERIAL/VORBEREITUNG Schreibaufgaben der Förderhorizonte 1–4

DURCHFÜHRUNG Nachdem die Kinder aller Förderhorizonte ihre Texte und Bilder zur Bildergeschichte fertiggestellt haben, werden die Ergebnisse der Klassengemeinschaft präsentiert und in einer Schreibkonferenz gewürdigt. Besondere Aufmerksamkeit ´sollte dabei das von den Kindern ausgedachte Ende der Geschichte erhalten.

Gegebenenfalls unterstützt die Lehrkraft die SuS bei der Präsentation ihres Ergebnisses, da es nicht allen Kindern gelingt, eigene Texte so vorzutragen, dass andere folgen können. Die Präsentation durch die Lehrkraft unterstützt in diesem Fall die Fokussierung auf den Text statt auf den Schülervortrag. Die Lehrkraft achtet bei den Texten auf die Vollständigkeit der Sätze und die Stellung des Verbs, um aus den Beobachtungen weiterführende Fördermaßnahmen abzuleiten.

Ideen und Impulse zur Präsentation und zum Umgang mit den Arbeitsergebnissen:

Förderhorizont 1:

Sprachgewandte Kinder (Kinder auf Förderhorizont 4, Muttersprachler) oder die Lehrkraft erzählen die Geschichte von Sophia so, dass der Verfasser der Denkblasen diese in die Erzählung einbringen kann, z.B.:

Lehrkraft/Kind: „An einem schönen Sommertag geht Sophia im Garten spazieren. Sie hat ihren neuen Katzenpulli an. Sophia spaziert im Garten herum und denkt: …"

Kind (Förderhorizont 1): „Ein schöner Tag!"

Förderhorizont 2:

Die Kinder lesen ihre Arbeitsergebnisse vor. Die Klasse prüft, ob chronologisch erzählt wurde, diskutiert über die richtige Reihenfolge der Sätze und formuliert Begründungen dazu.

Förderhorizont 3:

Die Kinder lesen ihre Arbeitsergebnisse vor. Die Klasse gibt Rückmeldung, ob die Geschichte verständlich ist oder ob etwas fehlt, damit man die Geschichte verstehen kann. Verbesserungsvorschläge, wie sie aus dem aktuellen Deutschunterricht abgeleitet werden können (z.B. Verwendung von Adjektiven, verschiedene Satzanfänge), werden eingebracht.

Förderhorizont 4:

Die Kinder lesen ihre Geschichten vor. Die Klasse gibt Rückmeldung zu folgenden Punkten:

- Wird alles Wichtige erzählt oder fehlt etwas, damit man die Geschichte verstehen kann?
- Wird alles in der richtigen Reihenfolge erzählt?
- Was ist besonders gut an der Geschichte?
- Gibt es sprachliche Verbesserungsvorschläge, die aus dem aktuellen Deutschunterricht abgeleitet werden können (z.B. Verwendung von Adjektiven, verschiedene Satzanfänge)?

TIPPS FÜR DIE WEITERARBEIT

- Die Lösungen der Kinder werden dem letzten Bild der Bildergeschichte gegenübergestellt. Sprachstarke Kinder schreiben einen Text zur Originalgeschichte.
- Die Geschichten werden zu einem Buch gebunden. Dieses kann ausgestellt oder ausgeliehen, der Nachbarklasse präsentiert oder auf dem nächsten Elternabend vorgestellt werden.
- Die Kinder malen die Bildergeschichte auf eine Papierrolle für das Kamishibai (japanisches Holztheater) und erzählen die Geschichte / lesen die Geschichte beim Abrollen vor.

> 💬 Die Ergebnisse der Textproduktion werden nach der Fertigstellung gewürdigt. Die Kinder erfahren, dass sie zu lohnenswerten Ergebnissen kommen können und werden dadurch ermutigt, sich auch an folgenden Schreibaufgaben zu erproben. Im Fokus der Präsentationsphase / der **Schreibkonferenz** stehen die kreativen Ideen der Kinder zum möglichen Ende der Geschichte. Hinweise zur Überarbeitung werden vorsichtig in Hinblick auf das jeweilige Anforderungsniveau gegeben (z.B. Reihenfolge der Sätze ändern, verschiedene Satzanfänge verwenden). Mit Fehlern, die sich aus dem Sprachstand der Kinder ergeben, geht die Lehrkraft tolerant um.

ANGEBOT FÜR FÖRDERHORIZONT 1

📄 KV 2, KV 3 Eine Bildergeschichte schreiben: Sophia und die Katzenkinder 💬

MATERIAL/VORBEREITUNG ein Bild von einer Kralle und einem Pullover als Anregung für Kinder, die keine eigene Lösung für das Ende der Geschichte finden

DURCHFÜHRUNG Nachdem das Schreiben zur Bildergeschichte in der Gesamtgruppe vorbereitet wurde, bieten die beiden KVs für Förderhorizont 1 den Kindern verschiedene Möglichkeiten: KV 2 trägt zur Sicherung des relevanten Wortschatzes bei, indem Bildern einfache Sätze zugeordnet werden. So können die Kinder in der späteren Präsentationsphase den Schreibergebnissen global folgen. KV 3 führt die Kinder zu einem vorzeigbaren Schreibergebnis, indem sie Denkblasen zu Bildern gestalten. Je nach Sprachstand der SuS kann die Lehrkraft die KVs mit Sätzen anbieten, die den Denkblasen zugeordnet werden müssen, oder diese weglassen, sodass die Kinder selbst Texte erfinden können.

Die Anforderung, selbstständig ein Geschichtenende zu erfinden, können die Kinder auf Förderhorizont 1 durch Malen lösen. Kindern, die keine eigene Lösung zur Geschichte finden, bietet die Lehrkraft die Bildkarte mit der Kralle und dem Pullover als Anregung an. Bei Bedarf unterstützt die Lehrkraft die SuS beim Schreiben von Denk- oder Sprechblasen oder fordert sie auf, andere Kinder zu fragen, was die Figuren auf dem letzten Bild denken oder sagen könnten.

> 💬 Die **Kombination von Bild und Text** durch das Schreiben von Denk- oder Sprechblasen führt zu Schreibergebnissen, die die Kinder mit Stolz präsentieren können. Da die Bilder die nötigen Informationen liefern, um die Geschichte verstehen zu können, sind keine komplexen Strukturen nötig, um die Inhalte wiederzugeben. Somit bleibt das Schreiben zur Geschichte eine lösbare Aufgabe für Kinder auf Förderhorizont 1.

ANGEBOT FÜR FÖRDERHORIZONT 2

KV 4 Eine Bildergeschichte schreiben: Sophia und die Katzenkinder

MATERIAL/VORBEREITUNG ein Bild von einer Kralle und einem Pullover als Anregung für Kinder, die keine eigene Lösung für das Ende der Geschichte finden. KV 2, wenn die SuS noch Probleme mit dem geschichtenrelevanten Wortschatz haben.

DURCHFÜHRUNG Nachdem das Schreiben zur Bildergeschichte in der Gesamtgruppe vorbereitet wurde, bearbeiten die Kinder KV 4. Ihre Geschichte entsteht, indem sie zunächst Sätze in die richtige Reihenfolge bringen und sie dann den Bildern zuordnen. Neben dem sinnerfassenden Lesen trainiert diese Aufgabe die Fähigkeit, einen Text chronologisch aufzubauen.

Die Anforderung, selbstständig ein Geschichtenende zu finden, können die Kinder auf Förderhorizont 2 durch Malen vorbereiten. Kindern, denen keine eigene Lösung für das Ende der Geschichte einfällt, bietet die Lehrkraft die Bildkarte mit der Kralle und dem Pullover als Anregung an.

Bei Bedarf unterstützt die Lehrkraft die Kinder beim Schreiben einfacher Sätze zum Geschichtenende, indem sie je nach Sprachstand des Kindes

- Fragen zum Bild stellt, deren Beantwortung zu einem einfachen Text führt, z. B.:
  „Was macht die Katzenmutter?"
  „Was machen die Katzenkinder?"
  „Was passiert mit dem Katzenpulli?"
- mit dem Kind über sein gefundenes Geschichtenende spricht und ein Wortgeländer vorbereitet, mit dessen Hilfe die Auflösung versprachlicht werden kann (z. B. die Katzenmutter – der Katzenpulli – scharfe Kralle – Faden herausziehen – Pulli auftrennen).

> Die Aufgabe bleibt für Kinder auf Förderhorizont 2 überschaubar, weil sie noch keinen ganzen Text zu den Bildern gestalten müssen. Somit entfallen viele Aufgaben, die bei der Anlage einer Geschichte bewältigt werden müssen (z. B. die Situierung, die Gestaltung einer Einleitung). Trotzdem übt die schriftliche Versprachlichung des Geschichtenendes die **Produktion satzübergreifender Äußerungen**.

ANGEBOT FÜR FÖRDERHORIZONT 3

KV 5 Eine Bildergeschichte schreiben: Sophia und die Katzenkinder

MATERIAL/VORBEREITUNG ein Bild von einer Kralle und einem Pullover als Anregung für Kinder, die keine eigene Lösung für das Ende der Geschichte finden. KV 2, wenn die SuS noch Probleme mit dem geschichtenrelevanten Wortschatz haben.

DURCHFÜHRUNG Nachdem das Schreiben zur Bildergeschichte in der Gesamtgruppe vorbereitet wurde, bearbeiten die Kinder KV 5: Mit Hilfe von Wortgeländern vervollständigen sie vorgegebene Satzanfänge. Dann denken sie sich ein Ende zur Geschichte aus, das sie zunächst in das leere Feld malen. Kindern, die keine eigene Lösung für das Ende der Geschichte finden, bietet die Lehrkraft die Bildkarte mit der Kralle und dem Pullover als Anregung an.

Bei Bedarf unterstützt die Lehrkraft die Kinder dann beim Schreiben des Geschichtenendes, indem sie

- Fragen zum Bild stellt, deren Beantwortung zu einem Text führt, z. B.:
  „Was macht die Katzenmutter?"
  „Was passiert dann?"
  „Was machen die Katzenkinder dann?"
  „Was passiert dann mit Sophia?"
- mit dem einzelnen Kind über sein Geschichtenende spricht und ein Wortgeländer vorbereitet, mit dessen Hilfe es seine Auflösung versprachlichen kann (z. B. dann – die Katzenmutter – der Katzenpulli – scharfe Kralle – Faden herausziehen – Pulli auftrennen).

> Die Kinder auf Förderhorizont 3 werden bei der Produktion ihres Textes durch Satzanfänge, die die Erzählung chronologisch strukturieren, und Stichwörter unterstützt. Die vorgegeben Satzanfänge ziehen **Inversionsstrukturen** nach sich, deren Erwerb ein zentrales Ziel für Kinder auf Förderhorizont 3 darstellt.

ANGEBOT FÜR FÖRDERHORIZONT 4

📝 KV 6 Eine Bildergeschichte schreiben: Sophia und die Katzenkinder ⚇

MATERIAL/VORBEREITUNG als Anregung für Kinder, die keine eigene Lösung zur Geschichte finden: Bildkarte von einer Kralle und einem Pullover. KV 2, wenn die SuS noch Probleme mit dem geschichtenrelevanten Wortschatz haben.

DURCHFÜHRUNG Nachdem das Schreiben zur Bildergeschichte in der Gesamtgruppe vorbereitet wurde, schreiben die Kinder die Geschichte auf, indem sie auf KV 6 Leitfragen zur Geschichte schriftlich beantworten. Dann denken sie sich ein mögliches Ende zur Geschichte aus und malen ein Bild dazu in das leere Feld auf der KV. Kindern, die keine eigene Lösung für das Ende der Geschichte finden, bietet die Lehrkraft die Bildkarte mit der Kralle und dem Pullover als Anregung an. Bei Bedarf unterstützt die Lehrkraft die Kinder beim Schreiben des Geschichtenendes, indem sie

- Fragen zum Bild stellt, deren Beantwortung zu einem Text zum Bild führt, z.B.:
  „Was macht die Katzenmutter?"
  „Was passiert dann?"
  „Was machen die Katzenkinder dann?"
  „Was macht Sophia dann?"
- mit dem einzelnen Kind über sein gefundenes Geschichtenende spricht und ein Wortgeländer vorbereitet, mit dessen Hilfe es seine Auflösung versprachlichen kann (z.B. dann – die Katzenmutter – der Katzenpulli – scharfe Kralle – Faden herausziehen – Pulli auftrennen).

> 💬 Die Kinder auf Förderhorizont 4 werden beim formalen Aufbau der Bildergeschichte durch Leitfragen unterstützt. Die Fragen auf KV 6 fordern den **Gebrauch von Nebensätzen** heraus, durch die sich die Zusammenhänge der Geschichte anschaulich darstellen lassen.

Bildergeschichte:
Sophia und die Katzenkinder

1

2

3

4

Sprachförderung PLUS
Förderbausteine für den Soforteinsatz im Regelunterricht
ISBN 978-3-12-666802-6

Sophia und die Katzenkinder

Schreibe die Wörter und Sätze auf die passenden Linien.

~~Sophia~~ 🐾 die Katzenmutter 🐾 die Katzenkinder
der Garten 🐾 der Katzenpulli 🐾 der Busch

Die Katzenkinder laufen zu Sophia.

Sophia geht im Garten spazieren.

Die Katzenmutter ist aufgeregt und ärgerlich.

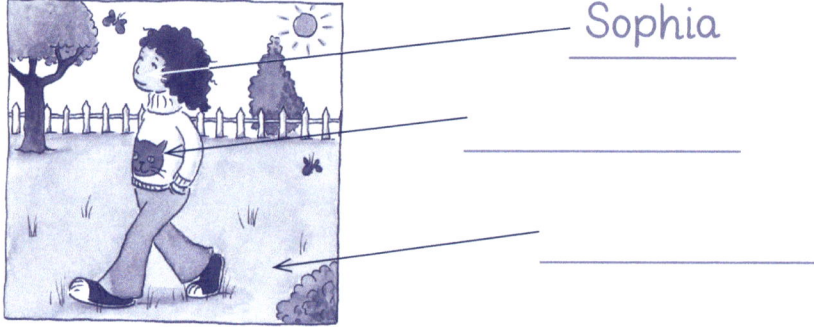

_____ Sophia
_____
_____

_____

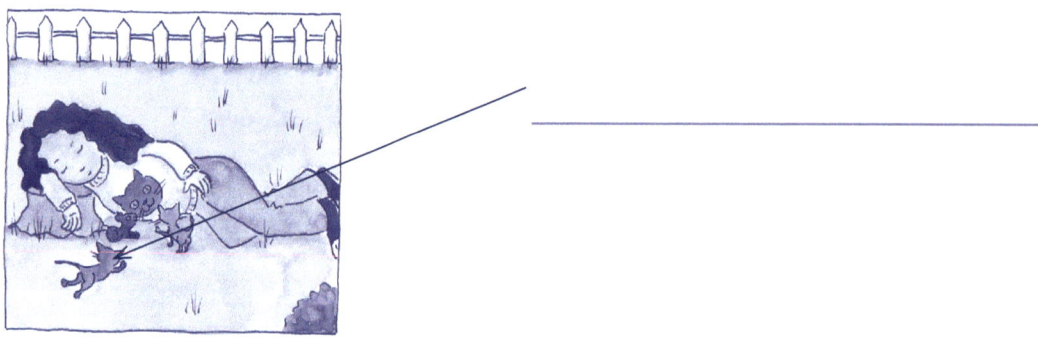

_____

_____

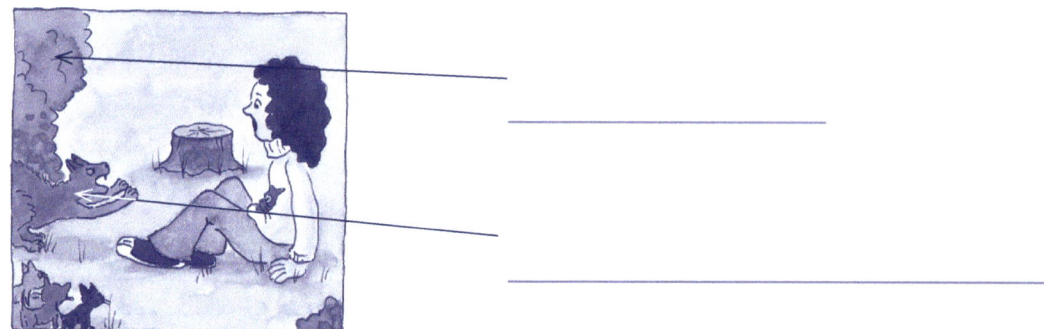

_____

_____

_____

Sophia und die Katzenkinder

Schreibe die Sätze in die passende Denkblase.

Ein schöner Tag!
Ich höre Katzen.
Halt! Das sind meine Kinder!

Unsere Mama ist aber groß!
Huch, das ist nicht unsere Mama!

Was denkst du? Wie geht die Geschichte aus? Male das letzte Bild.

Sprachförderung PLUS
Förderbausteine für den Soforteinsatz im Regelunterricht
ISBN 978-3-12-666802-6

Sophia und die Katzenkinder

Sortiere die Sätze nach der richtigen Reihenfolge.
Schreibe dann die Sätze zu den passenden Bildern.

(2) Sie hat ihren neuen Katzenpulli an.
(1) Sophia geht im Garten spazieren.
(   ) 3 kleine Katzenkinder laufen zu Sophia.
(   ) Sophia liegt im Gras.
(   ) Die Katzenmutter ist aufgeregt und ärgerlich.
(   ) Die Katzenmutter kommt plötzlich aus einem Busch.

1. _____   3. _____

2. _____   4. _____

5. _____

6. _____

Was denkst du? Wie geht die Geschichte aus?
Male in das letzte Kästchen und schreibe das Ende in dein Heft.

Sprachförderung PLUS
Förderbausteine für den Soforteinsatz im Regelunterricht
ISBN 978-3-12-666802-6

Sophia und die Katzenkinder

Zu welchen Bildern passen diese Wörter? Schreibe sie unter die Bilder.

Katzenpulli anhaben ʊ im Garten spazieren gehen ʊ ärgerlich
Katzenkinder ʊ im Gras liegen ʊ Katzenmutter ʊ aus einem Busch

_____

_____

_____

_____

_____

_____

Wie geht die Geschichte aus? Male in das letzte Kästchen.
Schreibe nun die Geschichte in dein Heft.

An einem sonnigen Nachmittag ...

Sie ...

Sophia ...

Auf einmal ...

Plötzlich ...

Die Katzenmutter ...

Sprachförderung PLUS
Förderbausteine für den Soforteinsatz im Regelunterricht
ISBN 978-3-12-666802-6

Sophia und die Katzenkinder

Wie könnte die Geschichte ausgehen? Male deine Lösung auf.

Schreibe die Geschichte in dein Heft.
Diese Fragen können dir dabei helfen:

1| Wo ist Sophia? Was macht sie?
2| Was hat sie an?
3| Was macht Sophia dann?
4| Was machen die Katzenkinder?
5| Warum laufen sie zu Sophia?
6| Was macht die Katzenmutter? Warum ist sie aufgeregt?
7| Was passiert dann?

Sprachförderung PLUS
Förderbausteine für den Soforteinsatz im Regelunterricht
ISBN 978-3-12-666802-6

JAHRESZEITEN
Gedichte über den Herbst

Zum Deutschunterricht der Grundschule gehört auch die Begegnung mit lyrischen Texten. Gedichte werden sowohl im Deutschunterricht als auch in der Sprachförderung mit den verschiedensten Zielsetzungen eingesetzt, z.B. zur Förderung der phonologischen Bewusstheit, zur Erarbeitung von Textsortenkriterien, zum Kennenlernen alternativer Ausdrucksformen – um nur einige zu nennen.

Gedichte unterscheiden sich von Gebrauchstexten neben ihren formalen Eigenschaften auch durch ihre Subjektivität. Sie regen zu einem kreativen Sprachgebrauch an und drücken subjektive Stimmungen in verdichteter Form aus. Nicht immer werden in Gedichten die sonst geltenden sprachlichen Regeln beachtet; zur Erzielung bestimmter Wirkungen werden z.B. Wörter anders angeordnet als gewöhnlich, Ellipsen benutzt und Metaphern eingesetzt.

Allein diese wenigen Beispiele machen deutlich, dass Kindern im Zweitspracherwerb der Zugang zu Gedichten sprachlich teilweise versperrt bleiben kann. Über die eigene Textproduktion – angepasst an das jeweilige Sprachprofil des Kindes – können jedoch auch Kinder im Zweitspracherwerb an die ästhetische Funktion der Sprache herangeführt werden und neue Formen kennenlernen, sich auszudrücken.

Am Beispiel von Herbstgedichten werden Möglichkeiten gezeigt, wie auch Kinder mit wenigen Deutschkenntnissen lyrische Texte zum Ausdruck subjektiver Erfahrungen verfassen können, in einem sinnstiftenden Zusammenhang zum Nachdenken über passende Wörter (Begriffe finden, Nuancen erkennen …) angeregt werden und mit verschiedenen Wirkungen von Sprache experimentieren können.

Überblick über die Förderangebote

GESAMTE LERNGRUPPE
■ Wortschatzerarbeitung im realen Kontext Herbstspaziergang 👥 📄 **KV1, KV 2** Unsere Herbstwörter 👥

FÖRDERHORIZONT 1	FÖRDERHORIZONT 2
■ das Akrostichon-Prinzip umsetzen ■ passende Wörter zum Thema „Herbst" auswählen ■ (Gebrauch der neuen Begriffe in einfachen Sätzen) 📄 **KV 3** Herbst-Akrostichon 👤 oder 👥	■ das Rondell-Prinzip umsetzen ■ einfache, passende Sätze zum Thema Herbst schreiben 📄 **KV 4** Herbst-Rondell 👤 oder 👥

FÖRDERHORIZONT 3	FÖRDERHORIZONT 4
■ die Elfchen-Regeln umsetzen ■ ein Elfchen zum Thema Herbst schreiben 📄 **KV 5** Herbst-Elfchen 👤 oder 👥	■ Analogiebildung zu einem Herbstgedicht ■ einfache, passende Sätze zum Thema Herbst schreiben ■ eigene, sinnliche Erfahrungen sprachlich angemessen gestalten 📄 **KV 6, KV 7** Herbstgedicht 👤 oder 👥

Wortschatz

NOMEN der Herbst, das Blatt, der Apfel, die Birne, die Traube, die Nuss, der Drachen, der Wind, der Regen, der Regentropfen, der Nebel, der Tropfen, die Ernte, das Fest, der Baum, die Kastanie, das Laub, der Sturm, der Pilz, die Laterne, das Feuer, die Ruhe, das Regenwetter, die Fensterscheibe …

VERBEN sehen, riechen, schmecken, hören, (sich) fühlen, fallen, rascheln, knacken, wehen, klopfen, rollen …

ADJEKTIVE süß, gelb, rot, windig, saftig, nass, grau, bunt, golden, stürmisch, reif, feucht, neblig, fruchtig, kalt, schimmelig, trüb, pfeifend …

ANGEBOTE FÜR DIE GESAMTE LERNGRUPPE

Herbstspaziergang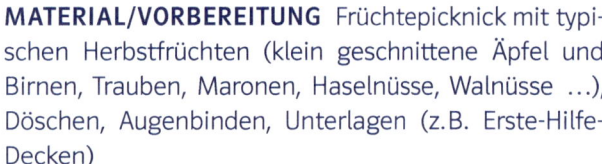

MATERIAL/VORBEREITUNG Früchtepicknick mit typischen Herbstfrüchten (klein geschnittene Äpfel und Birnen, Trauben, Maronen, Haselnüsse, Walnüsse …), Döschen, Augenbinden, Unterlagen (z.B. Erste-Hilfe-Decken)

DURCHFÜHRUNG Im Herbst unternimmt die Lehrkraft mit der Klasse einen Spaziergang – je nach Standort der Schule z.B. in den Wald, in die Felder oder in den Park. Durch verschiedene Aktivitäten wie die folgenden wird der Herbst über alle Sinne erfahrbar gemacht.

Sehen

Die Kinder erhalten in Gruppen den Auftrag, viele verschiedenfarbige Blätter zu sammeln und die Blätter nach Farben zu sortieren. Wenn ausreichend viele Blätter gesammelt wurden, legen die Kinder daraus ein Bild oder ein Wort.
Die Lehrkraft begleitet die Aktivitäten der Kinder sprachlich, z.B.: „Ihr habt viele gelbe Blätter gesammelt. Die roten Blätter gefallen mir sehr gut. Dort hinten habt ihr die orangefarbenen Blätter gefunden."

Hören

Die Kinder liegen mit geschlossenen Augen auf den Unterlagen und lauschen in die Natur. Nach einer Weile berichten sie, was sie in der Schweigezeit alles gehört haben. Die Lehrkraft unterstützt die Kinder dabei.

Beispiele für einfache Fragen und Impulse (Förderhorizont 1 und 2):
„Wer hat einen Vogel gehört?"
„Habt ihr einen Vogel oder eine Maus gehört?"
„War der Vogel laut oder leise?"

Beispiele für anspruchsvollere Fragen und Impulse (Förderhorizont 3 und 4):
„Was hast du entdeckt?"
„Warum kann man den Wind hören?"
„Du hast eine Maus gehört. Wie heißen die Geräusche?"

Schmecken

Die Lehrkraft verzehrt mit den Kindern in einer Ruhepause das vorbereitete Früchtefrühstück und spricht mit ihnen über die verschiedenen Geschmackserlebnisse. Dabei werden auch die verschiedenen Fruchtsorten benannt.

Beispiele für einfache Fragen und Impulse (Förderhorizont 1 und 2):
„Ist das eine Traube oder eine Nuss?"
„Schmeckt die Birne süß oder sauer?"
„Wie schmeckt der Apfel?"

Beispiele für anspruchsvollere Fragen und Impulse (Förderhorizont 3 und 4):
„Wie schmeckt ein reifer Apfel?"
„Welche Frucht schmeckt am süßesten?"
„Wie fühlt sich die Frucht im Mund an?"

Riechen

Die Lehrkraft sammelt mit den Kindern verschiedene Proben in die Döschen (z.B. Erde, Grashalme, kleine Blätter, Rinde, Humus, Getreidekörner, Trauben) und begleitet dies sprachlich.
Bsp.: „In diese Dose kommt eine Traube. Sie riecht fruchtig."
Die Döschen können dann für verschiedene Spiele genutzt werden:

- Ratespiel „Was ist hier drin?"
  Die Kinder bekommen die Augen verbunden und schnüffeln an einem geöffneten Döschen. Sie müssen erraten, welche Probe darin ist.

- Ratespiel: „Wo riecht es erdig?"
  Die Döschen stehen geöffnet vor den Kindern. Nun stellt die Lehrkraft eine „Riechfrage", z.B. „Wo riecht es erdig/muffig/fruchtig/frisch?"
  Die Kinder schnuppern an den Dosen und suchen eine heraus, die zur gestellten Frage passt.

Fühlen

Jeweils drei bis vier Kinder stehen mit verbundenen Augen in einer Schlange, indem sie sich jeweils an den Schultern des Kindes vor ihnen festhalten. Die Lehrkraft führt die Kinder ganz langsam und vorsichtig zu verschiedenen Stellen, die Naturerfahrungen ermöglichen (z.B. Baumrinde abtasten, mit der Hand in einem Blätterhaufen rühren, sich auf ein Moospolster legen).

Die jeweiligen Erfahrungen begleitet die Lehrkraft sprachlich, z.B.:

„Die Rinde fühlt sich ganz rau und kratzig an."

„Die Blätter fühlen sich leicht und luftig an. Sie sind feucht."

KV 1, KV 2 Unsere Herbstwörter

MATERIAL/VORBEREITUNG KV 1 auf DIN A3 vergrößern, Sachbücher zum Thema Jahreszeiten, Herbstgeschichten, Herbstbilder, Herbstlyrik, Wörterbücher

DURCHFÜHRUNG Im Anschluss an den Herbstspaziergang erstellen die Kinder eine Sammlung von Wörtern, die zum Thema „Herbst" passen. Die Lehrkraft informiert die Kinder darüber, dass die Wörter gebraucht werden, um später ein Gedicht über den Herbst zu schreiben, und erinnert sie an die Sinneswahrnehmungen, die sie auf dem Herbstspaziergang gesammelt haben.

Die SuS sammeln in Zweiergruppen Wörter, die zu den fünf Sinnen passen, indem sie
- das Vokabular des Herbstspaziergangs sammeln,
- mit Büchern arbeiten (Sachbücher, Herbstgeschichten, Herbstlyrik, Herbstbilder, Wörterbücher),
- die vorbereitete Wörterliste von KV 2 zu Hilfe nehmen (besonders für Kinder auf Förderhorizont 1 und 2 empfehlenswert).

Die gesammelten Wörter schreiben sie auf KV 1 in die Blätter mit dem entsprechenden Symbol. Im Anschluss an die Partnerarbeit werden die Arbeitsergebnisse verglichen. Kinder auf Förderhorizont 3 und 4 kann die Lehrkraft motivieren, Begründungen für die Auswahl bestimmter Wörter zu geben, z.B.:

„Wieso habt ihr dieses Wort ausgesucht?"

„Warum habt ihr (…) in das Blatt zum Hören geschrieben?"

Die Plakate mit den Herbstblättern werden (nach rechtschriftlicher Überarbeitung) in der Klasse ausgehängt, damit sie den SuS für den nachfolgenden Schreibprozess zur Verfügung stehen.

ANGEBOT FÜR FÖRDERHORIZONT 1

KV 3 Herbst-Akrostichon oder

MATERIAL/VORBEREITUNG Plakate mit Herbstwörtern (s.o.), Herbstbilder, Sach- und Wörterbücher

DURCHFÜHRUNG Die Kinder erhalten den Auftrag, nach den Vorbildern auf KV 3 allein oder zusammen mit einem Partner eigene Herbst-Akrosticha zu schreiben. Je nach Sprachvermögen können die Kinder Sätze schreiben oder es bei einem Wort-Akrostichon belassen. Die vorher erarbeiteten Herbstplakate, die Herbstbilder und die Sach- und Wörterbücher können dabei zu Hilfe genommen werden.

VARIATION Die Kinder gestalten (Herbst-)Akrosticha in ihrer Herkunftssprache und gestalten sie passend zum Thema. Die anderen Kinder raten, was das senkrechte Wort auf Deutsch bedeutet.

ANGEBOT FÜR FÖRDERHORIZONT 2

KV 4 Herbst-Rondell oder

MATERIAL/VORBEREITUNG Den unteren Teil von KV 4 nach hinten umknicken. Plakate mit Herbstwörtern (s.o.), Herbstbilder, Sach- und Wörterbücher.

DURCHFÜHRUNG Die Kinder erhalten den Auftrag, nach dem Vorbild auf KV 4 allein oder zusammen mit einem Partner eigene Herbst-Rondelle zu schreiben. Die vorher erarbeiteten Herbstplakate, Herbstbilder und die Sach- und Wörterbücher können zu Hilfe genommen werden. Kinder, die noch sprachliche Schwierigkeiten bei der Bewältigung der Aufgabe oder keine Ideen haben, können mit Hilfe des umgeknickten Satzangebots ein Rondell schreiben.

VARIATION Die Kinder gestalten (Herbst-)Rondelle in ihrer Herkunftssprache.

> Das Verfassen von Herbst-Rondellen fordert die Fähigkeit der Kinder heraus, einfache Sätze auf Deutsch zu verfassen. Die Aufgabe bleibt überschaubar, weil mit nur fünf Sätzen eine lyrische Wirkung erzeugt werden kann. Die Kinder können mit diesen Sätzen explorieren, sie unterschiedlich einsetzen und so die **unterschiedlichen Wirkungen erproben**. Sie erfahren Sprache als eine Möglichkeit, Stimmungen zu erzeugen.

ANGEBOT FÜR FÖRDERHORIZONT 3

 KV 5 Herbst-Elfchen ☺ oder ☺☺

MATERIAL/VORBEREITUNG Den unteren Teil von KV 5 nach hinten umknicken. Plakate mit Herbstwörtern (s.o.), Herbstbilder, Sach- und Wörterbücher

DURCHFÜHRUNG Die Kinder erhalten den Auftrag, nach dem Vorbild auf KV 5 allein oder zusammen mit einem Partner eigene Herbst-Elfchen zu schreiben. Die vorher erarbeiteten Herbstplakate, Herbstbilder und die Wörterbücher und Sachbücher können zu Hilfe genommen werden. Kinder, die noch sprachliche Schwierigkeiten bei der Bewältigung der Aufgabe oder keine Ideen haben, können mit Hilfe des umgeknickten Wortangebots ein Elfchen schreiben.

VARIATION Die Kinder gestalten (Herbst-)Elfchen in ihrer Herkunftssprache.

> Neben einem **kreativen Umgang mit Sprache** verlangt das Schreiben eines Elfchens auch die Einhaltung bestimmter Regeln (Inhalt der Zeile, Anzahl der Wörter). Um diese Anforderungen erfüllen zu können, müssen die Kinder über syntaktische und semantische Basiskompetenzen verfügen, z.B. über Kenntnisse darüber, welche Wortgruppen in einem Satz nicht getrennt werden dürfen etc. Hier gilt es, verschiedene Möglichkeiten zu prüfen und diejenigen auszuwählen, die sowohl der Regel entsprechen als auch die Äußerungsabsicht am besten transportieren.

ANGEBOT FÜR FÖRDERHORIZONT 4

 KV 6, KV 7 Herbstgedicht ☺ oder ☺☺

MATERIAL/VORBEREITUNG Plakate mit Herbstwörtern (s.o.), Herbstbilder, Sach- und Wörterbücher

DURCHFÜHRUNG Die Kinder erhalten den Auftrag, nach dem Vorbild auf KV 6 allein oder zusammen mit einem Partner ein eigenes Herbstgedicht zu schreiben. Die vorher erarbeiteten Herbstplakate, Herbstbilder und die Sach- und Wörterbücher können zu Hilfe genommen werden. Für diejenigen Kinder, die Schwierigkeiten haben, Ausdrucksformen im lyrischen Bereich zu finden, steht KV 7 als weitere Hilfe zur Verfügung.

> Das Schreiben des Herbstgedichts, das der Erlebnis- bzw. Stimmungslyrik zuzuordnen ist, stellt besonders beim Verstehen und Verfassen von bildhaften Vergleichen eine Herausforderung für die Kinder dar. Diese ist nur auf der Grundlage der eigenen Herbsterfahrungen zu leisten. Die Kinder werden an einen **differenzierten Sprachgebrauch** herangeführt, der über die 1:1-Zuordnung von Begriffen zu Gegenständen, Handlungen und Sachverhalten hinausgeht.

TIPP FÜR DIE WEITERARBEIT Zum Schluss können sich die Kinder aller Förderhorizonte gegenseitig ihre Ergebnisse in gemütlicher Atmosphäre (z.B. in der Leseecke) im Herbstgedichte-Treff vorstellen. Dann können die Gedichte – eventuell nach einer Überarbeitung – als Schmuckblatt gestaltet ausgehängt oder als Buch gebunden werden.

> Das Schreiben von Gedichten erfordert einen **sensiblen Umgang mit den Ergebnissen der Kinder**. Hier werden die SuS aufgefordert, sich in ihrer Zweitsprache expressiv in ästhetischer Form zu äußern. Die Erfahrung, diese Aufgabe bewältigen und einen wirkungsvollen Text in einer anderen Sprache verfassen zu können, sollte im Vordergrund stehen. Wenn es sich um die ersten Versuche der Kinder in dieser Ausdrucksform handelt, sollte noch auf eine Schreibkonferenz verzichtet und diese durch ein „Gedichte-Treff" ersetzt werden. Hier werden die Gedichte vorgestellt und gewürdigt, ohne dass Produkte verglichen oder zu Kriterien in Bezug gesetzt werden. Bei Klassen, die schon erfahren im Verfassen von Gedichten sind, können die Texte in der Schreibkonferenz besprochen und anschließend überarbeitet werden.

Unsere Herbstwörter

**Den Herbst kann man sehen, riechen, hören, schmecken und fühlen.
Schreibt dazu passende Wörter in die Blätter.**

Sprachförderung PLUS
Förderbausteine für den Soforteinsatz im Regelunterricht
ISBN 978-3-12-666802-6

Unsere Herbstwörter

Mit diesen Wörtern kann man den Herbst beschreiben.
Schreibt sie in das passende Blatt.
Aber aufgepasst: Manche Wörter passen in mehrere Blätter.
Manche gehören gar nicht dazu. Streicht sie durch!

die Traube 🍂 gelb 🍂 grau 🍂 der Drachen

der Schnee 🍂 tief 🍂 wehen 🍂 der Apfel 🍂 windig

das Blatt 🍂 schreiben 🍂 feucht 🍂 rascheln

saftig 🍂 die Birne 🍂 der Wind 🍂 süß 🍂 nass 🍂 braun

der Pilz 🍂 der Regen

der Baum 🍂 fruchtig

fallen 🍂 schwimmen

der Stift 🍂 bunt 🍂 lila

der Nebel 🍂 die Nuss

kalt 🍂 golden

der Regentropfen

die Kastanie 🍂 der Sturm

leise 🍂 knacken 🍂 das Laub 🍂 rot 🍂 schimmelig 🍂 die Ernte

das Fest 🍂 das Gemüse 🍂 das Feuer

Sprachförderung PLUS
Förderbausteine für den Soforteinsatz im Regelunterricht
ISBN 978-3-12-666802-6

Herbst-Akrostichon

H erbstzeit
E rntezeit
R uhe
B unt
S turm
T rauben

N achts ist es kalt.
E s regnet.
B ald beginnt der Winter.
E s ist grau.
L aternen brennen.

Bei einem Akrostichon werden die Buchstaben
eines Wortes untereinander geschrieben.
Jeder Buchstabe ist der Anfang eines neuen Wortes oder Satzes,
der zum Thema passt.

Schreibe ein Akrostichon. Unsere Herbstwörter helfen dir dabei.

_____

_____

_____

_____

_____

_____

_____

_____

_____

Sprachförderung PLUS
Förderbausteine für den Soforteinsatz im Regelunterricht
ISBN 978-3-12-666802-6

Herbst-Rondell

Der Herbst ist da.
Er kommt mit bunten Blättern.
Er raschelt an den Zweigen.
Der Herbst ist da.
Er bringt uns Äpfel und Birnen.
Der Drachen fliegt zum Himmel.
Der Herbst ist da.
Er kommt mit bunten Blättern.

**Ein Rondell besteht aus 8 Zeilen. Die 1., 4. und 7. Zeile sind gleich.
Auch die 2. und 8. Zeile sind gleich.**

Schreibe nun Sätze über den Herbst und gestalte sie als Rondell.

1|

2|

3|

4|

5|

6|

7|

8|

Dir fällt nichts ein? Dann darfst du das Blatt aufknicken.

— — — — — — — — — nach hinten knicken — — — — — — — —

Es ist neblig. Der Regen klopft an die Fensterscheiben.
Das rote Blatt fällt vom Baum. Die Kastanien rollen auf der Erde.
Die Trauben schmecken süß.

Sprachförderung PLUS
Förderbausteine für den Soforteinsatz im Regelunterricht
ISBN 978-3-12-666802-6

Herbst-Elfchen

Herbst
Goldene Blätter
wehen im Wind.
Ich raschele im Laub.
Glück!

Nebel
Wind heult.
Regentropfen am Fenster.
Ich bleibe zu Hause.
Novemberwetter

Ein Elfchen besteht immer aus 11 Wörtern.

Zeile	Anzahl der Wörter	Inhalt
1	1	eine Sache, ein Gegenstand, ein Gedanke, eine Farbe, ein Geruch
2	2	ein Gegenstand mit Artikel, ein Nomen mit einem Verb
3	3	Wo oder wie ist der Gegenstand oder die Sache?
4	4	etwas über dich selbst
5	1	ein Abschlusswort

Schreibe nun dein eigenes Herbst-Elfchen.

_____

_____

_____

_____

_____

Dir fällt nichts ein? Dann darfst du das Blatt aufknicken.

— — — — — — — — — — nach hinten knicken — — — — — — — —

Zu diesen Themen kannst du ein Elfchen schreiben:

bunt ✿ Laterne ✿ Kastanien ✿ Regenwetter ✿ windig ✿ grau

Sprachförderung PLUS
Förderbausteine für den Soforteinsatz im Regelunterricht
ISBN 978-3-12-666802-6

Herbstgedicht

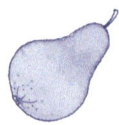 

Der Herbst

Der Herbst ist bunt.
Er schmeckt nach reifen Trauben
und riecht nach duftigen Blättern.
Der Herbst sieht aus wie ein goldenes Bild
und ist das Geräusch fallender Früchte.
Im Herbst fühle ich mich wie ein fliegender Drachen.

Wie empfindest du den Herbst? Schreibe dein eigenes Herbst-Gedicht.

Welche Farbe hat der Herbst? _____

_____

Wie schmeckt er? _____

_____

Wie riecht er? _____

_____

Wie sieht er aus? _____

_____

Wie hört er sich an? _____

_____

Wie fühlst du dich im Herbst? _____

_____

Dir fällt nichts ein? Dann darfst du dir das nächste Arbeitsblatt holen.

Sprachförderung PLUS
Förderbausteine für den Soforteinsatz im Regelunterricht
ISBN 978-3-12-666802-6

Herbstgedicht

Mit diesen Ideen fällt es dir bestimmt leicht, ein Herbstgedicht zu schreiben. Verändere die Ideen so, dass sie in dein Herbstgedicht passen.

Der Herbst

golden.

Der Herbst ist   bunt.

grau.

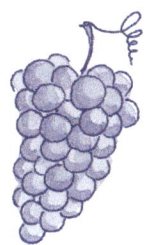

saftigen Äpfeln

Er schmeckt nach   reifen Trauben

nassen Tropfen

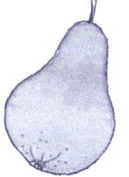

kaltem Nebel.

und riecht nach   duftigen Blättern.

schimmeligen Bäumen.

trüber Tag

Der Herbst sieht aus wie ein   goldenes Bild

weißes Meer

pfeifender Winde.

und ist das Geräusch   fallender Früchte.

raschelnder Blätter.

zitterndes Blatt.

Im Herbst fühle ich mich wie ein   fliegender Drachen.

starker Baum.

NATUR ERLEBEN

Schlaf gut, kleiner Igel

Sachtexten Informationen entnehmen zu können, sie zu verstehen und nutzen zu können, sind Grundvoraussetzungen für das weitere schulische und auch außerschulische Lernen. Je höher die Klassenstufe, desto mehr gewinnen Sachtexte an Bedeutung und bilden oft die Grundlage für sich anschließende Lernprozesse. Da Sachtexte sprachlich sehr anspruchsvoll sind und auf verschiedenen Ebenen Rezeptionsprobleme mit sich bringen können, konfrontieren sie Kinder im Zweitspracherwerb oft mit großen Schwierigkeiten.

Dies liegt zunächst daran, dass in Sachtexten fachspezifische Wörter – oftmals anspruchsvolle Zusammensetzungen oder Nominalisierungen – verwendet werden, die in der Alltagssprache nur sehr selten vorkommen. Hinzu kommt, dass Sachtexte in der Regel in einem unpersönlichen Sprachstil gehalten sind, mit dem die Kinder häufig nicht vertraut sind.

Außerdem sind Sachtexte sprachlich stark verdichtet: Durch die Verwendung von Bindewörtern (z.B. „deshalb", „denn"), Pronomen (z.B. „er", „ihm", „seine") oder Pronominaladverbien (z.B. „dazu" oder „hierfür") werden sprachlich verkürzt Bezüge zwischen den einzelnen inhaltlichen Elementen eines Textes hergestellt, statt die eigentlichen Ausdrücke zu wiederholen. Besondere Schwierigkeiten bereiten auch Wörter, die im Satz verschiedene Funktionen haben können, wie z.B. „es". Abgesehen davon sind Sachtexte häufig nicht linear gestaltet, es wird mit Abschnitten, Bildunterschriften, Tabellen etc. gearbeitet.

Um das Verständnis von Sachtexten im Zweitspracherwerb zu fördern, muss die Passung zwischen den bereits erreichten Fähigkeiten des Sprachenlerners und dem zu verstehenden Text aus beiden Richtungen vorgenommen werden. Das bedeutet zum einen die Anpassung des Texts an das sprachliche Niveau des Kindes und zum anderen die Förderung von Lese- und Rezeptionsstrategien zur Texterschließung.

Überblick über die Förderangebote

GESAMTE LERNGRUPPE

- Aktivierung des Vorwissens
- Einführung des Fachwortschatzes
- gelesene Informationen abrufen und zur Beantwortung von Fragen nutzen

Das weiß ich über den Igel 👥

Quizreise 👥

FÖRDERHORIZONT 1

- Begriffe im Kontext klären
- Arbeit mit einer Wörterliste / Begriffe nachschlagen
- Sätze im Text finden

📝 **KV 1, KV 2, KV 3** Umgang mit einem Sachtext: Schlaf gut, kleiner Igel 👤 oder 👥

FÖRDERHORIZONT 2

- Begriffe im Kontext klären
- Arbeit mit einer Wörterliste / Begriffe nachschlagen
- einfache Fragen beantworten
- Satzklammer mit Modalverben (müssen)

📝 **KV 1, KV 2, KV 4** Umgang mit einem Sachtext: Schlaf gut, kleiner Igel 👤 oder 👥

FÖRDERHORIZONT 3

- Begriffe im Kontext klären
- Arbeit mit einer Wörterliste / Begriffe nachschlagen
- Nomen zusammensetzen
- Antworten im Text finden
- Sätze mit Inversion

📝 **KV 5, KV 6, KV 7** Umgang mit einem Sachtext: Schlaf gut, kleiner Igel 👤 oder 👥

FÖRDERHORIZONT 4

- Begriffe im Kontext klären
- Arbeit mit einer Wörterliste / Begriffe nachschlagen
- Zusammenhang zwischen Pronomen und Nomen herstellen
- Antworten im Text finden
- Fragen mit Nebensatzstrukturen beantworten

📝 **KV 8, KV 9, KV 10** Umgang mit einem Sachtext: Schlaf gut, kleiner Igel 👤 oder 👥

Wortschatz

NOMEN der Igel, der Winterschlaf, die Jahreszeit, der Frühling, der Sommer, der Herbst, der Winter, der Stachel, der Schutz, der Platz / das Plätzchen, die Kälte, der Feind, das Versteck, der Reisighaufen, die Hecke, der Hohlraum, die Wurzel, der Baum, das Blatt, das Heu, das Stroh, die Nahrungssuche, das Fettpolster, die Fettschicht, das Insekt, die Assel, der Regenwurm, die Spinne, die Schnecke, der Tausendfüßler, die Suche, die Dämmerung, das Gebiss, die Säge, die Zähne, der Panzer …

VERBEN sich verstecken, fressen, verhungern, überleben, überstehen, durchbeißen, knacken, schlafen, trippeln, auspolstern, aufziehen …

ADJEKTIVE dick, dünn, krank, geschützt, trocken, warm, kalt, eisig, nachtaktiv, scharf, spitz, hart …

SONSTIGE nachts, am Abend …

PHRASEN die Aufzucht der Jungen …

ANGEBOTE FÜR DIE GESAMTE LERNGRUPPE

Schlaf gut, kleiner Igel (Originaltext)

Wo ist nur ein trockenes Plätzchen? Im Herbst sucht sich der Igel eine passende Stelle für den Winterschlaf. Damit er die kalte Jahreszeit übersteht, frisst er sich im Sommer eine dicke Fettschicht an. Davon zehrt er während des Winterschlafs. Manchmal aber erwacht der Igel, weil es so eisig kalt ist. Dann trippelt er umher, frisst ein bisschen und schläft wieder ein.

Gut versteckt im Schlaf

Um der strengen Winterkälte zu entgehen, braucht der Igel einen geschützten Ort. Dort muss er es möglichst warm haben. Auch vor seinen Feinden muss ihn sein Winterversteck gut verbergen. Deshalb kuschelt sich der Igel zum Winterschlaf gern in einen Reisighaufen tief in der Hecke. Oder er polstert Hohlräume zwischen den Wurzeln alter Bäume mit Blättern, Stroh und Heu aus.

Panzerknacker

Im Sommer ist der Igel die meiste Zeit auf Nahrungssuche. Neben der Aufzucht seiner Jungen muss er sich ein dickes Fettpolster anfressen, damit er im langen Winter nicht verhungert. Auf der Suche nach Insekten, Tausendfüßlern, Spinnen, Regenwürmern, Schnecken und Asseln durchstöbert er immer wieder die Hecke. Er ist meist im Dunkeln und in der Dämmerung unterwegs, denn er ist ein nachtaktives Tier. Das Igelgebiss sieht aus wie eine kleine Säge. Mit seinen scharfen und spitzen Zähnen kann der Igel den harten Panzer der Insekten leicht knacken.

Das weiß ich über den Igel

MATERIAL/VORBEREITUNG ein Poster von einem Igel, Karteikarten, Papierstreifen, dicke Filzstifte, Pinnwand, Wollfäden

DURCHFÜHRUNG Die Lehrkraft heftet das Igelposter als stummen Impuls in die Mitte der Pinnwand. Die SuS erzählen, was sie bereits über Igel wissen. Dem jeweiligen Förderhorizont entsprechend, unterstützt die Lehrkraft die Kinder bei der Versprachlichung ihres Vorwissens.

Beispiele für einfache Fragen und Impulse (Förderhorizont 1 und 2):
„Hast du schon einmal einen Igel gesehen?"
„Wo lebt der Igel?"
„Welche Farbe hat der Igel?"
„Kannst du einen Igel anfassen?"
„Ist der Igel im Winter wach oder schläft er?"

Beispiele für anspruchsvollere Fragen und Impulse (Förderhorizont 3 und 4):
„Was weißt du schon über den Igel?"
„Warum kann man einen Igel nicht anfassen?"
„Warum hat der Igel Stacheln?"
„Warum sterben manche Igel im Winter?"
„Warum ist der Igel im Frühling so dünn?"

Die Äußerungen der Kinder greift die Lehrkraft auf und modelliert sie, z.B.:
Kind: „Der Igel hat so spitze Haare. Ganz hart."
Lehrkraft: „Genau, der Igel hat ganz spitze Stacheln."

Im Unterrichtsgespräch werden wichtige Fachausdrücke (z.B. die Stacheln, die spitzen Zähne) gesammelt und von der Lehrkraft auf Karteikarten geschrieben. Die Karten werden von den Kindern an die Pinnwand geheftet und mit den Wollfäden mit dem dazu passenden Bildausschnitt verbunden. Ebenso können Sätze mit dem Vorwissen der Kinder formuliert, auf die Papierstreifen geschrieben und unter das Bild geheftet werden.

💬 Vor der Textbegegnung wird das Vor- und allgemeine Weltwissen der Kinder aktiviert, sodass das anschließende Textverstehen erleichtert wird: Vorwissen und Hypothesen bauen beim Leser eine Sinnerwartung auf, die eine wissensgeleitete Textentschlüsselung ermöglicht. Zum Verstehen des Gelesenen wird der **aktivierte Kontext** sinnstiftend hinzugezogen, sodass auch Kinder, die nicht alle Wörter und Sätze in einem Text verstehen oder entschlüsseln können, den Text in einem ersten Schritt zumindest global erfassen können.

Quizreise 👥

MATERIAL/VORBEREITUNG Bearbeitung des Sachtextes bzw. der Angebote für Förderhorizont 1–4

DURCHFÜHRUNG Die Kinder sitzen an ihren Plätzen. Ein Kind (Kind A) beginnt mit der Quizreise, indem es zu einem anderen Kind (Kind B) „reist" und sich hinter dessen Stuhl stellt. Die Lehrkraft stellt den beiden Kindern eine Quizfrage zum Sachtext. Das Kind, das die Frage beantworten konnte, setzt die Quizreise fort.

Beispiele: Ja-/Nein-Fragen
Macht der Igel einen Sommerschlaf?
Sucht der Igel im Herbst einen geschützten Ort?
Versteckt sich der Igel im Winter im Haus?
Wacht der Igel im Winter manchmal auf?
Hat der Igel Feinde?
Frisst der Igel Insekten?
Hat der Igel spitze Zähne?

Beispiele: Entscheidungsfragen
Macht der Igel einen Sommerschlaf oder einen Winterschlaf?
Der Igel sucht einen geschützten Ort. Im Sommer oder im Herbst?
Was frisst der Igel? Insekten oder Fische?
Wie sieht das Gebiss des Igels aus? Wie ein Hammer oder wie eine Säge?

Damit alle SuS nach und nach in das Spiel einbezogen werden, wird folgendermaßen gespielt: Wenn Kind A die Frage zuerst richtig beantworten konnte, reist es weiter zu einem anderen Kind und Kind B dreht seinen Stuhl um, sodass erkennbar ist, dass es schon am Spiel teilgenommen hat. Wenn Kind B die Frage zuerst richtig beantworten konnte, reist es weiter zu einem anderen Kind. Kind A setzt sich auf den freien Platz und dreht dabei den Stuhl um, sodass erkennbar ist, dass es schon am Spiel teilgenommen hat.

Wenn alle Kinder an der Reihe waren, kann das Spiel weitergeführt werden, wobei die Stühle wieder in die ursprüngliche Position zurückgedreht werden.

💬 Sachtexte dienen als Quelle für Informationen, die auf verschiedene Weise weiterverwendet werden. **Quizspiele** sind eine Möglichkeit, mit Kindern die Wiedergabe von Informationen zu üben. Die hier vorgeschlagenen Quizfragen (Ja-/Nein-Fragen und Entscheidungsfragen) verlangen keine komplexen Antworten von den Kindern, sodass sie ihre Aufmerksamkeit ganz auf den Inhalt der Antwort richten können. Die Spielform ermöglicht den Kindern, sich einen Spielpartner auszuwählen, dem sie sich gewachsen fühlen. So können alle Kinder gemeinsam am Spiel teilnehmen, ohne sich gleichzeitig mit allen messen zu müssen. Auch bietet die Quizreise der Lehrkraft die Möglichkeit, einen Eindruck vom Textverständnis der Kinder zu gewinnen.

ANGEBOT FÜR FÖRDERHORIZONT 1–4

Umgang mit einem Sachtext: Schlaf gut, kleiner Igel

Nachdem das Lesen des Sachtextes vorbereitet wurde, erhalten die Kinder entsprechend ihrem Förderhorizont die KVs mit teilweise stark vereinfachten Texten. In einem ersten Schritt versuchen die Kinder, den Text mit Hilfe von Illustrationen, Bildunterschriften und den Bildern zugeordneten Wörtern zu verstehen. Im zweiten Schritt unterstreichen sie die Wörter, deren Sinn sie weiterhin nicht erfassen können. Anhand der vorbereiteten Wörterlisten klären sie die unterstrichenen Begriffe. Je nachdem, wie vertraut die Kinder mit dem Umgang mit Wörterbüchern sind, sollten auch diese zur Begriffsklärung eingesetzt werden.
Die Lesestrategien sollten vor der Lesephase durchgesprochen und an der Tafel festgehalten werden:
„Was kannst du tun, wenn du etwas nicht verstehst?
Betrachte die Bilder genau. Vergleiche die Wörter zu den Bildern mit dem Text.
Du verstehst trotzdem nicht alles? Unterstreiche die Wörter und suche sie auf deiner Wörterliste!
Dort steht das Wort nicht? Suche das Wort im Wörterbuch! Frage andere Kinder oder deine Lehrerin / deinen Lehrer!"

ANGEBOT FÜR FÖRDERHORIZONT 1

📝 **KV 1, KV 2, KV 3**
Umgang mit einem Sachtext:
Schlaf gut, kleiner Igel 👤 **oder** 👥👥

MATERIAL/VORBEREITUNG Wörterbücher, evtl. Plakatkarton

DURCHFÜHRUNG Nach dem Lesen des Textes lösen die Kinder auf KV 3 die beiden Rätsel, die sich direkt auf den Sachtext beziehen. Wenn ausreichend Zeit zur Verfügung steht, können die Kinder den entstandenen Text abschreiben und ein Plakat mit Bildern dazu gestalten.

💬 Trotz der Kürzung des Textes, der Anpassung der Syntaxstrukturen an den Förderhorizont und der dadurch starken Vereinfachung von Zusammenhängen wird der Text für Kinder auf Förderhorizont 1 eine große Herausforderung darstellen. Vorrangiges Förderziel ist die **Entwicklung von Strategien**, mit solchen Herausforderungen zielführend umzugehen. In diesem Beispiel wird die Nutzung von Kontextinformationen (Bilder, Bildunterschriften, Bild-Wort-Glossar) trainiert, um zu einem globalen Verstehen des Textes zu kommen. Unverstandenes nachzuschlagen, ist eine äußerst hilfreiche Strategie, dem Sinn eines Textes auf die Spur zu kommen, wird aber oft von Kindern vermieden, weil ihnen der Umgang mit Wörterbüchern nicht ausreichend vertraut ist. Die Arbeit mit vorbereiteten Wörterlisten, die überschaubarer sind und zu schnelleren Ergebnissen führen, eignet sich gut zur Anbahnung. Die Lösung der teilweise wortwörtlich übernommenen Rätselfragen ermöglicht eine enge Orientierung am Text.

ANGEBOT FÜR FÖRDERHORIZONT 2

📝 **KV 1, KV 2, KV 4**
Umgang mit einem Sachtext:
Schlaf gut, kleiner Igel 👤 **oder** 👥👥

MATERIAL/VORBEREITUNG Wörterbücher, evtl. Plakatkarton

DURCHFÜHRUNG Nach dem Lesen des Textes beantworten die SuS auf KV 4 einfache Fragen, die sich unmittelbar auf den Text beziehen. Zum Schluss bilden sie aus vorgegebenen Bauteilen Sätze zu den Überwinterungsstrategien des Igels und üben dabei die Bildung von Sätzen mit Satzklammer. Wenn ausreichend Zeit zur Verfügung steht, können die Kinder den entstandenen Text abschreiben und ein Plakat mit Bildern zum Sachtext gestalten.
Die Lehrkraft betreut die Kinder und leitet sie zur Einhaltung der auf KV 4 angegebenen Arbeitsschritte an.

💬 Die Kinder auf Förderhorizont 2 bearbeiten einen stark vereinfachten und gekürzten Text, dessen Verständnis durch zusätzliche Informationen (Bilder, Bildunterschriften, Bild-Wort-Glossar) erleichtert wird. Die Arbeit mit einer Wörterliste führt auf den Umgang mit einem Wörterbuch oder Nachschlagewerk hin und wird als eine **Strategie zur Texterschließung** in der Förderung kontinuierlich gefördert.
Die Fragen, die die Kinder beantworten, sind unmittelbar am Text orientiert. Die Kinder können die im Text formulierten Sätze als Modelle zur Beantwortung der Frage fast wortwörtlich übernehmen, wenn sie die entsprechende Stelle im Text gefunden haben.
Wesentliche Informationen des Textes werden zudem durch eine zweite Übung gesichert, in der die Kinder vorgegebene Satzteile zu Sätzen mit Modalklammer (mit „müssen") zusammensetzen.

ANGEBOT FÜR FÖRDERHORIZONT 3

KV 5, KV 6, KV 7
Umgang mit einem Sachtext:
Schlaf gut, kleiner Igel oder

MATERIAL/VORBEREITUNG Wörterbücher, evtl. Plakatkarton

DURCHFÜHRUNG Nach dem Lesen des Textes setzen sich die SuS mit der Bildung der im Text gebrauchten Nomen auseinander. Danach beantworten sie auf KV 7 Fragen, die sich unmittelbar auf den Text beziehen. Wenn ausreichend Zeit zur Verfügung steht, können die Kinder den entstandenen Text abschreiben und ein Plakat mit Bildern zum Sachtext gestalten.
Die Lehrkraft betreut die Kinder und leitet sie zur Einhaltung der auf KV 7 angegebenen Arbeitsschritte an.

Eine Reduzierung der Nebensatzstrukturen, unmittelbarer Bild-Text-Bezug und Vermeidung von Abstrakta erleichtern Kindern auf Förderhorizont 3 die Erschließung des vereinfachten Sachtextes. **Spezifisches Vokabular** lässt sich mit Hilfe eines Glossars zum Text erschließen. Dies kommt vor allen Dingen jenen Kindern entgegen, denen der Umgang mit Wörterbüchern oder Nachschlagewerken noch nicht vertraut ist. Die Arbeit mit einem Wörterbuch oder Nachschlagewerk sollte kontinuierlich in die Förderung integriert werden.
Da im Text verschiedene **zusammengesetzte Nomen (Komposita)** vorkommen, wird deren Bildung geübt. Dadurch erkennen die Kinder z.B., dass der Artikel eines zusammengesetzten Nomens vom Grundwort übernommen wird. Solche Erkenntnisse sind wichtig für das Verständnis von Texten, wenn Nomen durch Pronomen ersetzt werden.
Die Fragen, die die Kinder beantworten, orientieren sich unmittelbar am Text. Ihre Beantwortung trainiert die Bildung von Sätzen mit Inversion.

ANGEBOT FÜR FÖRDERHORIZONT 4

KV 8, KV 9, KV 10
Umgang mit einem Sachtext:
Schlaf gut, kleiner Igel oder

MATERIAL/VORBEREITUNG Wörterbücher, evtl. Plakatkarton

DURCHFÜHRUNG Nach dem Lesen des Textes leitet Aufgabe 1 auf KV 10 die SuS zum Umgang mit dem Text an. Danach beantworten sie Fragen, die sich unmittelbar auf den Text beziehen. Wenn ausreichend Zeit zur Verfügung steht, können die Kinder den entstandenen Text abschreiben und ein Plakat mit Bildern zum Sachtext gestalten.
Die Lehrkraft betreut die Kinder und leitet sie zur Einhaltung der auf KV 10 angegebenen Arbeitsschritte an.

Die Kinder auf Förderhorizont 4 arbeiten mit dem Originaltext, auch wenn sie noch nicht alle sprachlichen Strukturen meistern oder alle Begriffe differenziert verstehen können. Ziel der Förderung ist es, die Kinder zu befähigen, Strategien zur Bearbeitung von Texten zu entwickeln, die ihnen helfen, auch komplexere Texte zu verstehen. Neben der Textentlastung durch Bilder gewinnt für Kinder auf Förderhorizont 4 das Nachschlagen von Wörtern eine hohe Bedeutung. Viele der Wörter, über die die Kinder stolpern werden, lassen sich nicht mehr visuell darstellen (z.B. „Ausnahmefall", „Erfahrung") und müssen durch den Gebrauch in erklärenden Kontexten erschlossen werden. Den Kindern, denen der Umgang mit Wörterbüchern noch nicht hinreichend vertraut ist, erleichtert ein textspezifisches Glossar die Arbeit des Nachschlagens und führt zur Arbeit mit Wörterbüchern und Nachschlagewerken hin.
Neben dem Verstehen der im Text gebrauchten Begriffe ist das Verständnis von Referenten auf vorher genannte Figuren im Text eine grundlegende Voraussetzung für das Textverständnis, das trainiert werden muss. Die Kinder müssen erkennen, dass im Text „Igel" im Singular durch die **Pronomen** „er", „ihn" und „seine", „Igel" im Plural durch das Relativpronomen „die" repräsentiert wird.
Die Fragen, die die Kinder bearbeiten, orientieren sich unmittelbar am Text. Ihre Beantwortung trainiert die Produktion von Nebensätzen, deren Erwerb zur Darstellung von Zusammenhängen wichtig ist.

Schlaf gut, kleiner Igel

Lies dir den Text genau durch.

Der Igel schläft im Winter

Der Igel sucht im Herbst einen Platz für
den Winterschlaf. Im Winter ist es sehr
kalt. Der Igel braucht Schutz vor der Kälte
und seinen Feinden. Der Igel versteckt sich
in einem Reisighaufen unter der Hecke.
Er versteckt sich auch in den Blättern
zwischen den Wurzeln von Bäumen.

Dort ist es schön warm im Winter.

Im Winter

die Blätter

zwischen den Wurzeln

der Baum

Ein Versteck

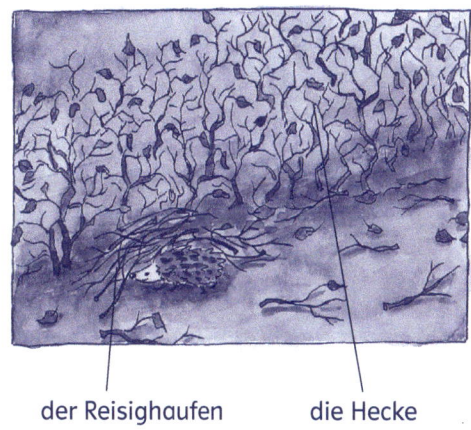

der Reisighaufen   die Hecke

Der Igel frisst Insekten

Im Sommer frisst der Igel viel.
Er sucht Insekten, Asseln, Regenwürmer,
Schnecken, Tausendfüßer oder Spinnen.
Der Igel hat kleine spitze Zähne.
Der Igel kann mit seinen Zähnen
den harten Panzer der
Insekten durchbeißen.
Der Igel sucht am Abend
oder nachts in der Hecke
nach Nahrung.

Der Igel sucht Nahrung

der Panzer
der Regenwurm

das Gebiss
die spitzen Zähne

die Assel

das Insekt

die Schnecke

die Spinne

der Tausendfüßler

Sprachförderung PLUS
Förderbausteine für den Soforteinsatz im Regelunterricht
ISBN 978-3-12-666802-6

Schlaf gut, kleiner Igel – Wörterliste

der Abend

beißen

der Feind

fressen  Der Igel frisst gerne Insekten.

der Herbst

kalt/die Kälte

die Nahrung

schlafen
der Schlaf
Umut schläft gut.

der Schutz

der Sommer

suchen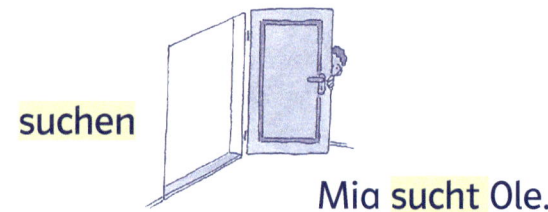
Mia sucht Ole.

warm

der Winter

Sprachförderung PLUS
Förderbausteine für den Soforteinsatz im Regelunterricht
ISBN 978-3-12-666802-6

Schlaf gut, kleiner Igel – Rätsel

1| Finde die richtigen Wörter.
Markiere im Text die Sätze, die dir bei der Lösung helfen.

Der Igel braucht einen Platz für den

___ ___ ___ ___ ___ ___ s c h ___ ___ ___ .

Der Igel braucht Schutz vor der

___ ä ___ ___ ___ ___ .

Der Igel versteckt sich in einem

___ ___ ___ ___ ___ ___ h ___ ___ ___ ___ .

Der Igel frisst

___ ___ s ___ ___ ___ ___ ___ .

Der Igel hat spitze

Z ___ ___ ___ ___ ___ .

Der Igel sucht am Abend oder nachts nach

___ ___ ___ ___ ___ u n g .

2| Im Wörtergitter haben sich 7 Wörter aus dem Text versteckt.
Kreise sie ein und schreibe sie mit Artikel auf.

I	A	M	B	S	H	E	C	K	E
W	G	E	R	O	N	T	Z	I	O
U	P	E	A	M	B	A	U	M	S
D	F	G	L	M	H	K	C	L	X
P	I	L	R	E	V	B	N	H	M
M	N	B	V	R	V	A	S	D	T
R	U	L	W	I	N	T	E	R	F
H	E	R	B	S	T	K	J	H	G

Schlaf gut, kleiner Igel

1 | Beantworte die Fragen zum Text.

 Lies die Frage genau durch. Suche im Text die Stelle,
wo du die Antwort findest. Markiere die Stelle gelb.
Schreibe die Antwortsätze fertig.

Wann sucht der Igel einen Platz für den Winterschlaf?

Der Igel sucht _____

_____ .

Wo versteckt sich der Igel im Winter?

Der Igel versteckt sich _____

_____ .

Was macht der Igel im Sommer?

Der Igel _____ .

Wann sucht der Igel nach Nahrung?

Der Igel _____

_____ .

2 | Ein Igel muss viel tun, damit er überlebt. Ergänze die folgenden Sätze:

Ein Igel muss _____ .

Er muss _____ .

Er muss _____ .

sich ein Versteck für den Winter suchen
viel fressen   nach Nahrung suchen

Sprachförderung PLUS
Förderbausteine für den Soforteinsatz im Regelunterricht
ISBN 978-3-12-666802-6

© Ernst Klett Sprachen GmbH, Stuttgart 2013 | www.klett-sprachen.de | Alle Rechte vorbehalten. Die Nutzung der Inhalte
für Text- und Data-Mining ist ausdrücklich vorbehalten und daher untersagt. Von dieser Druckvorlage ist die Vervielfältigung
für den eigenen Unterrichtsgebrauch gestattet. Die Kopiergebühren sind abgegolten.

Schlaf gut, kleiner Igel

Lies dir den Text genau durch.

Wo ist nur ein trockenes Plätzchen? Im Herbst sucht sich der Igel einen Platz
für den Winterschlaf. Davor frisst er sich im Sommer eine dicke Fettschicht an.
So kann er die kalte Jahreszeit überstehen.
Manchmal erwacht der Igel im Winter, weil es so eisig kalt ist.
Dann trippelt er umher, frisst ein bisschen und schläft wieder ein.

Gut versteckt im Schlaf

Im Winter braucht der Igel einen geschützten
Platz. Dort muss er es möglichst warm
haben. Auch vor seinen Feinden muss ihn
sein Winterversteck gut verbergen. Deshalb
kuschelt sich der Igel zum Winterschlaf
gern in einen Reisighaufen in der Hecke.
Oder er polstert Hohlräume zwischen den
Wurzeln alter Bäume mit Blättern, Stroh
und Heu aus.

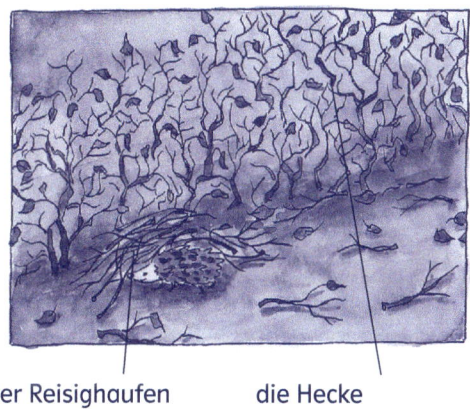

Ein Versteck

der Reisighaufen   die Hecke

Panzerknacker

Im Sommer ist der Igel die meiste Zeit auf
Nahrungssuche. Er muss seine Jungen auf-
ziehen und sich eine Fettschicht für den Winter
anfressen. Er durchstöbert die Hecke nach
Insekten, Tausendfüßlern, Spinnen,
Regenwürmern, Schnecken und
Asseln. Der Igel ist ein nachtaktives
Tier. Er ist meist im Dunkeln
und in der Dämmerung unterwegs.
Das Igelgebiss sieht aus wie eine kleine
Säge. Mit seinen scharfen und spitzen Zähnen
kann der Igel den harten Panzer der Insekten leicht knacken.
Manche Igel wurden erst spät im Jahr geboren oder haben sich nicht
genug Winterspeck angefressen. Diese Igel können die kalte Jahreszeit
kaum überleben.

Der Igel sucht Nahrung

der Panzer
der Regenwurm
das Gebiss
die spitzen Zähne
die Assel
das Insekt
die Schnecke
der Tausendfüßler
die Spinne

Sprachförderung PLUS
Förderbausteine für den Soforteinsatz im Regelunterricht
ISBN 978-3-12-666802-6

Schlaf gut, kleiner Igel – Wörterliste

der große Platz – das kleine Plätzchen

der Winterschlaf   Manche Tiere schlafen den ganzen Winter.

fressen   Tiere fressen, Menschen essen.

die Fettschicht   das Fett, das unter der Haut liegt

Er kann die kalte Jahreszeit überstehen.
  = Er kann die kalte Jahreszeit überleben.

trippeln   ganz kleine Schritte machen

ein geschützter Platz   ein Platz, der Schutz bietet,
  z. B. die Hecke

verbergen   verstecken

das Reisig   dünne Zweige

der Hohlraum   der leere Platz z. B. zwischen den Wurzeln

auspolstern   eine weiche Schicht auslegen

der Panzer   die feste Schutzschicht auf dem Insektenkörper

knacken   eine feste Schicht durchbrechen

die Nahrung   Sachen, die der Igel fressen kann

aufziehen   großziehen, dafür sorgen, dass die kleinen Igel groß werden

nachtaktiv   Nachtaktive Tiere sind nachts wach und schlafen am Tag.

die Dämmerung   die Zeit, in der es langsam hell oder dunkel wird

das Gebiss   alle Zähne

Sprachförderung PLUS
Förderbausteine für den Soforteinsatz im Regelunterricht
ISBN 978-3-12-666802-6

Schlaf gut, kleiner Igel

1| **Manche Wörter im Text wurden aus zwei Wörtern zusammengesetzt.
Schreibe die Liste fertig.**

der Winter, der Schlaf   der Winterschlaf

das Reisig, der Haufen   der _____

das Fett, die Schicht   _____

der Regen, der Wurm   _____

der Igel, das Gebiss   _____

Kennst du andere zusammengesetzte Nomen? Schreibe drei Beispiele auf.

_____

_____

2| **Beantworte die Fragen zum Text.**

> **!** Lies die Frage genau durch.
> Suche im Text die Stelle, wo du die Antwort findest.
> Markiere die Stelle gelb.
> Schreibe die Antwortsätze fertig.

Was macht der Igel im Herbst?

Im Herbst sucht_____

_____.

Was macht der Igel im Winter?

Im Winter_____.

Was macht der Igel im Sommer?

Im Sommer_____.

Schlaf gut, kleiner Igel

Lies dir den Text genau durch.

Wo ist nur ein trockenes Plätzchen? Im Herbst sucht sich der Igel eine passende Stelle für den Winterschlaf. Damit er die kalte Jahreszeit übersteht, frisst er sich im Sommer eine dicke Fettschicht an. Davon zehrt er während des Winterschlafs. Manchmal aber erwacht der Igel, weil es so eisig kalt ist. Dann trippelt er umher, frisst ein bisschen und schläft wieder ein.

Ein Versteck

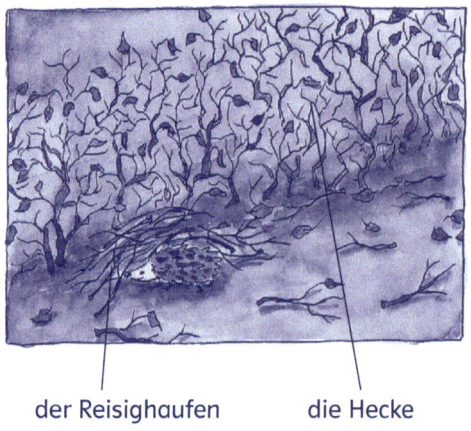

der Reisighaufen   die Hecke

Gut versteckt im Schlaf
Um der strengen Winterkälte zu entgehen, braucht der Igel einen geschützten Ort. Dort muss er es möglichst warm haben. Auch vor seinen Feinden muss ihn sein Winterversteck gut verbergen. Deshalb kuschelt sich der Igel zum Winterschlaf gern in einen Reisighaufen tief in der Hecke. Oder er polstert Hohlräume zwischen den Wurzeln alter Bäume mit Blättern, Stroh und Heu aus.

der Panzer

das Insekt   die Spinne

Der Igel sucht Nahrung

die Assel
das Gebiss   der Tausendfüßler
die Schnecke
der Regenwurm
die spitzen Zähne

Panzerknacker
Im Sommer ist der Igel die meiste Zeit auf Nahrungssuche. Neben der Aufzucht seiner Jungen muss er sich ein dickes Fettpolster anfressen, damit er im langen Winter nicht verhungert. Auf der Suche nach Insekten, Tausendfüßlern, Spinnen, Regenwürmern, Schnecken und Asseln durchstöbert er immer wieder die Hecke. Er ist meist im Dunkeln und in der Dämmerung unterwegs, denn er ist ein nachtaktives Tier. Das Igelgebiss sieht aus wie eine kleine Säge. Mit seinen scharfen und spitzen Zähnen kann der Igel den harten Panzer der Insekten leicht knacken.

Sprachförderung PLUS
Förderbausteine für den Soforteinsatz im Regelunterricht
ISBN 978-3-12-666802-6

Schlaf gut, kleiner Igel – Wörterliste

der **Winterschlaf**   Manche Tiere schlafen den ganzen Winter.

die **Fettschicht**   das Fett, das unter der Haut liegt

von der Fettschicht **zehren**   Der Igel muss lange Zeit nichts essen,
  weil er eine dicke Fettschicht hat. Er **zehrt** von seiner Fettschicht.

trippeln   ganz kleine Schritte machen

strenge Winterkälte   eine ganz starke Kälte

der Kälte **entgehen**   die Kälte vermeiden

ein **geschützter** Ort   ein Ort, der Schutz bietet

verbergen   verstecken

das **Reisig**   dünne Zweige

der **Hohlraum**   der leere Platz z. B. zwischen den Wurzeln

polstern   eine weiche Schicht auslegen

die **Aufzucht**   die jungen Tiere großziehen

das **Fettpolster**   das Fett, das unter der Haut liegt

durchstöbern   etwas durchsuchen

die **Dämmerung**   die Zeit, in der es langsam hell oder dunkel wird

nachtaktiv   Nachtaktive Tiere sind nachts wach und schlafen am Tag.

das **Gebiss**   alle Zähne

der **Panzer**   die feste Schutzschicht auf dem Insektenkörper

Sprachförderung PLUS
Förderbausteine für den Soforteinsatz im Regelunterricht
ISBN 978-3-12-666802-6

Schlaf gut, kleiner Igel

1| **Manchmal hat der Autor statt „der Igel" andere Wörter z.B. Fürwörter verwendet. Im ersten Abschnitt sind diese Wörter markiert. Markiere auch in den anderen Abschnitten die Wörter, die verwendet werden, wenn „der Igel" gemeint ist.**

2| **Beantworte nun die Fragen zum Text.**

> Lies die Frage genau durch.
> Suche im Text die Stelle, wo du die Antwort findest.
> Markiere die Stelle gelb.
> Schreibe die Antwortsätze fertig.

Warum braucht der Igel im Winter einen geschützten Ort?

Der Igel braucht einen geschützten Ort, um _____

_____.

Was macht der Igel im Sommer, damit er die kalte Jahreszeit übersteht?

Damit er die kalte Jahreszeit übersteht, _____

_____.

Warum ist der Igel meist im Dunkeln und in der Dämmerung unterwegs?

Der Igel ist meist im Dunkeln und in der Dämmerung

unterwegs, weil _____

_____.

Warum kann der Igel den Panzer von Insekten leicht durchbeißen?

Der Igel kann den Panzer von Insekten leicht durchbeißen,

weil er _____.

Sprachförderung PLUS
Förderbausteine für den Soforteinsatz im Regelunterricht
ISBN 978-3-12-666802-6

MÄRCHEN
Rapunzel

Märchen gehören zu den typischen Textsorten für die Grundschule. Sie gibt es in allen Kulturkreisen. Die Textsorte ist den Kindern aus ihrem privaten Umfeld, aus dem Kindergarten oder dem Anfangsunterricht bekannt. Aufgrund ihrer wenigen festen und typischen Elemente eignen sich Märchen in besonderer Weise für einen handlungs- und produktionsorientierten Deutschunterricht.

Sprachlich sind Märchen, wie sie in traditionellen Märchensammlungen zu finden sind, jedoch schwer zu erschließen. Dies liegt zum einen an dem heute nicht mehr üblichen Sprachgebrauch und dem spezifischen Märchenvokabular. Zum anderen werden Märchen typischerweise im Präteritum erzählt. Da das Präteritum im Mündlichen kaum verwendet wird, müssen in der Förderung ausreichend Anlässe bereitgestellt werden, um den Erwerb zu unterstützen. Die Bildung des Präteritums ist schwerer als die Bildung des Perfekts. Die Kinder werden es erst nach einiger Zeit eigenständig bilden. Vor allem der Erwerb der unregelmäßigen Formen wird längere Zeit in Anspruch nehmen und erfordert ausreichenden Input.

Kinder, die den Förderhorizonten 1 und 2 zuzuordnen sind, werden den anspruchsvollen Märchentexten kaum folgen können. Damit auch diese Kinder dem Märchen folgen können, wird dessen Inhalt in der Interaktion mit der Lerngruppe und im mündlichen Erzählstil erschlossen. Die Ablösung des mündlichen Sprachstils durch den Stil eines vorgelesenen Märchentextes wird durch vielfältige Aktivitäten vorbereitet.

Überblick über die Förderangebote

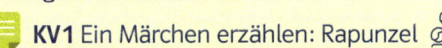

GESAMTE LERNGRUPPE

- das Märchen „Rapunzel" kennenlernen
- das Märchen global verstehen
- Fragen zum Märchen beantworten

 KV1 Ein Märchen erzählen: Rapunzel

FÖRDERHORIZONT 1	**FÖRDERHORIZONT 2**
- sinnentnehmendes Lesen - Bildern einfache Sätze zuordnen **KV1, KV2, KV3** Rapunzel	- sinnentnehmendes Lesen - Satzteile verbinden (Satzklammer mit Modalverben) **KV4** Was hat Rapunzel gedacht? und

FÖRDERHORIZONT 3	**FÖRDERHORIZONT 4**
- einem vorgelesenen Märchen im Präteritum folgen - ein Märchen aus verschiedenen Perspektiven nacherzählen - Satzanfänge variieren Ein Märchen vorlesen: Rapunzel **KV5** Rapunzel, lass dein Haar herunter	- einem vorgelesenen Märchen im Präteritum folgen - Verben im Präteritum in einen Text einfügen **KV6** Es war einmal …

Wortschatz

NOMEN der Mann, die Frau, das Kind, die Zauberin, die Mauer, der Garten, der Salat, die Not, der Turm, der Wald, die Tür, das Fenster, die Haare, der Haken, der Königssohn, die Leiter, das Glück, der Strang, die Seide, das Pferd, die Dienerin, der Strauch, der Dorn, die Wurzel, die Beere, die Stimme, die Träne, das Auge …

VERBEN sich wünschen, holen, klettern, sterben, ausstechen, stehlen, antworten, erlauben, (für etwas) sorgen, herunterlassen, einschließen, rufen, wickeln, singen, finden, reiten, hinaufsteigen, (sich) verstecken, zuhören, einwilligen, flechten, besuchen, bemerken, betrügen, abschneiden, wegbringen, fallen, zerstechen, erkennen, weinen, führen, wollen, müssen …

ADJEKTIVE heimlich, frisch, gnädig, lang, golden, undankbar, böse, verzweifelt, blind, lieblich, gesund, glücklich, zufrieden …

SONSTIGE herunter, oben …

PHRASEN Was fehlt dir?, auf etwas Lust haben, ein Kind zur Welt bringen, eines Tages, am nächsten Tag, die Angst verlieren, jedes Mal, durch die Gegend irren, in die Nähe kommen, jemandem um den Hals fallen, Es war einmal (…), Und wenn sie nicht gestorben sind, dann leben sie noch heute, Ich möchte gerne (…) …

ANGEBOTE FÜR DIE GESAMTE LERNGRUPPE

Ein Märchen erzählen: Rapunzel

Rapunzel (nach den Gebrüdern Grimm)

Es waren einmal ein Mann und eine Frau, die sich schon lange ein Kind wünschten. Hinter ihrem Haus hatte hinter einer hohen Mauer eine Zauberin einen wunderbaren Garten mit schönen Blumen und leckeren Kräutern. Doch in den Garten durfte niemand hinein, und so stand die Frau oft am Fenster ihres Hauses und schaute in den Garten. Dort standen leckere Rapunzeln und die Frau wollte unbedingt davon essen. Jeden Tag hatte sie mehr Lust auf die Rapunzeln, und weil die Frau sie nicht bekommen konnte, wurde sie sehr krank.

Da erschrak der Mann, und er fragte seine Frau: „Was fehlt dir, liebe Frau?" „Ach", antwortete die Frau, „wenn ich keine Rapunzeln aus dem Garten hinter der Mauer zu essen bekomme, sterbe ich." Der Mann hatte seine Frau sehr lieb und dachte sich: „Bevor meine Frau stirbt, hole ich lieber die Rapunzeln aus dem Garten, koste es, was es wolle." Und so kletterte er in der Abenddämmerung heimlich in den Garten der Zauberin, stach eilig eine Handvoll Rapunzeln aus und brachte sie seiner Frau. Die Frau machte gleich einen Salat daraus, der ihr

so schmeckte, dass sie am nächsten Tag wieder frische Rapunzeln haben wollte. So kletterte der Mann wieder in den Garten der Zauberin. Plötzlich stand die Zauberin vor ihm und der Mann erschrak. „Wie kannst du es wagen, in meinen Garten zu steigen und Rapunzeln zu stehlen? Das soll dir schlecht bekommen!", sprach die Zauberin zornig. „Sei gnädig mit mir", sagte er. „Ich habe aus Not gehandelt. Meine Frau hat die Rapunzeln im Garten gesehen und hat so großes Verlangen danach, dass sie sterben wird, wenn sie keine Rapunzeln bekommt."

Da antwortete die Zauberin: „Wenn es so ist, wie du sagst, will ich gnädig zu dir sein. Ich erlaube dir, so viele Rapunzeln zu holen, wie du magst. Doch eine Bedingung stelle ich: Du musst mir das Kind geben, das deine Frau zur Welt bringt. Es soll ihm gut gehen bei mir, und ich will für es sorgen wie eine Mutter."

In seiner Angst versprach der Mann der Zauberin alles und als seine Frau später eine Tochter bekam, kam die Zauberin, nannte das Kind Rapunzel und nahm es mit.

Rapunzel wurde das schönste Kind unter der Sonne. Als Rapunzel zwölf Jahre alt war, schloss die Zauberin sie in einem Turm im Wald ein. Der Turm hatte keine Tür, nur ganz oben war ein kleines Fensterchen. Wenn die Zauberin hineinwollte, rief sie:

„Rapunzel, Rapunzel, lass dein Haar herunter."

Rapunzel hatte lange goldene Haare. Wenn sie die Zauberin rufen hörte, wickelte sie ihre Haare um einen Fensterhaken. Dann fielen die Haare hinunter bis zur Zauberin und die kletterte daran hinauf.

Nach ein paar Jahren kam ein Königssohn vorbei und hörte Rapunzel in ihrem Turm singen. Der Königssohn wollte zu Rapunzel hinaufsteigen, doch er konnte keine Tür finden. Jeden Tag ritt er nun zu dem Turm und hörte Rapunzel zu. Eines Tages sah er, dass eine Zauberin zum Turm kam, und er versteckte sich hinter einem Zaun. Er hörte, wie sie rief:

„Rapunzel, Rapunzel, lass dein Haar herunter."

Er sah, wie Rapunzel ihr Haar herabließ und die Zauberin daran hinaufstieg.

„Wenn das die Leiter in den Turm ist, will ich morgen auch mein Glück versuchen", dachte der Königssohn.

Am nächsten Abend ging der Königssohn wieder zu dem Turm und rief:

„Rapunzel, Rapunzel, lass dein Haar herunter."

Da fielen Rapunzels Haare hinab und der Königssohn kletterte daran hinauf.

Der Königssohn sprach freundlich mit Rapunzel. „Hab keine Angst vor mir. Ich komme jeden Tag zu deinem Turm, weil mir dein Lied so gut gefällt." Da verlor Rapunzel ihre Angst, und sie willigte ein, als der Königssohn fragte, ob Rapunzel seine Frau werden wolle.

Rapunzel sagte: „Bringe jedes Mal, wenn du kommst, einen Strang Seide mit. Daraus will ich eine Leiter flechten. Wenn sie fertig ist, klettere ich daran hinunter und du nimmst mich auf deinem Pferd mit."

Jeden Abend besuchte der Königssohn nun Rapunzel und brachte einen Strang Seide mit.

Doch eines Tages bemerkte die Zauberin, dass der Königssohn Rapunzel besuchte. Sie sprach zu Rapunzel: „Du undankbares Kind, ich dachte, ich hätte dich von der Welt ferngehalten, und du hast mich doch betrogen."

Die Zauberin packte Rapunzels schöne Haare, ergriff eine Schere und schnitt – ritsch-ratsch – Rapunzels Haare ab. Dann brachte sie Rapunzel weit weg, wo sie als Dienerin arbeiten musste.

Am Abend kam der Königssohn und rief: „Rapunzel, Rapunzel, lass dein Haar herunter."

Da band die Zauberin Rapunzels Haare an den Fensterhaken und ließ den Königssohn hinaufklettern. Oben erwartete ihn die Zauberin und rief: „Für dich ist Rapunzel verloren, du wirst sie nie wieder sehen."

Verzweifelt sprang der Königssohn den Turm hinunter. Dabei fiel er in einen Dornenstrauch. Die Dornen zerstachen ihm seine Augen, sodass er blind durch den Wald irren musste. Es aß nichts außer Wurzeln und Beeren und weinte über den Verlust von Rapunzel.

Nach einigen Jahren kam er in die Nähe des Hauses, in dem Rapunzel arbeitete. Er hörte ihre liebliche Stimme und ging näher auf das Haus zu. Da erkannte Rapunzel ihn. Sie fiel ihm um den Hals und begann zu weinen. Zwei von ihren Tränen fielen in seine Augen. Da wurden die Augen wieder gesund und der Königssohn konnte wieder sehen. Er führte Rapunzel in sein Reich und dort lebten sie noch lange glücklich und zufrieden als Mann und Frau. Und wenn sie nicht gestorben sind, dann leben sie noch heute.

MATERIAL/VORBEREITUNG vergrößerte Märchenbilder von KV1. Die Lehrkraft sollte sich das Märchen so einprägen, dass sie es frei erzählen kann.

DURCHFÜHRUNG Die Lehrkraft erzählt den Kindern das Märchen „Rapunzel" und zeigt ihnen die zu den Szenen passenden Bilder. Dabei achtet sie darauf, die Kinder an der Erzählung zu beteiligen, indem sie

- beim Erzählen Stimme, Mimik und Gestik variiert,
- auf die Reaktionen der Kinder achtet,
- Passagen wiederholt, wenn sie den Eindruck hat, dass Kinder dem Märchen nicht mehr folgen können,
- die Kinder den Märchenspruch sagen lässt (im Chor oder einzelne Kinder, die den Spruch schon eigenständig sprechen können),
- unbekannte Schlüsselwörter klärt (z.B. Rapunzel, Zauberin, Königssohn, Strang Seide, Dornenstrauch, blind sein).
- Fragen zu bestimmten Passagen stellt. Zur Unterstützung der Kinder auf den unteren Förderhorizonten werden dabei die Bildkarten herangezogen.

Beispiele für einfache Fragen (Förderhorizont 1 und 2):
Wer ist das? / Was ist das?
Klettert der Mann in den Garten?
Was macht der Königssohn?

Beispiele für anspruchsvollere Fragen (Förderhorizont 3 und 4):
Warum klettert der Mann in den Garten?
Was verspricht der Mann der Zauberin?
Was sieht der Königssohn?
Warum schneidet die Zauberin Rapunzels Haare ab?

Im Anschluss spricht die Lehrkraft mit den Kindern über die Geschichte.

Beispiele für einfache Fragen und Impulse (Förderhorizont 1 und 2):
Hat dir das Märchen gefallen?
Wie hat dir das Märchen gefallen?
Wer ist böse?

Beispiele für anspruchsvollere Fragen und Impulse (Förderhorizont 3 und 4):
Was hat dir besonders gut gefallen?
Wie hat sich Rapunzel im Turm gefühlt?
Warum ist der Königssohn im Wald geblieben?

> 💬 Diese und ähnliche unterstützende Maßnahmen ermöglichen auch den Kindern auf den unteren Förderhorizonten zumindest ein **globales Verstehen** der Geschichte, indem durch die Interaktion zwischen der Lehrkraft und den Kindern und das Heranziehen von Bildern ein sinnstiftender Kontext aufgebaut wird, der durch den Märchentext allein nicht gegeben ist.

ANGEBOT FÜR FÖRDERHORIZONT 1

📄 **KV1, KV2, KV3 Rapunzel** 👥👤

MATERIAL/VORBEREITUNG Plakatpappe, Klebestifte

DURCHFÜHRUNG In Zweiergruppen schneiden die SuS die Satzstreifen und die Bilder auf KV1 und KV2 aus. Mit Hilfe des Bildglossars auf KV3 lesen sie die Sätze und ordnen sie den richtigen Bildern zu. Die Bilder und die dazu passenden Sätze werden in der richtigen Reihenfolge auf ein Plakat geklebt.

> 💬 Die Benutzung des Bildglossars auf KV3 fördert die selbstständige Anwendung erwerbsförderlicher Lernstrategien. Hier wird das **selbstständige Nachschlagen von Wörtern** angebahnt.

ANGEBOT FÜR FÖRDERHORIZONT 2

KV 4 Was hat Rapunzel gedacht?

MATERIAL/VORBEREITUNG Bilder von KV 1, Tafelbild/Plakat von Rapunzel, Königssohn und Zauberin mit leerer Denkblase

DURCHFÜHRUNG Die Lehrkraft überlegt mit den Kindern, was Rapunzel im Turm gedacht haben könnte: Wollte sie lieber im Wald sein? Was könnten der Königssohn und die Zauberin gedacht haben?
Die Lehrkraft sammelt die Ideen der Kinder und gibt sprachliche Modelle vor:
„Ich möchte gerne …"
„Ich will …"
„Ich muss …"
Anschließend vervollständigen die Kinder in Partnerarbeit die Sätze auf KV 4 und schreiben sie ins Heft.

> Die richtige Verwendung von **Modalverben** bringt die räumliche Trennung des finiten und infiniten Verbteils im Satz mit sich. Die Erkenntnis, dass die beiden Teile des Verbs getrennt voneinander im Satz stehen, ist ein grundlegender Erwerbsschritt, der durch vielfältige Übungen gesichert werden muss.

ANGEBOT FÜR FÖRDERHORIZONT 3

Ein Märchen vorlesen: Rapunzel

MATERIAL/VORBEREITUNG Requisiten wie Zauberhut, Krone und Diadem

DURCHFÜHRUNG In einer Folgestunde liest die Lehrkraft den Kindern den Märchentext vor. Im Anschluss soll das Märchen von den Kindern aus der Sicht der Märchenfiguren nacherzählt werden. Als Erstes erzählt die Lehrkraft das Märchen aus der Perspektive einer bestimmten Märchenfigur:
„Stellt euch vor, als ich einmal vor vielen Jahren in meinen Garten gegangen bin, sah ich plötzlich einen fremden Mann. Er wollte meine Rapunzeln stehlen …"

Die Kinder wählen nun selbst die Märchenfigur, aus deren Perspektive sie erzählen möchten. Dazu suchen sie sich eine der bereitstehenden Requisiten aus, die zum Perspektivenwechsel animiert. Jeweils zwei Kinder können sich zu einem Tandem zusammenschließen

und gemeinsam überlegen, was aus der Perspektive der ausgewählten Märchenfigur zu erzählen ist. Das jeweils vortragende Kind, kann einen Partner an seine Seite nehmen, der Hilfe geben und somit zur Sicherheit des Erzählkindes beitragen kann.
Auch wenn die Kinder schon viele Verben im Präteritum verstehen, ist davon auszugehen, dass sie in der Sprachproduktion noch oft das Perfekt verwenden werden, was von der Lehrkraft akzeptiert wird.

> Nach der Vorbereitung auf den Märchentext wird den Kindern das Märchen nun **im schriftsprachlichen Stil** präsentiert. Die Kinder werden mit Verben im Präteritum konfrontiert, ohne sie zunächst selbst bilden zu müssen.

KV 5 Rapunzel, lass dein Haar herunter

DURCHFÜHRUNG Die Lehrkraft liest den SuS das Erlebnis des Königssohns auf KV 5 vor. Sie bespricht mit den Kindern die Wirkung, die die häufige Wiederholung der Satzverkettung durch „dann" erzeugt. Alternative Vorschläge werden an der Tafel gesammelt.
Anschließend bearbeiten die Kinder den Arbeitsauftrag auf KV 5. Die Schreibergebnisse können in einer Schreibkonferenz besprochen werden.

> Der richtige **Gebrauch verschiedener Satzanfänge** wird erprobt. Nachdem die Kinder auf Förderhorizont 3 bereits wichtige Grundlagen erworben haben, um satzübergreifende Bezüge herzustellen, wird nun neben den Inversionsstrukturen die abwechslungsreiche Verknüpfung von Äußerungen geübt.

ANGEBOT FÜR FÖRDERHORIZONT 4

KV 6 Es war einmal …

DURCHFÜHRUNG In einer Folgestunde liest die Lehrkraft den Kindern den Märchentext vor. Danach bearbeiten die SuS KV 6, indem sie in die Lücken die passenden Verben im Präteritum einsetzen.
Im Anschluss üben die Kinder allein oder mit einem Partner das flüssige Vorlesen des Textes. Das Märchen kann dann der Gesamtklasse vorgelesen werden.

> KV 6 unterstützt die Kinder im **Gebrauch des Präteritums**, indem die richtigen Formen vorgegeben werden. Durch die Leseaufgabe werden die Kinder wiederholt mit den konjungierten Verben konfrontiert.

Rapunzel

1

2

3

4

5

6

7

8

9

10

11

12

Sprachförderung PLUS
Förderbausteine für den Soforteinsatz im Regelunterricht
ISBN 978-3-12-666802-6

Rapunzel

**Schneide die Sätze aus und ordne sie den richtigen Bildern zu.
Klebe die Sätze und die Bilder in dein Heft.**

Der Mann klettert in den Garten.

Die Frau steht am Fenster.

Die Zauberin holt Rapunzel.

Die Zauberin kommt.

Rapunzel lebt im Turm.

Der Königssohn sieht die Zauberin und Rapunzel.

Die Zauberin schneidet die Haare ab.

Der Königssohn klettert hoch.

Die Zauberin bringt Rapunzel weg.

Der Königssohn läuft durch den Wald.

Der Königssohn springt hinunter.

Der Königssohn sieht Rapunzel.

Sprachförderung PLUS
Förderbausteine für den Soforteinsatz im Regelunterricht
ISBN 978-3-12-666802-6

Klett

Rapunzel: Wörterliste

Rapunzel

das Fenster

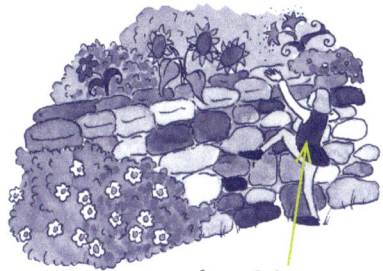

der Mann

wegbringen

die Zauberin

klettern

der Turm

der Königssohn

die Frau

hinunterspringen

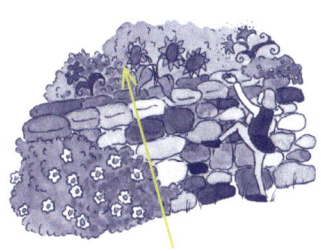

der Garten

die Haare

sehen

Sprachförderung PLUS
Förderbausteine für den Soforteinsatz im Regelunterricht
ISBN 978-3-12-666802-6

Was hat Rapunzel gedacht?

Verbinde die Satzteile mit den passenden Figuren.

Ich möchte gerne …

… Blumen pflücken.

… in der Sonne sitzen.

… aus dem Bach trinken.

Ich will …

… Rapunzel heiraten.

… Rapunzel retten.

… durch den Wald laufen.

Ich muss …

… Rapunzel wegbringen.

… Rapunzel finden.

… Rapunzels Haare abschneiden.

Schreibe so in dein Heft:

Rapunzel: Ich möchte gerne Blumen pflücken.
Königssohn: Ich will Rapunzel heiraten.
Zauberin: Ich muss …

Sprachförderung PLUS
Förderbausteine für den Soforteinsatz im Regelunterricht
ISBN 978-3-12-666802-6

Rapunzel, lass dein Haar herunter

**Die Geschichte des Königssohns ist ein bisschen langweilig.
Suche passende Satzanfänge aus und ersetze „dann".
Schreibe die Geschichte in dein Heft.**

Heute entdeckte ich im Wald einen geheimnisvollen Turm. Dann kam eine alte Frau. Sie stellte sich vor den Turm und rief: „Rapunzel, Rapunzel, lass dein Haar herunter."
Dann fiel langes, goldenes Haar aus dem Turmfenster und die Zauberin kletterte daran hoch. Dann sah ich, dass im Turm ein wunderschönes Mädchen wohnte. Dann kletterte die Zauberin wieder nach unten und das Mädchen war allein.
Dann stellte ich mich unter den Turm und rief: „Rapunzel, Rapunzel, lass dein Haar herunter." Dann ließ Rapunzel ihr Haar herunter und ich kletterte nach oben. Dann fragte ich Rapunzel, ob sie meine Frau werden will.

▪ Da ... ▪ Plötzlich ... ▪ Später ... ▪ Sofort ...
▪ Kurz darauf ... ▪ Auf einmal ... ▪ Endlich ...

Sprachförderung PLUS
Förderbausteine für den Soforteinsatz im Regelunterricht
ISBN 978-3-12-666802-6

Es war einmal ...

Setze die Wörter an der richtigen Stelle ein.

Es war einmal ein Mädchen mit wunderschönem langem Haar,

das hieß Rapunzel. Es _____lebte_____ (leben) in einem Turm.

Der Turm _____ (haben) keine Tür. Wenn die Zauberin Rapunzel

_____ (besuchen), stellte sie sich vor den Turm und

_____ (rufen): „Rapunzel, Rapunzel, lass dein Haar herunter."

Rapunzel _____ (wickeln) ihre Haare um einen Fensterhaken

und ließ sie nach unten fallen. Dann _____ (klettern) die

Zauberin an den Haaren nach oben.

Eines Tages _____ (sehen) dies ein Königssohn. Als die

Zauberin fort war, rief er: „Rapunzel, Rapunzel, lass dein Haar herunter."

Er kletterte nach oben. Er _____ (wollen) Rapunzel

heiraten. Doch die Zauberin brachte Rapunzel weit weg und

_____ (erschrecken) den Königssohn, als er wieder

den Turm hinaufklettern wollte. Der Königssohn _____ (fallen)

in einen Dornenstrauch und wurde blind. Eines Tages fand er endlich

Rapunzel. Sie _____ (weinen) vor Freude. Zwei Tränen

_____ (rollen) in die Augen des Königssohns und

er konnte wieder sehen. Und wenn sie nicht gestorben sind,

dann leben sie noch heute.

hatte ▪ ~~lebte~~ ▪ besuchte ▪ wickelte ▪ rief ▪ sah ▪ kletterte
wollte ▪ erschreckte ▪ rollten ▪ fiel ▪ weinte

Sprachförderung PLUS
Förderbausteine für den Soforteinsatz im Regelunterricht
ISBN 978-3-12-666802-6

Klett

Flunkergeschichten erzählen

Erzählen zu können bedeutet mehr, als Ereignisse mit den richtigen Worten und Strukturen versprachlichen zu können. Es bedeutet auch, sich selbst auszudrücken, sich mitzuteilen und somit am kommunikativen und kulturellen Leben teilzuhaben. Erzähltes spielt sowohl in der Rezeption (erzählten Geschichten und Erlebnissen zuhören, vorgelesene Geschichten verstehen …) als auch in der Produktion (selbst Geschichten und Ereignisse erzählen oder aufschreiben) eine große Rolle in der Lebenswelt von Kindern – innerschulisch, aber auch außerschulisch. Erzählen zu können ist eine Kompetenz, die sich nicht von allein ergibt und sich nicht nur durch den Erwerb eines differenzierten Wortschatzes und grammatischer Regeln entwickelt.

Ereignisse oder Geschichten zu erzählen, verlangt mehr, als sich in konkreten Situationen zu bestimmten Dingen zu äußern, da beim Erzählen oft von Dingen außerhalb der konkreten Situation berichtet wird. Das bedeutet, dass auch beim mündlichen Erzählen Objekte und Personen genau benannt und beschrieben werden müssen, ohne dabei z.B. mit Gesten auf die konkrete Situation verweisen zu können. Erzählungen, in denen lediglich von „der da" gesprochen wird, oder Handlungen, die mit „da hab ich so gemacht" versprachlicht werden, werden nicht verstanden. Dadurch verlieren Kinder häufig schnell ihre Zuhörer, obwohl sie sich beim Erzählen sehr anstrengen – besonders Kinder im Zweitspracherwerb. Diese Situation kennzeichnet viele Erzählkreise in der Grundschule: Das Bemühen, alle Kinder zu Wort kommen zu lassen und ihnen Erzählzeit einzuräumen, endet oft damit, dass die Klasse unaufmerksam ist und den Erzählungen vom Wochenende der Mitschülerinnen und Mitschüler keine Aufmerksamkeit mehr schenkt.

Wie kann man diese Situation optimieren? Erzählen lernt man durch Erzählen, und daher verfolgt der Ansatz, allen Kindern so viel Erzähl- und Zuhörzeit wie möglich einzuräumen, den richtigen Weg. Daneben spielen aber auch die Anpassung sowohl der rezipierten Geschichten und Erzählungen als auch der produktiven Erzählaufgaben an das Sprachniveau der Kinder eine große Rolle.

Für die Zuhörer muss zumindest ein globales Verstehen der Geschichte bzw. des Ereignisses möglich sein, damit die Aufmerksamkeit erhalten bleibt. Dies kann durch den Aufbau einer entsprechenden Erwartungshaltung, Einbezug von Bildern oder Gegenständen, aktivierendes Erzählen, Erarbeitung altersangemessener Literalitätsmerkmale (Verwendung spezifischer Floskeln, Figuren einen Namen geben, Spannungsbogen …) unterstützt werden. Es gilt – wie grundsätzlich in der Sprachförderung –, dass dem Kind ausreichend Modelle vorgegeben werden müssen, um das eigenständige Erzählen zu fördern. Besonders Kindern aus bildungsfernen Familien fehlen im Vergleich zu Kindern, in deren Familien eine Lese- oder Erzählkultur gepflegt wird, viele Vorlese- und Erzählstunden.

Damit der Zuhörer Erzählungen aufmerksam verfolgt, müssen sie sein Interesse wecken, spannend oder lustig und gut erzählt sein. Der Lehrkraft muss es also gelingen, interessante, vielfältige Erzählaufgaben zu finden, die Kinder mit spannenden oder lustigen Erzählungen zu motivieren und ihre Lust am Fabulieren zu wecken. Mit dem oft üblichen Erzählkreis zu den Wochenenderlebnissen gelingt dies meistens nicht. Es gilt, vielfältige Erzählanlässe zu finden, die die Entstehung vieler verschiedener Geschichten anregen und so das Interesse der Kinder wach halten. Beim Erzählen können die Kinder aller Förderhorizonte beteiligt werden. Dabei beachtet die Lehrkraft eine Progression vom Erzählen im mündlichen Sprachstil (situationsgebundene Sprache) zum schriftlichen Sprachstil (situationsungebundene Sprache), vom Erzählen, Vorlesen und Schreiben mit Unterstützungsangeboten auf dem sprachlichen Niveau der Kinder zum freien Erzählen und Schreiben von Geschichten.

Im folgenden Baustein werden anhand des Beispiels „Flunkergeschichten erzählen" Möglichkeiten gezeigt, die Erzählkompetenz von Kindern mit wenigen Vorerfahrungen oder noch nicht ausgereiften Fertigkeiten im Deutschen zu fördern.

Überblick über die Förderangebote

Wortschatz

NOMEN der Papa, der König, der Herr, die Krone, der Kopf, das Königreich, der Architekt, der Baumeister, das Schloss, der Besuch, die Flunkergeschichte, der Drache, der Zwerg, der Hund, die Tasche, die Kiste, das Paket, das Haustier, das Kinderzimmer, das Flugzeug, das Schiff, der Koffer, der Sturm, die Insel, der Delfin …

VERBEN spielen, Verstecken spielen, suchen, fortgehen, herbeirufen, zurückgeben, flunkern, fliegen, sprechen, sich vorstellen, staunen, segeln, reisen …

ADJEKTIVE kuschelig, steif, groß, wichtig, königlich, toll, kalt, bunt, merkwürdig, besonders …

SONSTIGE ewig, niemand, doch, ein paar, außerdem, manchmal, bestimmt, auch, eigentlich, seit, dann, plötzlich, endlich, da, später, sofort, auf einmal …

PHRASEN eines Tages, ganz schön (…) sein, Tag für Tag, so ist das eben, je (…), desto (…), Wisst ihr was?, Stellt euch vor! …

ANGEBOTE FÜR DIE GESAMTE LERNGRUPPE

Flunkergeschichten kennenlernen: „Als Papa König war"

Als Papa König war (Thierry Robberecht)

Früher war mein Papa der beste Papa von der ganzen Welt. Es war so schön kuschelig in seinen Armen. (Das fand meine Mama auch.) Und mit niemandem konnte ich besser spielen. Wenn er sich versteckte, konnte ich eeeewig nach ihm suchen!

Doch eines Tages sind ein paar sehr steife Herren gekommen. Sie wollten, dass mein Papa König wird. Als sie fortgingen, hatte mein Papa eine Krone auf dem Kopf und auf einmal war er ganz schön groß.

Mein Papa wurde von Tag zu Tag größer. „So ist das eben", sagte er zu mir, „wenn man immer wichtiger wird. Und außerdem – je größer ich bin, desto mehr kann ich von meinem Königreich sehen."

Aber je größer Papa wurde, umso weniger sahen wir ihn – Mama und ich. Er war zu groß geworden für unser Haus. Also bauten Architekten und Baumeister ein Schloss – nur für ihn allein. Manchmal kamen andere

Könige zu Besuch und sprachen in königlichen Worten von königlichen Dingen.

Meine Freunde sagten zu mir: „Du hast es gut – einen König zum Vater!" Ich sagte nichts dazu. Denn eigentlich war es nicht sehr schön. Er war der König von allen, ich aber hatte keinen Papa mehr.

Papa fand es bestimmt auch nicht so toll, immer allein – nur mit seiner Krone. Ohne Mama und mich.

Also hat er die steifen Herren herbeigerufen und seine Krone zurückgegeben. Er wollte das Königreich nicht mehr. Und es war so kalt in seinem Schloss.

Nun ist mein Papa wieder der beste Papa von der ganzen Welt. Wir spielen wieder Verstecken, genau wie früher.

Und wisst ihr was? Ich suche ihn schon seit einer Stunde.

MATERIAL/VORBEREITUNG Die Lehrkraft sollte sich die Geschichte so einprägen, dass sie frei erzählen kann. Eine Krone als Requisite.

DURCHFÜHRUNG Die Lehrkraft eröffnet den Erzählkreis mit der Ankündigung, dass sie den Kindern eine Geschichte aus ihrer eigenen Kindheit erzählen möchte. Als Einstimmung präsentiert sie ihnen die Krone als Impuls. Die SuS stellen Vermutungen darüber an, in welchem Zusammenhang eine Krone mit den Kindheitserlebnissen der Lehrkraft stehen könnte. Dabei unterstützt sie die Lehrkraft durch Fragen.

Beispiele für einfache Fragen und Impulse (Förderhorizont 1 und 2):
„Was ist das? Wer hat so etwas?"
„Hast du auch eine Krone?"
„Wann hat man eine Krone?"
„Kenne ich einen König? Was meinst du?"
„Bin ich eine Prinzessin? Was meinst du?"

Beispiele für anspruchsvollere Fragen und Impulse (Förderhorizont 3 und 4):
„Ich habe eine Krone zu Hause. Wie ist das gekommen? Was denkst du?"
„Kann jeder eine Krone bekommen?"
„Oder könnte es sein, dass ich jemanden mit einer Krone getroffen habe? Was ist da wohl passiert?"

Anschließend lüftet die Lehrkraft das Geheimnis um die Krone und trägt den Kindern die Geschichte „Als Papa König war" vor. Dabei gibt sie die Geschichte als eigenes Kindheitserlebnis aus. Je nach Profil der Klasse kann die Geschichte vorgelesen oder erzählt werden. Letzteres empfiehlt sich besonders, wenn in der Klasse viele Kinder auf Förderhorizont 1 und 2 sind.

Die Lehrkraft achtet drauf, die Kinder am Vortrag bzw. der Erzählung zu beteiligen, indem sie

- beim Erzählen bzw. Vorlesen Stimme, Mimik und Gestik variiert;
- beim Erzählen bzw. Vorlesen auf die Reaktionen der Kinder achtet;
- beim Erzählen Passagen (in anderen Worten) wiederholt, wenn sie den Eindruck hat, dass Kinder der Geschichte nicht mehr folgen können;
- gegebenenfalls die Erzählung oder den Lesevortrag unterbricht und schwierige Wörter oder Phrasen erklärt (hier z.B. „steife Herren" und „Architekt").

Um sich zu vergewissern, dass die Kinder der Geschichte folgen können, stellt die Lehrkraft Fragen zu bestimmten Passagen:

Beispiele für einfache Fragen (Förderhorizont 1 und 2):
„Was haben mein Papa und ich gespielt?"
„Wer hat eine Krone auf dem Kopf?"
„Wer ist größer geworden?"
„Wer hat ein neues Haus bekommen? Mein Papa oder meine Mama und ich?"
„War mein Papa ein König? War das schön oder nicht schön?"
„Hat mein Papa die Krone behalten?"

Beispiele für anspruchsvollere Fragen (Förderhorizont 3 und 4):
„Warum war mein Papa der beste Papa von der ganzen Welt?"
„Warum konnte ich nicht mehr mit meinem Papa Verstecken spielen?"
„Was ist passiert, nachdem mein Papa eine Krone bekommen hatte?"
„Wie hat es meinem Papa gefallen, König zu sein?"

Im Anschluss an die Geschichte wartet die Lehrkraft zunächst die Reaktionen der Kinder ab. Im Folgenden unterstützt sie sie dabei, die Geschichte als Flunkergeschichte zu entlarven, indem sie z.B.

- am Ende der Geschichte mit den Augen zwinkert;
- noch stärker übertreibt und den Kindern ankündigt, dass sie ihnen das nächste Mal von ihrer Reise ins Weltall erzählen wird;
- die Kinder fragt, wer denkt, dass die Geschichte stimmt.

Die Kinder, die dies sprachlich bewältigen können, motiviert sie, ihre Vermutungen zum Wahrheitsgehalt der Geschichte zu begründen.

Am Ende des Gesprächs sollen alle Kinder verstanden haben, dass ihnen die Lehrkraft eine Flunkergeschichte erzählt hat.

Eine **Flunkergeschichte** zu erzählen, bietet einen größeren Anreiz für die SuS, als beispielsweise davon zu erzählen, was sie am Wochenende gemacht haben. Allein durch eine originelle Idee können sich auch sprachschwächere Kinder die Aufmerksamkeit ihrer Zuhörer sichern. Es macht mehr Spaß, einer Flunkergeschichte zuzuhören als den sich oft sehr stark ähnelnden Wochenendberichten. Sprachstärkeren Kindern bietet die Gestaltung von Flunkergeschichten zudem mehr Übungsmöglichkeiten: Gebrauch typischer Satzanfänge, Verwendung von Adjektiven für eine übertriebene Darstellung von geflunkerten Ereignissen etc.

Flunkergeschichten erzählen

MATERIAL/VORBEREITUNG verschiedene Requisiten wie Spielzeugrakete, Modellschiff, Modelleisenbahn, Zauberstab, Muschel, Plüschtier, Bergkristall, Pergamentrolle, Spielzeugfernseher, Flügel

DURCHFÜHRUNG In der Mitte liegen die verschiedenen Erzählrequisiten. Die Lehrkraft wählt eine davon aus und erzählt den Kindern eine Flunkergeschichte, in der sie selbst vorkommt (angepasst an das Sprachprofil der Klasse, s. o.)
Nachdem die Kinder sich zur Geschichte geäußert haben, motiviert die Lehrkraft sie, ebenfalls eine Flunkergeschichte zu einer der Requisiten zu erzählen. Die Kinder suchen sich Gegenstände aus der Mitte aus und überlegen sich, welche Rolle diese in ihren Flunkergeschichten spielen könnten. Die Ideen werden an der Tafel gesammelt und zu einer Erzählskizze zusammengetragen.

Beispiel für den Tafelanschrieb:

Silas →  → im Garten finden
→ einsteigen → zum Mond fliegen
→ trifft 3 Mondmännchen
→ 1. Mondmännchen: kämpft mit Silas, Silas gewinnt
→ 2. Mondmännchen: läuft mit Silas um die Wette, Silas gewinnt.
→ 3. Mondmännchen: will Silas' Freund werden. Silas nimmt Mondmännchen mit zurück zur Erde. Mondmännchen wohnt im Kinderzimmer.

Nach der Ideensammlung übernimmt zunächst die Lehrkraft das Erzählen der Flunkergeschichte und liefert so den Kindern Modelle, typische Phrasen und Formulierungen für das Erzählen von Geschichten, die von den Kindern später aufgegriffen werden können. Nach und nach werden die Kinder stärker beim Erzählen einbezogen:

Förderhorizont 1 und 2:
- Die Kinder können z. B. sich wiederholende (Zauber-)Sprüche oder Sätze auswendig lernen und sprechen, wenn sie beim Erzählen der Geschichte gebraucht werden.
- Immer wenn die Erzählrequisite in der Geschichte auftaucht, hält die Lehrkraft den Gegenstand hoch und ein Kind benennt den Gegenstand, z. B.:
  Lehrkraft: „Da nahm Silas das Mondmännchen an seine Hand und stieg mit ihm in die …" (hält die Spielzeugrakete hoch)
  Kind: „… Rakete …"
  Lehrkraft: „… ein. Die beiden …"

Förderhorizont 3 und 4:
- Die Lehrkraft erzählt die Geschichte nicht bis zu Ende, sondern überträgt das Erzählen des Schlusses an ein Kind.
- Ein Kind erzählt den Anfang der Flunkergeschichte, und die Lehrkraft übernimmt, wenn das Kind ins Stocken gerät oder nicht mehr weiterweiß.

Wenn die Kinder Erfahrungen mit der Entwicklung und dem Erzählen von Flunkergeschichten gesammelt haben, können sie mit Hilfe der Erzählskizzen zunehmend selbstständig erzählen. Dabei unterstützt die Lehrkraft die Kinder weiterhin.

Förderhorizont 1 und 2:
Aufgrund des Sprachstandes der Kinder ist noch nicht zu erwarten, dass sie sich in vollständigen Sätzen satzübergreifend äußern können. Die Lehrkraft unterstützt die Kinder beim Erzählen, indem sie
- ihre Äußerungen aufgreift, zielsprachlich richtig wiederholt oder erweitert, z. B.:
  Kind: „Drache so Rauch macht."
  Lehrkraft: „Ah, der Drache hat Feuer und Rauch gespuckt."
- durch Fragen den Erzählfortgang unterstützt, z. B.:
  Lehrkraft: „Hast du dann einen Schreck gekriegt?"
  Kind: „Ja, hab ich Schreck gekriegt."

Förderhorizont 3 und 4:
Die Kinder auf Förderhorizont 3 und 4 kann die Lehrkraft unterstützen, indem sie
- das Erzählen der Geschichte begleitet und auf die entsprechenden Stellen der Erzählskizze zeigt,
- den Kindern Satzbauteile zum Erzählen der Geschichten an die Tafel heftet (z. B. verschiedene Satzanfänge oder Adjektive)

TIPPS FÜR DIE WEITERARBEIT:

- Wenn die Kinder schon Erfahrung mit Flunkergeschichten haben, kann die Lehrkraft die Requisiten verdeckt in die Mitte legen. Die Kinder ziehen blind einen der Gegenstände und denken sich eine Flunkergeschichte dazu aus.
- Die Kinder bringen selbst einen Gegenstand mit zur Schule, zu dem sie eine Flunkergeschichte erzählen.
- Die Kinder denken sich zu zweit eine Flunkergeschichte aus, die sie dann gemeinsam im Erzählkreis erzählen. Dabei ist ein Kind der Erzähler, das andere der Sprechcoach. Der Sprechcoach unterstützt das Erzählkind, wenn es etwas vergessen hat, einen Begriff nicht kennt oder nicht mehr weiterweiß. Das Erzählen mit Sprechcoach muss mit den Kindern eingeübt werden.
- Die Kinder wählen ihre besten Flunkergeschichten aus, üben sie ein und nehmen sie auf. Die Geschichten können der Nachbarklasse oder den Eltern auf dem nächsten Elternabend vorgespielt werden.
- Wenn die Klasse Kontakt zu einem Kindergarten oder einem Seniorenheim pflegt, können die Kinder die jeweilige Institution besuchen und dort ihre geübten Flunkergeschichten erzählen.

> Flunkergeschichten bieten den Kindern die Möglichkeit, typische Figuren und Erzählelemente aufzugreifen und einzubringen, die sie aus Geschichten, die in ihrer Familie erzählt werden, kennen.
> Primäres Ziel ist es, die Kinder zum Erzählen zu ermutigen. Aus diesem Grund empfiehlt sich ein entspanntes Verhältnis zu Fehlern, die die Kinder beim Erzählen machen. Ein aufmerksames Publikum, das an dem, was ein Kind zu sagen hat, interessiert ist, das Beifall für gute Ideen spendet und dem Erzählkind Aufmerksamkeit schenkt, ist höchst motivierend. So macht das Kind die Erfahrung, dass es in der Lage ist, sich zu beteiligen und sich verständlich zu machen.
> Eine ständige **Fehlerkorrektur** stört dieses Erfolgserlebnis. Die Lehrkraft unterstützt behutsam durch ein dosiertes korrektives Feedback auf dem jeweiligen Förderhorizont des Kindes, z. B. durch Aufgreifen der Schüleräußerung oder zielsprachlich korrektes Wiederholen oder Erweitern. Korrekturen, die zu weit über dem Sprachstand des Kindes liegen, überfordern das Kind und verfehlen ihr Ziel.

ANGEBOT FÜR FÖRDERHORIZONT 1

 KV 1 Flunker-Comics ☺ **oder** ☺☺

MATERIAL/VORBEREITUNG verschiedene Requisiten wie Spielzeugrakete, Modellschiff, Modelleisenbahn, Zauberstab, Muschel, Plüschtier, Bergkristall, Pergamentrolle, Spielzeugfernseher, Flügel

DURCHFÜHRUNG Die Kinder erhalten den Auftrag, sich zu einer Erzählrequisite eine Flunkergeschichte auszudenken. Diese Flunkergeschichte sollen sie als Comic zeichnen, zu dem sie Bildunterschriften und/oder Sprech- und Denkblasen schreiben können.
Die Kinder können ihren Flunkercomic allein oder zu zweit gestalten. Wenn die Kinder mit einem Partner arbeiten, empfiehlt sich die Bildung von Teams aus einem sprachstärkeren und einem sprachschwächeren Kind.
Die Comics können – nach einer gemeinsamen Überarbeitung mit der Lehrkraft – an der Wandtafel, als gebundenes Buch oder auch im Erzählkreis präsentiert werden. Ein sprachstärkeres Kind übernimmt dann das Erzählen der Geschichte, während das Kind auf Förderhorizont 1 die Sprechblasen vorliest.

> Von Kindern auf Förderhorizont 1 kann das eigenständige schriftliche oder mündliche Erzählen noch nicht erwartet werden. Die Gestaltung einer eigenen Erzählidee zu einem Comic ermöglicht die **Produktion einfacher Äußerungen**, die durch Bilder unterstützt werden und so zu einer kompletten und verständlichen Geschichte werden. Der Aufbau von Geschichten, chronologisches und vollständiges Erzählen sowie der Einsatz von wörtlicher Rede in Erzählungen werden auf diese Weise trainiert.

ANGEBOT FÜR FÖRDERHORIZONT 2

 KV 2 Mini-Flunkergeschichten ☺ **oder** ☺☺

DURCHFÜHRUNG Die SuS lesen und vervollständigen das Textgerüst für eine Mini-Flunkergeschichte auf KV 2. Zu der so entstandenen Flunkergeschichte denken sie sich einen passenden Schluss aus. Ihre Idee können sie auch mit einem Partnerkind besprechen. Ein sprachschwächeres Kind sollte sich hierfür ein sprachstärkeres Kind als Partner auswählen, das es bei der Versprachlichung seiner Idee unterstützen kann. Nun wird der Schluss der Geschichte zuerst als gemaltes Bild umgesetzt, dann aufgeschrieben. Die entstandenen Geschichten werden nach der Präsentation in der Schreibkonferenz überarbeitet.

TIPP FÜR DIE WEITERARBEIT Die überarbeiteten Geschichten können als Buch gebunden und bei unterschiedlichen Anlässen präsentiert werden.

 Die **Arbeit mit einem Textgerüst** entlastet die Kinder bei der Bewältigung wesentlicher Schreibaufgaben wie Situierung und Strukturierung einer Geschichte. Gleichzeitig erhalten die Kinder ein weiteres Modell für das Schreiben einfacher Geschichten. So können Kinder auf Förderhorizont 2 die Aufgabe bewältigen und ein gutes Ergebnis präsentieren.

Angebot für Förderhorizont 3

KV 3 Segelreise nach Hause oder

DURCHFÜHRUNG Die SuS lesen gemeinsam mit der Lehrkraft die Geschichte „Segelreise nach Hause". Dabei erkennen sie die Wirkung, die die häufige Verwendung der Satzverkettung durch „dann" erzeugt. Die Kinder erhalten den Auftrag, die Geschichte zu verbessern, indem sie die vorgeschlagenen alternativen Satzanfänge erproben. In Partnerarbeit können die Kinder über die Auswahl der verschiedenen Satzanfänge sprechen und den besten Vorschlag auswählen. Die verbesserte Geschichte schreiben sie dann in ihr Heft.
Nun denken sich die SuS mit Hilfe der Leitfragen auf KV 3 eine eigene Flunkergeschichte aus. Sie können auch in Partnerarbeit eine Erzählidee, die sich an der Mustergeschichte orientiert, entwickeln und gemeinsam eine Erzählskizze zu ihrer Idee erarbeiten. Anschließend schreibt jedes Kind die Geschichte selbstständig auf. Die entstandenen Geschichten werden nach der Präsentation in der Schreibkonferenz überarbeitet.

TIPPS FÜR DIE WEITERARBEIT:
- Nach diesem Prinzip kann auch das Schreiben von anderen Textformen gefördert werden.
- Die überarbeiteten Geschichten können als Buch gebunden und bei unterschiedlichen Anlässen präsentiert werden.
- Die Lehrkraft besucht mit den Kindern eine Bibliothek und sucht mit ihnen Flunkerbücher, die sich die Kinder ausleihen können.

 Die **Satzverkettung** mit verschiedenen Satzanfängen wird zuerst rezeptiv, dann in der eigenen Textproduktion geübt. Dabei können die vielen „dann" im Text nicht beliebig durch die angebotenen Satzanfänge ersetzt werden: Die Kinder erkennen, dass sich bestimmte Satzanfänge z. B. zur Einleitung von Erzählbrüchen oder zur chronologischen Darstellung einer Abfolge eignen.
Beim Schreiben der eigenen Flunkergeschichte können sich die Kinder an dem vorgegebenen Textmuster orientieren. Schwächere Kinder können die Strukturen der Geschichte nutzen und Figuren, Reisemittel etc. übernehmen, um eine eigene Geschichte zu entwickeln.

ANGEBOT FÜR FÖRDERHORIZONT 4

KV4 Flunkergeschichten-Werkstatt

DURCHFÜHRUNG Nachdem die SuS im Mündlichen bereits vielfältige Erfahrungen beim Erzählen von Flunkergeschichten gemacht haben, schreiben sie nun ihre eigenen Geschichten auf. Wenn die Kinder noch keine Erfahrung bei der Erarbeitung von Schreibplänen und Erzählskizzen haben, sollte die Bearbeitung von KV 4 von der Lehrkraft in Kleingruppenarbeit angeleitet werden.
Die entstandenen Geschichten werden nach der Präsentation in der Schreibkonferenz überarbeitet.

TIPPS FÜR DIE WEITERARBEIT:
- Nach diesem Prinzip kann auch das Schreiben anderer Textformen gefördert werden.
- Die überarbeiteten Geschichten können als Buch gebunden und bei unterschiedlichen Anlässen präsentiert werden.
- Die Lehrkraft besucht mit den Kindern eine Bibliothek und sucht mit ihnen Flunkerbücher, die sich die Kinder ausleihen können.

 Die **Umsetzung einer Schreibidee** und die Entwicklung eines Schreibplans stellt für viele Kinder noch eine große Hürde dar. Die Arbeit mit Leitfragen bietet den Kindern ein Gerüst, mit dessen Hilfe sie ihre Schreibidee übersichtlich und nachvollziehbar umsetzen können und das ihnen beim Aufbau von Strategien hilft, die über einen längeren Zeitraum trainiert werden.

Mein Flunkercomic

Male und schreibe deine eigene Flunkergeschichte.

Mein Flunkercomic

Sprachförderung PLUS
Förderbausteine für den Soforteinsatz im Regelunterricht
ISBN 978-3-12-666802-6

Mini-Flunkergeschichte

Hier ist der Anfang einer Mini-Flunkergeschichte. Du kannst dir deine Lieblingsflunkerei selbst ausdenken. Die Wörter am Rand helfen dir dabei.

Stellt euch vor: Ich habe letzte Woche in meinem

Kinderzimmer _____

_____ gefunden.

Ich habe _____ schnell

aufgemacht.

Da habe ich gestaunt:

_____ ist heraus-

geklettert.

_____ kann sogar

_____ .

Jetzt habe ich _____

_____ .

Gestern habe ich _____ mit

_____ genommen.

_____ hat dort …

---

ein großes Paket
eine bunte Tasche
eine merkwürdige Kiste

das Paket ▪ die Tasche
▪ die Kiste

ein kleiner Hund
ein kleiner Drache
ein Zwerg

Der Hund ▪ Der Drache
▪ Der Zwerg

fliegen ▪ sprechen
▪ zaubern

einen neuen, tollen
Freund ▪ ein besonderes
Haustier

den Hund ▪ den Drachen
▪ den Zwerg

zu meiner Oma ▪ zur
Schule ▪ auf die Straße

Der Hund ▪ Der Drache
▪ Der Zwerg

**Wie geht die Flunkergeschichte aus? Male ein Bild zu deiner Idee.
Schreibe dann den Schluss zu deiner Geschichte ins Heft.**

Sprachförderung PLUS
Förderbausteine für den Soforteinsatz im Regelunterricht
ISBN 978-3-12-666802-6

Segelreise nach Hause

Silas' Flunkergeschichte über die Sommerferien ist ein bisschen langweilig – immer nur „dann"!
Suche passende Satzanfänge aus und ersetze „dann".
Schreibe die Geschichte in dein Heft.

In den letzten Sommerferien bin ich mit meinen Eltern in unsere alte Heimat gereist. Leider waren alle Flugzeuge belegt, deshalb mussten wir auf einem Schiff nach Hause segeln. Mein Vater und ich trugen alle Koffer auf das Schiff. Dann ging es los. Wir segelten und segelten. Dann kam ein schlimmer Sturm auf uns zu, und wir konnten das Schiff nicht mehr steuern. Dann wurde der Wind stärker und stärker. Wir wurden hin und her geschüttelt. Dann brach das Schiff einfach auseinander und ging unter. Das war aber nicht schlimm, denn dann kamen viele Delfine. Jeder von unserer Familie hielt sich an einem Delfin fest. Die Delfine zogen uns durch das große Meer. Dann kamen wir zu einer Insel und die Delfine verabschiedeten sich. Auf der Insel sammelten wir Holz. Dann bauten wir ein neues Schiff. Mit dem Schiff segelten wir nach Hause. Es ist uns nichts mehr passiert.

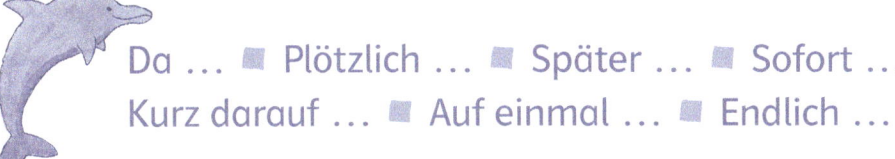

Da … ▪ Plötzlich … ▪ Später … ▪ Sofort …
Kurz darauf … ▪ Auf einmal … ▪ Endlich …

Nun denke dir selbst eine Flunkergeschichte aus:

→ Wohin wolltest du reisen?

→ Wie bist du gereist?

→ Was ist unterwegs passiert?

→ Musstest du gerettet werden oder konntest du selbst das Schlimmste verhindern?

Fertige dir zu deiner Idee eine Erzählskizze an.
Schreibe dann deine Geschichte auf.
In der Schreibkonferenz kannst du deine Geschichte besprechen.

Sprachförderung PLUS
Förderbausteine für den Soforteinsatz im Regelunterricht
ISBN 978-3-12-666802-6

Flunkergeschichten-Werkstatt

**Denke dir eine eigene Flunkergeschichte aus und schreibe sie auf.
Mache dir vorher einen Schreibplan und eine Erzählskizze.**

1| Welche Überschrift soll deine Flunkergeschichte bekommen?
Denke daran, sie soll den Leser gespannt auf deine Geschichte machen!

_____

2| Wo und wann spielt deine Geschichte?

_____

_____

3| Fallen dir Namen für die Figuren in deiner Geschichte ein?

_____

_____

4| Was passiert in deiner Flunkergeschichte? In welcher Reihenfolge
passiert es? Du darfst richtig drauflosflunkern!

_____

_____

_____

5| Wie geht deine Geschichte aus? Findest du einen guten Schlusssatz?

_____

_____

Sprachförderung PLUS
Förderbausteine für den Soforteinsatz im Regelunterricht
ISBN 978-3-12-666802-6

Meine Erzählskizze:

Diese Satzanfänge helfen dir beim spannenden Erzählen in der richtigen Reihenfolge:

Da … ■ Plötzlich … ■ Später … ■ Sofort …
Kurz darauf … ■ Auf einmal … ■ Endlich …

Sprachförderung PLUS
Förderbausteine für den Soforteinsatz im Regelunterricht
ISBN 978-3-12-666802-6

Zeitreise in die Vergangenheit

Längere Texte stellen eine besondere Schwierigkeit für Kinder im Zweitspracherwerb dar. Um sie verstehen zu können, muss der Leser nicht nur die Zusammenhänge zwischen den Wörtern in einem Satz verstehen, er muss diese Zusammenhänge auch über den einzelnen Satz hinaus herstellen können. Dazu gehört auch das Verstehen von Konnektoren – sprachlichen Ausdrücken, die Sätze in eine bestimmte Beziehung zueinander setzen. Dazu zählen Konjunktionen (z.B. „als", „denn"), Adverbien (z.B. „trotzdem", „sonst", „vielleicht") oder Partikeln (z.B. „fast", „nur", „bloß"). Mit ihrer Hilfe interpretiert der Leser die Aussagen im Text in die eine oder andere Richtung und bringt die Einzelaussagen in einem Text in einen kohärenten Zusammenhang. Wenn diese Begriffe nicht verstanden werden, kann das Verständnis des gesamten Textes verhindert sein. Besonders für Kinder, die noch am Anfang des Zweitspracherwerbs stehen, sollten Lesetexte auch hinsichtlich der Verwendung von Konnektoren entlastet werden; der Erwerb der verschiedenen Konnektoren erfolgt allmählich.

Auch das Vorlesen vor der Klasse ist Kindern im Zweitspracherwerb oft sehr unangenehm, viele fühlen sich bloßgestellt. Die Sinnentnahme beim Vorlesen fällt ihnen noch schwerer als ihren deutschsprachigen Mitschülerinnen und Mitschülern, da sie sich zusätzlich auf die phonetischen Anforderungen des deutschen Textes konzentrieren müssen.

Lesespuren sind eine geeignete Form, diesen Schwierigkeiten zu begegnen: Der Text ist in viele kurze Abschnitte gegliedert; in kurzen Abständen erhalten die SuS ein Feedback darüber, ob sie noch auf der richtigen Spur sind, d.h. ob sie das bisher Gelesene richtig verstanden haben. Wenn ungenau gelesen oder etwas nicht verstanden wurde, führen Text und Bild die Kinder schnell auf die richtige Spur zurück. Die Lehrkraft kann die Lesefähigkeiten ihrer SuS überprüfen, auch ohne dass die Kinder vorlesen, indem sie die ermittelte Lesespur mit der Lösungsspur vergleicht.

Lesespurgeschichten betten das Lesen in einen spielerischen Zusammenhang ein und machen den Kindern Spaß. Trotzdem trainieren sie wesentliche Lesestrategien wie das bewusste Überwachen des Textverständnisses und – unmittelbar damit verbunden – das Vor- und Zurückspringen im Text oder die Aktivierung des Vorwissens.

Überblick über die Förderangebote

GESAMTE LERNGRUPPE

- Einführung des spezifischen Wortschatzes

KV 1 Die Ritterburg

FÖRDERHORIZONT 1

- sinnerfassendes Lesen
- einfache Sätze global verstehen
- Überprüfung des Verstandenen mit Hilfe eines Bildes und einer Lesespur

KV 2, KV 3 Zeitreise in die Vergangenheit

FÖRDERHORIZONT 2

- sinnerfassendes Lesen
- Sätze mit Verbklammern (global) verstehen
- Überprüfung des Verstandenen mit Hilfe eines Bildes und einer Lesespur

KV 2, KV 4 Zeitreise in die Vergangenheit

FÖRDERHORIZONT 3

- sinnerfassendes Lesen
- Sätze mit Verbklammern und Inversion verstehen
- Überprüfung des Verstandenen mit Hilfe eines Bildes und einer Lesespur

KV 2, KV 5 Zeitreise in die Vergangenheit

FÖRDERHORIZONT 4

- sinnerfassendes Lesen
- Nebensätze verstehen
- Überprüfung des Verstandenen mit Hilfe eines Bildes und einer Lesespur

KV 2, KV 6 Zeitreise in die Vergangenheit

Wortschatz

NOMEN die Zeitreise, die Vergangenheit, die Burg, der Ritter, der König, die Prinzessin, der Held, das Kleid, der Schleier, der Wegrand, der Gegenstand, der Stein, der Gartenteich, das Wasser, der Weg, der Keller, die Maus, die Spinne, die Zugbrücke, der Fremde, der Stall, der Schmied, das Hufeisen, das Pferd, die Küche, die Feuerstelle, der Raum, der Tisch, die Bank, die Burgmauer, der Burghof, der Eimer, der Koch, der Brunnen, das Burgtor, die Krone, die Welt, der Strudel, der Knall, der Überblick, das Land, der Berg, der Hügel, die Wache, der Kessel, der Topf, das Leben …

VERBEN schwärmen, eintauschen, glitzern, aufheben, passieren, trinken, nachdenken, anherrschen, schimpfen, sich drehen, beginnen, landen, hineinlassen, zurückbringen, verlieren, tragen, wissen, bauen, aufpassen, überfallen, warten, füllen, hinaufgehen …

ADJEKTIVE schön, neugierig, schwarz, geheimnisvoll, klein, schnell, groß, kalt, düster, falsch, schnell, dunkel, ungemütlich, golden, toll, anstrengend, froh …

SONSTIGE darin, bevor, sofort, doch, woanders, plötzlich, sondern, noch, als, immer, etwas, zwischen, schon, eigentlich, wieder, heute, damals …

PHRASEN am liebsten, sich auf den Weg machen, lass uns lieber (…), an die Hand nehmen, nach Hause, Pause machen, zu Hause sein …

ANGEBOTE FÜR DIE GESAMTE LERNGRUPPE

KV 1 Die Ritterburg

MATERIAL/VORBEREITUNG KV 1 als Poster vergrößert, Wortkarten (der Ritter, der König, die Prinzessin, die Burg, das Kleid, der Weg, der Keller, die Zugbrücke, der Stall, der Schmied, das Hufeisen, das Pferd, die Küche, der Raum, die Bank, die Burgmauer, der Brunnen, der Eimer, der Koch, das Burgtor, die Krone, die Wache, der Kessel)

DURCHFÜHRUNG Die Lehrkraft präsentiert den Kindern das Poster von der Ritterburg und die Wortkarten als stummen Impuls. Die Kinder ordnen die Wortkarten dem Bild dazu. Dabei achtet die Lehrkraft darauf, dass die Begriffe im Kontext gebraucht werden.

Beispiele für einfache Fragen und Impulse (Förderhorizont 1 und 2):
„Zeige mir den Brunnen!"
„Ist das ein Pferd oder ein Esel?"
„Wer ist das?" / „Was ist das?"
„Was glitzert? Ein Stein oder eine Krone?"

Beispiele für anspruchsvollere Fragen und Impulse (Förderhorizont 3 und 4):
„Was passiert hier?"
„Warum steht die Wache auf der Burgmauer?"
„Erzähle, was du auf der Burg alles siehst!"

> 💬 Das Lesen der Lesespurgeschichten wird durch die **Erarbeitung und Aktivierung des spezifischen Wortschatzes** vorbereitet. Mit Hilfe der erarbeiteten Begriffe und des Lesespurplans kann der Lesetext strategisch entschlüsselt werden, sodass zumindest ein globales Verstehen der Lesespur möglich wird.

ANGEBOTE FÜR FÖRDERHORIZONT 1–4

 KV 2, KV 3, KV 4, KV 5, KV 6 Zeitreise in die Vergangenheit 💬

MATERIAL/VORBEREITUNG Sachbücher zum Thema Ritter und Burgen, Wörterbücher

DURCHFÜHRUNG Nach der Sicherung des Wortschatzes bearbeiten die Kinder anhand des Lesespurplans (KV 2) die für ihren Förderhorizont passende Lesespurgeschichte (KV 3–KV 6). Das Wortschatzposter und die Sach- und Wörterbücher können zur Unterstützung herangezogen werden.

LÖSUNG 1 → 10 → 8 → 13 → 15 → 7 → 14 → 11 → 16

TIPP FÜR DIE WEITERARBEIT Die Kinder können sich in kleinen Gruppen selbst Lesespuren ausdenken.

> 💬 Die Lesespuren für die Förderhorizonte 1 bis 4 sind **dem sprachlichen Niveau der SuS angepasst**. Die Lesespur für Kinder auf Förderhorizont 1 ist deutlich entlastet. Sie bietet kurze Abschnitte, einfache Sätze, kaum Konnektoren und eine inhaltliche Konzentration auf das Notwendige. Kinder auf Förderhorizont 2 begegnen gehäuft Sätzen mit Klammerstrukturen, doch auch hier werden Konnektoren sparsam verwendet und die Inhalte konzentriert dargeboten. Im Text für Kinder auf Förderhorizont 3 treten vermehrt Modelle für die Herstellung von Zusammenhängen zwischen Sätzen auf. Mit dem Erwerb der Inversion rücken auch Adverbien zu Beginn eines Satzes (z. B. „doch", „hier") verstärkt in den Fokus der Förderung. Die Lesespur für Kinder auf Förderhorizont 4 ist inhaltlich noch komplexer gestaltet, wozu auch der Einbezug von Nebensätzen beiträgt.

Die Ritterburg

Sprachförderung PLUS
Förderbausteine für den Soforteinsatz im Regelunterricht
ISBN 978-3-12-666802-6

Zeitreise in die Vergangenheit

Sprachförderung PLUS
Förderbausteine für den Soforteinsatz im Regelunterricht
ISBN 978-3-12-666802-6

Zeitreise in die Vergangenheit

Leila und Baruk reden über Ritter.
„Ritter sind toll", sagt Baruk. Leila mag Prinzessinnen.

1| Leila sieht etwas glitzern. Sie nimmt den Gegenstand.

2| Der Stein ist schwarz. Lies 1 noch einmal.

3| Das ist der Gartenteich. Lies 8 noch einmal.

4| Das war falsch. Lies 15 noch einmal.

5| Das ist die Zugbrücke. Lies 10 noch einmal.

6| Leila und Baruk sind im Stall. Das ist falsch.
Leila und Baruk gehen zur Küche.

7| Leila und Baruk kommen in einen Raum.
Der Raum ist dunkel und kalt.
Leila und Baruk gehen zur Burgmauer.

8| Leila und Baruk staunen. Ein Mann schimpft mit Leila und Baruk.
„Schnell, der Koch braucht vier Eimer Wasser." Leila und Baruk laufen
zum Brunnen.

9| Das ist das Burgtor. Lies 7 noch einmal.

10| Eine Krone liegt neben dem Weg. Leila und Baruk nehmen die Krone.
Alles dreht sich. Leila und Baruk landen in einem Burghof.

11| Baruk hält die Krone in der Hand.
Die Krone bringt die Kinder nach Hause.

Sprachförderung PLUS
Förderbausteine für den Soforteinsatz im Regelunterricht
ISBN 978-3-12-666802-6

12| Das ist ein Hufeisen. Das Hufeisen glitzert nicht. Lies 14 noch einmal.

13| Leila und Baruk holen das Wasser aus dem Brunnen.
Sie tragen die Eimer in die Küche.

14| Leila und Baruk stehen auf der Burgmauer. Sie sehen alles.
„Burgen stehen immer auf einem Berg", sagt Baruk.
Er betrachtet die Mauer. Er sieht etwas glitzern.

15| Der Koch wartet. Er füllt das Wasser in Töpfe.
Leila und Baruk sind neugierig. Sie gehen eine Treppe hinauf.

16| Die Kinder sind wieder zu Hause. Sie freuen sich.

Trage hier die Nummern der richtigen Lesespur ein:

1 → ⬜ → ⬜ → ⬜ → ⬜ → ⬜ → ⬜ → ⬜ → ⬜

Sprachförderung PLUS
Förderbausteine für den Soforteinsatz im Regelunterricht
ISBN 978-3-12-666802-6

Zeitreise in die Vergangenheit

Leila und Baruk haben in der Schule ein Buch über Ritter gelesen.
„Ritter sind toll", sagt Baruk. Leila mag die Prinzessinnenkleider.

1| Leila sieht etwas glitzern. Leila und Baruk heben den Gegenstand auf.

2| Der Stein ist schwarz und geheimnisvoll. Leila und Baruk fassen den Stein an. Es passiert nichts. Lies 1 noch einmal.

3| Das ist der kleine Gartenteich. Das Wasser kann man nicht trinken. Gehe zurück zu 8.

4| Das war falsch. Es ist kalt und dunkel im Keller. Es gibt viele Mäuse und Spinnen. Leila und Baruk wollen in einen anderen Raum gehen. Lies noch einmal bei 15.

5| Fremde dürfen nicht in die Burg hinein. Lies noch einmal bei 10.

6| Leila und Baruk sind in den Stall gegangen. Das ist falsch. Sie gehen schnell zur Küche.

7| Leila und Baruk kommen in einen großen Raum. Er ist dunkel und kalt. Es gibt einen Tisch und vier Bänke. Leila will zur Burgmauer gehen.

8| Leila und Baruk staunen. Ein Mann schimpft mit ihnen. „Schnell, wir brauchen Wasser in der Küche. Der Koch braucht vier Eimer Wasser." Leila und Baruk laufen zum Brunnen.

Sprachförderung PLUS
Förderbausteine für den Soforteinsatz im Regelunterricht
ISBN 978-3-12-666802-6

9| Das ist das Burgtor. Lies noch einmal bei 7.

10| Eine Krone liegt neben dem Weg.
Leila und Baruk heben die Krone auf.
Die Welt dreht sich plötzlich. Leila und Baruk landen
in einem Burghof.

11| Baruk hält die Krone in der Hand. Die Krone bringt sie wieder
nach Hause.

12| Der Schmied hat ein Hufeisen verloren. Das Hufeisen glitzert nicht.
Lies noch einmal bei 14.

13| Leila und Baruk holen vier Eimer Wasser aus dem Brunnen. Sie müssen
die Eimer in die Küche tragen.

14| Leila und Baruk stehen auf der Burgmauer. Sie können alles sehen.
„Burgen wurden immer auf einem Berg gebaut. Die Wache hat
aufgepasst", sagt Baruk. Er betrachtet die Mauer. Er sieht etwas glitzern.

15| Der Koch wartet schon. Er füllt das Wasser in Töpfe. Die Töpfe hängen
über einem Feuer. Leila und Baruk sind neugierig. Sie gehen eine Treppe
hinauf.

16| „Wir sind wieder zu Hause. Ich bin froh", sagt Leila zu Baruk.
„Das Leben war früher anstrengend."

Trage hier die Nummern der richtigen Lesespur ein:

1 → → → → → → → →

Sprachförderung PLUS
Förderbausteine für den Soforteinsatz im Regelunterricht
ISBN 978-3-12-666802-6

Zeitreise in die Vergangenheit

**Leila und Baruk haben in der Schule ein Buch über die Zeit der Ritter gelesen. Damals gab es auch Könige und Prinzessinnen.
„Ritter waren richtige Helden", meint Baruk.
Und Leila findet die Kleider der Prinzessinnen schön.**

1| Da sehen sie am Wegrand etwas glitzern. Neugierig heben Leila und Baruk den Gegenstand auf.

2| Der Stein ist schwarz und geheimnisvoll.
Leila und Baruk fassen den Stein an. Aber es passiert nichts.
Lies 1 noch einmal genauer.

3| Das ist der kleine Gartenteich. Das Wasser kann man nicht trinken.
Gehe noch einmal zurück zu 8.

4| Das war der falsche Weg. Im Burgkeller ist es kalt und düster. Es gibt viele Mäuse und Spinnen. Leila und Baruk wollen in einen anderen Raum gehen. Lies noch einmal bei 15.

5| Der Weg über die Zugbrücke führt in die Burg hinein. Doch Fremde werden nicht in die Burg hineingelassen. Lies noch einmal bei 10.

6| Leila und Baruk sind im Stall angekommen. Hier bearbeitet der Schmied neue Hufeisen für die Pferde. Schnell machen sich Leila und Baruk auf den Weg in die Küche.

7| Leila und Baruk kommen in einen großen Raum. Er ist dunkel und kalt. Darin gibt es nur einen großen Tisch und vier Bänke. „Puh, ist das ungemütlich hier", sagt Leila. „Lass uns lieber auf die Burgmauer gehen!"

8| Leila und Baruk sind ganz überrascht. Doch schon schimpft ein Mann  mit ihnen. „Rasch jetzt, wir brauchen Wasser in der Küche. Der Koch braucht noch vier Eimer. Lauft sofort zum Brunnen!"

Sprachförderung PLUS
Förderbausteine für den Soforteinsatz im Regelunterricht
ISBN 978-3-12-666802-6

Klett

9| Das ist das Burgtor. Dort wollte Leila nicht hin.
Lies noch einmal bei 7 nach.

10| Es ist eine kleine goldene Krone. Leila und Baruk heben sie auf.
Auf einmal beginnt die Welt sich zu drehen. Alles dreht sich immer
schneller. Plötzlich landen Leila und Baruk in einem Burghof.

11| Er hält wieder die Krone in der Hand, die sie in die Vergangenheit
gebracht hat. Schnell nimmt Baruk Leila an die Hand. Die Zeitreise
beginnt und Leila und Baruk kommen wieder nach Hause.

12| Der Schmied hat ein Hufeisen verloren. Aber das Hufeisen glitzert nicht.
Lies noch einmal bei 14 nach.

13| Leila und Baruk ziehen vier Eimer Wasser aus dem Brunnen nach oben.
Sie sind ganz erschöpft. Doch sie dürfen keine Pause machen.
Sie müssen die Eimer gleich in die Küche tragen.

14| Auf der Burgmauer können Leila und Baruk über das ganze Land
blicken. „Burgen wurden immer auf einem Berg oder auf einem Hügel
gebaut. Die Wache hat aufgepasst. So konnte man sich vor einem
Überfall schützen", sagt Baruk. Plötzlich sieht er etwas glitzern.

15| Dort wartet der Koch schon. Er füllt das Wasser in Kessel. Die Kessel
hängen über einer offenen Feuerstelle. Leila und Baruk sind neugierig
und gehen eine Treppe hinauf.

16| „Wir sind wieder zu Hause. Ich bin richtig froh", sagt Leila zu Baruk.
„Das Leben auf der Burg war viel anstrengender."

Trage hier die Nummern der richtigen Lesespur ein:

1 → → → → → → → →

Sprachförderung PLUS
Förderbausteine für den Soforteinsatz im Regelunterricht
ISBN 978-3-12-666802-6

Zeitreise in die Vergangenheit

In der Schule haben Leila und Baruk ein Buch über die Zeit der Ritter gelesen. Damals gab es auch Könige und Prinzessinnen. „Ritter waren richtige Helden", schwärmt Baruk. Und Leila würde ihre Jeans am liebsten gegen ein Kleid mit einem Schleier eintauschen.

1| Da sehen sie am Wegrand etwas glitzern. Neugierig heben Leila und Baruk den Gegenstand auf.

2| Der Stein ist schwarz und geheimnisvoll. Aber es passiert nichts, als Leila und Baruk ihn aufheben. Lies 1 noch einmal genauer.

3| Das ist der kleine Gartenteich. Das Wasser kann man nicht trinken. Gehe noch einmal zurück zu 8.

4| Das war der falsche Weg. Im Burgkeller ist es kalt und düster. Es gibt viele Mäuse und Spinnen. Lies noch einmal bei 15, wohin Leila und Baruk gehen.

5| Von hier aus geht es über die Zugbrücke in die Burg hinein. Doch Fremde werden nicht in die Burg hineingelassen. Lies noch einmal bei 10.

6| Leila und Baruk sind im Stall gelandet. Hier arbeitet der Schmied an neuen Hufeisen für die Pferde. Schnell machen sich Leila und Baruk auf den Weg in die Küche.

7| Leila und Baruk kommen in einen großen Raum. Er ist dunkel und kalt. Darin gibt es nur einen großen Tisch und vier Bänke. „Puuh, ist das ungemütlich hier", sagt Leila. „Lass uns lieber auf die Burgmauer gehen!"

8| Bevor Leila und Baruk zum Nachdenken kommen, herrscht sie ein Mann mit einfachen Kleidern aus grobem Stoff an. „Rasch jetzt, wir brauchen Wasser in der Küche. Der Koch braucht noch vier Eimer. Macht, dass ihr zum Brunnen kommt."

Sprachförderung PLUS
Förderbausteine für den Soforteinsatz im Regelunterricht
ISBN 978-3-12-666802-6

9 | Das ist das Burgtor. Doch Leila wollte woanders hin.
Lies noch einmal bei 7 nach.

10 | Es ist eine kleine goldene Krone. Als Leila und Baruk sie aufheben,
beginnt sich auf einmal die Welt um sie zu drehen.
Immer schneller wird der Strudel, bis sie plötzlich mit einem Knall in
einem Burghof landen.

11 | Er hält wieder die Krone in der Hand, die sie in die Vergangenheit
gebracht hat. Schnell nimmt Baruk Leila an die Hand und schon bringt
sie der Zeitstrudel zurück nach Hause.

12 | Der Schmied hat wohl ein Hufeisen verloren. Aber es glitzert nicht.
Lies noch einmal bei 14 nach, damit du weißt, was Baruk entdeckt hat.

13 | Leila und Baruk ziehen vier Eimer Wasser aus dem Brunnen nach oben.
Sie sind ganz erschöpft. Doch sie dürfen keine Pause machen, sondern
müssen die Eimer gleich in die Küche tragen.

14 | Auf der Burgmauer haben Leila und Baruk einen tollen Überblick über
das Land um sie herum. „Jetzt weiß ich, warum Burgen immer auf
einem Hügel oder einem Berg gebaut wurden. Wenn die Wache gut
aufpasst, kann man nicht so schnell überfallen werden", sagt Baruk.
Plötzlich sieht er, dass etwas zwischen den Steinen glitzert.

15 | Dort wartet der Koch schon. Er füllt das Wasser in Kessel,
die über einer offenen Feuerstelle hängen. Neugierig sehen sich
Leila und Baruk in der Burg um und gehen eine Treppe hinauf.

16 | „Eigentlich bin ich ganz froh, dass wir wieder zu Hause sind", sagt Leila
zu Baruk. „Das Leben war damals viel anstrengender als heute."

Trage hier die Nummern der richtigen Lesespur ein:

1 → → → → → → → → →

Sprachförderung PLUS
Förderbausteine für den Soforteinsatz im Regelunterricht
ISBN 978-3-12-666802-6

Was die Schnecke alles kann!

Betrachten und Beobachten sowie Untersuchen und Experimentieren gehören zu den typischen Arbeitsweisen im Sachunterricht, die im Rahmen zahlreicher Unterrichtseinheiten eingeübt und als Erkenntnisverfahren eingesetzt werden. Schnecken eignen sich wegen ihrer Langsamkeit als Beobachtungsobjekt in der Grundschule in besonderer Weise.

Schnecken gehören zu den Weichtieren. Das Gehäuse schützt sie vor Trockenheit und Kälte sowie gegen Feinde. Bei Gefahr ziehen sie sich in das Gehäuse zurück. Der Weichkörper besteht aus einem Eingeweidesack im Inneren der Schale und dem sogenannten Kopffuß. Eine Schleimdrüse am vorderen Ende des Kopfes produziert Schleim, auf dem die Schnecke kriecht. Die Fortbewegung erfolgt durch Kontraktionen der Muskeln in der Kriechsohle. Durch den Schleim ist die Schnecke zusätzlich vor scharfen Kanten und Steinen geschützt. Bei Gefahr und zur Abwehr können manche Schneckenarten auch Schaum produzieren. Schnecken zerreiben mit ihrer Raspelzunge (Radula) frische Pflanzenteile und befördern sie anschließend in den Schlund. Mit den Fühlern können sie tasten, Gerüche wahrnehmen und sehen. Sie können hell und dunkel unterscheiden, sind aber ansonsten sehr kurzsichtig. Einen Hörsinn haben sie nicht.

Die folgenden Vorschläge bilden nicht alle Möglichkeiten eines Unterrichts zum Thema Schnecken ab. Beleuchtet werden besonders die Möglichkeiten, Fachunterricht und Sprachförderung im Rahmen von Beobachtungsaufgaben unmittelbar aufeinander zu beziehen.

Beobachten, Betrachten, Untersuchen und Experimentieren sind an typische sprachliche Mittel gebunden. Die Kinder müssen bestimmte Begriffe (beobachten, sehen, entdecken, vermuten, feststellen, ausprobieren …) sowie die dazu passenden syntaktischen Strukturen (Konsekutivsätze) verstehen und gebrauchen können. Diese Fähigkeiten werden schrittweise erworben. Die folgenden Vorschläge zeigen, wie die Lehrkraft Kinder auch zu Beginn des Erwerbsprozesses an den typischen Verfahrensweisen des Sachunterrichts beteiligen kann und wie die sprachlichen Mittel, um Beobachtungen, Vermutungen und Feststellungen angemessen zu versprachlichen, gefördert werden können.

Überblick über die Förderangebote

GESAMTE LERNGRUPPE

- Einführung und Sicherung des Fachwortschatzes
- Vorgehensweisen, Beobachtungen und Feststellungen versprachlichen

 KV 1, KV 2, KV 3, KV 4, KV 5 Auf der Schneckenwiese   **KV 6** Körperteile der Schnecke

FÖRDERHORIZONT 1

- sinnerfassendes Lesen
- einfache fachliche Sätze und Anleitungen mit Hilfe von Bildern global verstehen
- Aussagen verifizieren oder falsifizieren

 KV 7 Können Schnecken sehen und riechen?

FÖRDERHORIZONT 2

- sinnerfassendes Lesen
- einfache fachliche Sätze und Anleitungen mit Hilfe von Bildern global verstehen
- fachlich richtige Aussagen mit Hilfe von Auswahlwörtern formulieren

KV 8 Wie frisst eine Schnecke?

FÖRDERHORIZONT 3

- sinnerfassendes Lesen
- einfache Anleitungen verstehen und umsetzen
- Vorgehensweisen, Beobachtungen und Schlussfolgerungen mit Hilfe einer Wörterliste verschriftlichen

 KV 9 Warum können Schnecken schäumen?

FÖRDERHORIZONT 4

- sinnerfassendes Lesen
- einfache Anleitungen verstehen und umsetzen
- Vorgehensweisen, Beobachtungen und Schlussfolgerungen verschriftlichen
- Nebensatzstrukturen: Konsekutivsätze

 KV 10 Wie bewegen sich Schnecken fort?

Wortschatz

NOMEN die Schnecke, das Schneckenhaus, der Fühler, der Fuß, die Kriechsohle, der Weichkörper, das Atemloch, das Muster, der Schleim, die Spur, das Gras, die Wiese, der Zitronensaft, der Ausgang, der Kreis, die Taschenlampe, das Auge, der Dorn, der Halm, der Zweig, der Schaum, das Sandpapier, der Versuch …

VERBEN kriechen, schäumen, sehen, fressen, riechen, sich fortbewegen …

ADJEKTIVE weich, hart, nackt, kaputt, feucht, hell, dunkel, spitz, langsam, schleimig …

PHRASEN Ich vermute, dass (…), Ich habe gesehen, dass (…), Wir haben herausgefunden, dass (…) …

ANGEBOTE FÜR DIE GESAMTE LERNGRUPPE

📝 KV 1, KV 2, KV 3, KV 4, KV 5 Auf der Schneckenwiese 💬

MATERIAL/VORBEREITUNG auf die Rückseite von KV 1 die nach Förderhorizonten differenzierten KV 2–5 kopieren, Lupen, Einmachgläser mit durchlöcherten Deckeln oder Insektenboxen (mit feuchtem Gras ausgepolstert), Sprühflasche mit Wasser, Bindfaden, Schreibunterlagen, Bunt- und Bleistifte
Auswahl einer Wiese mit Schnecken (Vorbesichtigung): Für den Unterricht eignen sich aufgrund ihrer Größe besonders Weinbergschnecken oder Achatschnecken. Weinbergschnecken stehen jedoch unter Naturschutz und dürfen nur mit einer Genehmigung der Naturschutzbehörde vorübergehend für unterrichtliche Zwecke aus der Natur entnommen werden. Schulbiologiezentren verleihen Achatschnecken an Schulen.

DURCHFÜHRUNG Die Lehrkraft unternimmt mit den Kindern einen Unterrichtsgang zu einer Wiese. Dort beobachten die Kinder Schnecken in ihrer natürlichen Umgebung und bearbeiten KV 1 und entsprechend ihres Förderhorizonts die auf die Rückseite kopierten KV 2–5. Die Lehrkraft unterstützt die Kinder durch entsprechende Fragen und Impulse:

Beispiele für einfache Fragen und Impulse (Förderhorizont 1 und 2):
„Schau genau hin! Hat die Schnecke zwei oder vier Fühler?"
„Haben alle Schnecken ein Schneckenhaus?"
„Die Schnecke lebt auf der Wiese. Ist es hier feucht oder trocken?"
„Ist das Schneckenhaus alt oder neu?"

Beispiele für anspruchsvollere Fragen und Impulse (Förderhorizont 3 und 4):
„Beschreibe die Unterschiede zwischen den Schneckenarten, die du gefunden hast."
„Was macht die Schnecke?"
„Wo fühlt die Schnecke sich am wohlsten?"
„Warum sieht das Schneckenhaus so kaputt aus?"

Zum Abschluss des Unterrichtsgangs dürfen die Kinder Schnecken in den vorbereiteten Einmachgläsern mitnehmen. Dabei ist darauf zu achten, dass das Gras im Einmachglas feucht gehalten wird (Sprühflasche mit Wasser). Im Klassenzimmer richtet die Lehrkraft mit den Kindern ein Schneckenterrarium ein, für dessen Versorgung ein Dienstplan erstellt wird. Am Ende der Unterrichtseinheit werden die Schnecken wieder zurück zur Schneckenwiese gebracht.
In einer Anschlussstunde werden die Beobachtungen, die die Kinder auf der Schneckenwiese gemacht haben, gesammelt und aufgegriffen. Dazu stehen den Kindern ihre ausgefüllten KVs zur Verfügung.

Beispiele für einfache Fragen und Impulse (Förderhorizont 1 und 2):
„Es gibt verschiedene Arten von Schnecken. Wie viele hast du gefunden?"
„Was machen Schnecken? Laufen oder kriechen?"
„Wie sind Schnecken? Nackt oder pelzig?"
„Was mögen Schnecken? Regen oder Sonne?"

Beispiele für anspruchsvollere Fragen und Impulse (Förderhorizont 3 und 4):
„Was habt ihr entdeckt?"
„Was denkt ihr? Was brauchen Schnecken, damit sie gut leben können?"
„Was denkt ihr? Warum gibt es so viele leere Schneckenhäuser?"
„Was weißt du noch über Schnecken?"

💬 Die Beobachtung der Schnecken in ihrem natürlichen Lebensraum wird durch die **Beobachtungsblätter** intensiviert, strukturiert und auch sprachlich gestützt. Entsprechend den verschiedenen Förderhorizonten erhalten die Kinder Hilfen, um ihre Beobachtungen zu dokumentieren. Für Kinder auf den unteren Förderhorizonten wird der spezifische Wortschatz im realen Kontext und durch die Wort-/Satz-Bild-Kombination eingeführt. SuS auf den höheren Förderhorizonten werden durch Vorgaben ermuntert, Strukturen zu bilden, die ihrem Förderhorizont entsprechen.
Die Arbeitsblätter bieten den Kindern Muster, mit deren Unterstützung sie sich am Gespräch über den Unterrichtsgang beteiligen können.

📝 KV 6 Körperteile der Schnecke 💬

MATERIAL/VORBEREITUNG Schnecken, Glasplatten, Lupen, Tafelbild einer Schnecke, Wortkarten mit folgenden Wörtern: das Schneckenhaus, der Fühler, der Weichkörper, der Fuß und die Kriechsohle, der Mund, das Atemloch. Den unteren Teil von KV 6 nach hinten umknicken.

DURCHFÜHRUNG Die SuS erhalten den Arbeitsauftrag, auf KV 6 eine Schnecke ganz genau zu zeichnen. Dafür werden die Schnecken aus dem Terrarium genommen und jeweils auf eine Glaspatte gesetzt. Die Kinder betrachten die Schnecken mit Hilfe der Lupen und fertigen eine Sachzeichnung an. Wenn die Kinder entscheidende Körperteile nicht entdecken, dürfen sie das Arbeitsblatt aufknicken. Anhand der Begriffe und mit der Unterstützung der Lehrkraft betrachten sie die Schnecke erneut, ergänzen ihre Zeichnung und beschriften sie mit den vorgegebenen Begriffen.
Anschließend präsentiert die Lehrkraft das Tafelbild einer Schnecke sowie die Wortkarten. Die Kinder ordnen den Körperteilen die Wortkarten zu. Dabei steuert die Lehrkraft das sich entwickelnde Unterrichtsgespräch und greift die Beiträge der Kinder auf.

Beispiele für einfache Fragen und Impulse (Förderhorizont 1 und 2):

„Was ist das? Ein Fühler oder ein Fuß?"
„Wie fühlt sich der Körper der Schnecke an? Weich oder hart?"
„Wie fühlt sich das Schneckenhaus an?"
„Ist das das Atemloch?"
„Womit frisst die Schnecke?"
„Wo ist der Mund?"

Beispiele für anspruchsvollere Fragen und Impulse (Förderhorizont 3 und 4):

„Wofür braucht die Schnecke die Fühler?"
„Hast du eine Idee? Warum trägt die Schnecke ihr Haus mit sich herum?"

💬 Die **Sicherung des Fachwortschatzes** unterstützt die Kinder bei der Versprachlichung ihrer Vermutungen, Beobachtungen und Schlussfolgerungen in den nachfolgenden Stunden.

ANGEBOT FÜR FÖRDERHORIZONT 1–4

Die Lehrkraft informiert die Kinder nun darüber, dass sie durch verschiedene Versuche herausfinden sollen, was Schnecken alles können. Dazu werden die Schnecken aus dem Terrarium genommen und auf die Glasplatten gesetzt. Bevor die SuS in Kleingruppen entsprechend ihrem Förderhorizont mit den Versuchen beginnen, bespricht die Lehrkraft mit ihnen, dass Schnecken Lebewesen sind, denen kein Schaden zugefügt werden darf. Die Versuche müssen genau durchgeführt und die Schnecken sorgsam behandelt werden. Die Kinder führen die folgenden Versuche anhand der Versuchsanleitungen und mit Unterstützung der Lehrkraft durch. Ihre Beobachtungen dokumentieren sie auf KV 7–10.

Nachdem die SuS in kleinen Gruppen die verschiedenen Versuche durchgeführt und ihre Ergebnisse dokumentiert haben, geht es später darum, dass die Kinder einen Einblick in die Versuche und Ergebnisse aller Gruppen bekommen. Dazu werden neue Gruppen mit je vier Kindern gebildet, sodass jeder Versuch in der Gruppe vertreten ist. Die Kinder berichten sich mit Hilfe ihrer bearbeiteten Arbeitsblätter gegenseitig von ihren Versuchen und den Ergebnissen. Die Versuchsmaterialien sollten noch im Klassenzimmer bereitstehen, damit bestimmte Versuche zur Demonstration wiederholt werden oder die Kinder auf die Gegenstände zeigen können, wenn ihnen der Begriff nicht zur Verfügung steht. Die Lehrkraft unterstützt und betreut die Arbeitsgruppen.

💬 Die Aufgabe, anderen vom eigenen Versuch und den gewonnenen Ergebnissen zu berichten, stellt einen **authentischen Sprechanlass** dar. Die Kleingruppe bietet sprachschwächeren Kindern einen ermutigenden Rahmen, sich vor anderen zu äußern. Sprachstärkere Kinder trainieren, sich adressatenbezogen zu äußern, und können sich vergewissern, ob sie ihre Äußerungsabsicht verwirklichen konnten. Die Arbeitsblätter zur Versuchsdokumentation bieten den Kindern dabei verschiedene Hilfen an: Bilder, auf die gezeigt werden kann, Mustersätze, die abgelesen oder aufgegriffen werden können, und eigene Zeichnungen der Kinder.

ANGEBOT FÜR FÖRDERHORIZONT 1

📝 KV 7 Können Schnecken sehen und riechen? 👥

MATERIAL/VORBEREITUNG Schnecken, Glasplatten, Taschenlampe, Pipette, Zitronensaft

DURCHFÜHRUNG Die Kinder bearbeiten in kleinen Gruppen KV 7 und führen die dort beschriebene Versuchsreihe durch. Dabei empfiehlt es sich, die Gruppen so zu bilden, dass auch sprachstärkere Kinder mitarbeiten, die die Kinder auf Förderhorizont 1 unterstützen.

TIPPS FÜR DIE WEITERARBEIT Die SuS können untersuchen,

- wie Schnecken auf einen Luftzug reagieren (vorsichtiges Anblasen durch einen Strohhalm),
- ob Schnecken hören können (Pfeifen mit der Trillerpfeife),
- ob Schnecken Erschütterungen wahrnehmen (Klopfen gegen die Glasplatte).

> Durch den Austausch mit anderen, die **einfachen Formulierungen** auf KV 7 und das **Bildangebot** können sich Kinder auf Förderhorizont 1 das Versuchsarrangement erschließen. Das Multiple-Choice-Angebot ermöglicht ihnen, an der Versuchsdokumentation teilzunehmen, ihre Schlussfolgerungen auszudrücken und an zentralen fachlichen Prozessen beteiligt zu sein. Das Arbeitsblatt bietet **Musterformulierungen**, die im anschließenden Unterrichtsgespräch aufgegriffen werden können.

ANGEBOT FÜR FÖRDERHORIZONT 2

 KV 8 Wie frisst eine Schnecke?

MATERIAL/VORBEREITUNG Schnecken, Glasplatten, Mehl, Wasser, kleine Teller, kleine Spatel

DURCHFÜHRUNG Die Kinder bearbeiten in kleinen Gruppen KV 8 und führen den dort beschriebenen Versuch durch.

TIPP FÜR DIE WEITERARBEIT Die SuS können untersuchen, was Schnecken gerne fressen (weiche Pflanzenteile) und was sie nicht fressen (saures Obst, manche Beeren, Blumen).

> Die Bearbeitung von KV 8 unterstützt die Kinder durch ein **Textgerüst** bei der Versprachlichung ihrer Beobachtungen und Schlussfolgerungen. Die Bedeutung einiger Fachbegriffe erschließt sich durch die Abgrenzung von bekannteren Begriffen. **Texterschließungsstrategien** werden gefördert.

ANGEBOT FÜR FÖRDERHORIZONT 3

KV 9 Warum können Schnecken schäumen?

MATERIAL/VORBEREITUNG Stöckchen, Steinchen, kleine Dornen, Sandpapier, Pipette, Zitronensaft

DURCHFÜHRUNG Die Kinder bearbeiten in kleinen Gruppen KV 9 und führen die dort beschriebene Versuchsreihe durch. Obwohl es sich bei der Schaumproduktion um eine natürliche Abwehrreaktion der Schnecke handelt, achtet die Lehrkraft darauf, dass die Versuche in der angegebenen Reihenfolge durchgeführt werden und die Tiere nicht zu lange unter Stress stehen. Sie sollten bald in das Terrarium zurückgesetzt und vorläufig in Ruhe gelassen werden.

TIPP FÜR DIE WEITERARBEIT Die SuS können untersuchen, wie eine Schnecke ein kantiges Hindernis (z.B. ein aufgestelltes Lineal) überwindet.

> Die Kinder auf Förderhorizont 3 werden mit dem typischen **Sprachstil von Anleitungen** konfrontiert. Imperativformen werden gefördert. Zur Darstellung ihrer Vermutungen, Beobachtungen und Feststellungen werden keine bestimmten sprachlichen Formen verlangt. Die Produktion kleiner Texte wird durch eine **Wortliste** mit spezifischen fachlichen Ausdrücken unterstützt.

ANGEBOT FÜR FÖRDERHORIZONT 4

KV 10 Wie bewegen sich Schnecken fort?

DURCHFÜHRUNG Die Kinder bearbeiten in kleinen Gruppen KV 10 und führen den dort beschriebenen Versuch durch.

> KV 10 fördert die Verwendung typischer **Nebensatzstrukturen und Phrasen im Sachunterricht**. Die Formulierung von Vermutungen, Beobachtungen und Schlussfolgerungen basiert meist auf Einleitungen wie „Ich vermute …", „Ich denke …", „Ich habe gesehen …", denen ein Konsekutivsatz folgt.

1 Was die Schnecke alles kann! SU 3/4
Gesamte Lerngruppe

Auf der Schneckenwiese

1| **Markiere dir mit dem Bindfaden ein Wiesenstück.**
Es soll drei Schritte lang und drei Schritte breit sein.
Wie viele Schnecken findest du auf deinem Wiesenstück?

2| **Auf der Wiese gibt es unterschiedliche Schnecken.**
Wie viele Arten entdeckst du?
Zeichne die verschiedenen Arten.

3| **Wie sieht die Umgebung aus, in der die Schnecke lebt? Zeichne.**

Auf der Schneckenwiese

Sprachförderung PLUS
Förderbausteine für den Soforteinsatz im Regelunterricht
ISBN 978-3-12-666802-6

4| **Du beobachtest Schnecken. Was machen die Schnecken? Kreuze an.**

☐ Die Schnecke kriecht
auf dem Boden.

☐ Die Schnecke versteckt
sich im Schneckenhaus.

☐ Die Schnecke frisst.

☐ Die Schnecke kriecht
über einen Zweig.
Sie schäumt.

5| **Welche Wörter passen zur Schnecke? Kreise ein.**

⬭langsam⬭   laufen   pelzig   feucht   das Schneckenhaus

schnell   kriechen   nackt   trocken   die Stacheln

6| **Suche leere Schneckenhäuser. Kreuze dann an, was du entdeckt hast.**

☐ Ein anderes Tier lebt
im Schneckenhaus.

☐ Ich entdecke viele Spuren
auf dem Schneckenhaus.

☐ Die Schneckenhäuser
haben verschiedene
Muster.

☐ Das Schneckenhaus
ist kaputt.

Sprachförderung PLUS
Förderbausteine für den Soforteinsatz im Regelunterricht
ISBN 978-3-12-666802-6

4| **Du hast Schnecken beobachtet. Was haben sie gemacht?**
Schreibe die Begriffe in die passenden Lücken:

kriecht ⚬ über einen Zweig ⚬ frisst ⚬ versteckt ⚬ schäumt

☐ Die Schnecke

_____

auf dem Boden.

☐ Die Schnecke hat sich im

Schneckenhaus _____.

☐ Die Schnecke kriecht

_____

_____.

Sie _____.

☐ Die Schnecke

_____.

Kreuze nun an, was du auf der Wiese gesehen hast.

5| **Findest du leere Schneckenhäuser? Schreibe die Begriffe**
in die passenden Lücken:

Tier ⚬ kaputt ⚬ Muster ⚬ Spuren

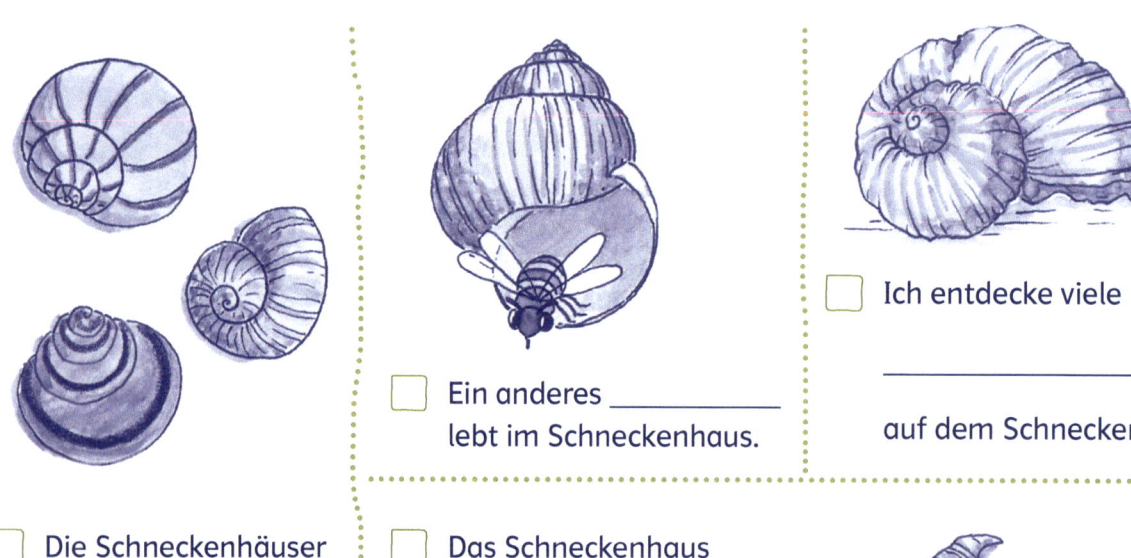

☐ Ich entdecke viele

_____

auf dem Schneckenhaus.

☐ Ein anderes _____
lebt im Schneckenhaus.

☐ Die Schneckenhäuser
haben verschiedene

_____.

☐ Das Schneckenhaus

ist _____.

Kreuze nun an, was du gesehen hast.

Sprachförderung PLUS
Förderbausteine für den Soforteinsatz im Regelunterricht
ISBN 978-3-12-666802-6

 Klett

4| Du hast Schnecken beobachtet. Was haben sie gemacht?

_____

_____

_____

_____

_____

Diese Begriffe können dir helfen:

hochkriechen ✺ über den Boden ✺ an einem Halm
über einen Zweig ✺ Schleimspur ✺ schäumen
sich verstecken ✺ im Schneckenhaus

**5| Hast du leere Schneckenhäuser gefunden?
Beschreibe, was du entdeckt hast.**

_____

_____

_____

_____

Diese Begriffe können dir helfen:

verschiedene Muster ✺ neuer Bewohner
Spuren ✺ kaputt

4| **Du hast Schnecken beobachtet. Was haben sie gemacht?**

Ich habe beobachtet, dass _____

_____

_____

Außerdem habe ich gesehen, dass _____

_____

_____

Diese Begriffe können dir helfen:

kriechen ✿ hochkriechen ✿ über den Boden ✿ an einem Halm
über einen Zweig ✿ Schleimspur ✿ schäumen ✿ fressen
sich verstecken ✿ im Schneckenhaus

5| **Hast du leere Schneckenhäuser gefunden?**
Beschreibe, was du entdeckt hast. Was könnte passiert sein?

Das Schneckenhaus _____

_____

_____

Ich vermute, dass _____

_____

_____

Diese Begriffe können dir helfen:

verschiedene Muster ✿ neuer Bewohner ✿ Spuren ✿ kaputt

Sprachförderung PLUS
Förderbausteine für den Soforteinsatz im Regelunterricht
ISBN 978-3-12-666802-6

Körperteile der Schnecke

So sieht meine Schnecke aus:

— — — — — — — — — — — — — — nach hinten knicken — — — — — — — — —

Schreibe die Begriffe an die richtige Stelle:

der Weichkörper

das Atemloch

der Fühler

der Fuß und die Kriechsohle

der Mund

das Schneckenhaus

Sprachförderung PLUS
Förderbausteine für den Soforteinsatz im Regelunterricht
ISBN 978-3-12-666802-6

Können Schnecken sehen und riechen?

1| **Was denkt ihr? Kreuzt an.**

☐ Schnecken können sehen.

☐ Schnecken haben Augen.

☐ Schnecken können riechen.

☐ Schnecken haben eine Nase.

2| **Kann eine Schnecke sehen? So findet ihr es heraus:**

Leuchtet die Schnecke mit einer Taschenlampe an und bewegt die Taschenlampe hin und her!

Deutet mit einem Finger auf die Fühler der Schnecke. Kommt dabei vorsichtig näher!

Betrachtet die Fühler mit einer Lupe.

3| **Was habt ihr entdeckt? Kreuzt an.**

Es passiert nichts. ja ☐ nein ☐

Bild 1: Die langen Fühler zucken zurück. ja ☐ nein ☐

Bild 2: Die langen Fühler zucken zurück. ja ☐ nein ☐

Auf den langen Fühlern sind schwarze Punkte. ja ☐ nein ☐

Die Schnecke ist blind. ja ☐ nein ☐

Die Schnecke kann weit sehen. ja ☐ nein ☐

Die Schnecke unterscheidet „hell" und „dunkel". ja ☐ nein ☐

Sprachförderung PLUS
Förderbausteine für den Soforteinsatz im Regelunterricht
ISBN 978-3-12-666802-6

4| **Kann eine Schnecke riechen? So findet ihr es heraus:**

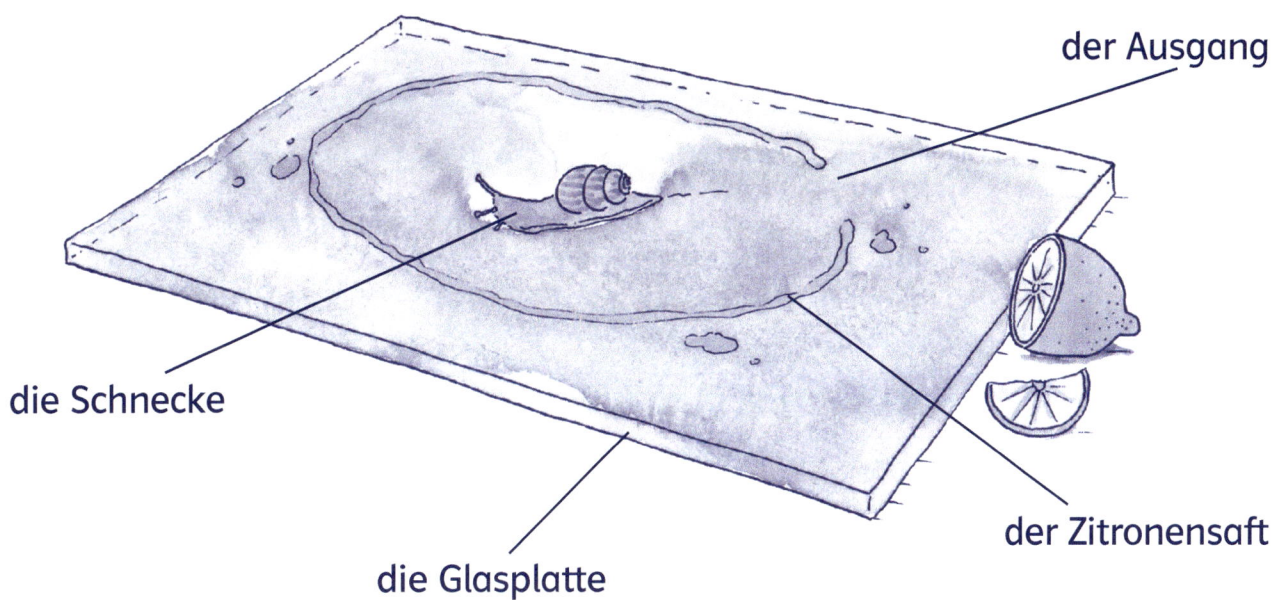

der Ausgang

die Schnecke

die Glasplatte

der Zitronensaft

5| **Was habt ihr beobachtet? Kreuzt an.**

Es passiert nichts.	ja ☐	nein ☐
Die Schnecke geht in ihr Haus.	ja ☐	nein ☐
Die Schnecke kriecht im Kreis herum.	ja ☐	nein ☐
Die Schnecke kriecht durch den Ausgang.	ja ☐	nein ☐
Die Schnecke kriecht über den Zitronensaft.	ja ☐	nein ☐
Die Schnecke schäumt.	ja ☐	nein ☐

6| **Das haben wir herausgefunden:**

☐ Schnecken können sehen.

☐ Schnecken können riechen.

Sprachförderung PLUS
Förderbausteine für den Soforteinsatz im Regelunterricht
ISBN 978-3-12-666802-6

8 Was die Schnecke alles kann! SU 3/4
Förderhorizont 2

Wie frisst eine Schnecke?

1| **Was denkt ihr? Kreuzt an.**

☐ Schnecken können Blätter und Obst abbeißen.

☐ Schnecken haben keine Zähne.

☐ Schnecken können ihre Nahrung nur ablecken.

☐ Schnecken _____.

Die Schnecke kriecht auf einer Glasplatte. Sie bekommt einen Brei aus Mehl und Wasser. Haltet die Glasplatte hoch und schaut genau zu.
Was seht ihr?

2| **Wie sind die Sätze richtig?**
Streicht die Wörter durch, die nicht stimmen.

Die Schnecke frisst gerne/nicht gerne Mehlbrei.

Die Schnecke hat/hat keine Zähne. Sie beißt die Nahrung ab/nicht ab.

Die Schnecke hat eine/keine Zunge.

Auf der Zunge sind kleine/keine Zähnchen. Die Zunge sieht aus wie

eine Raspel/ein Hammer.

Die Schnecke raspelt mit der Zunge/mit dem Gebiss kleine Stücke

von der Nahrung ab.

Sprachförderung PLUS
Förderbausteine für den Soforteinsatz im Regelunterricht
ISBN 978-3-12-666802-6

Warum können Schnecken schäumen?

1| **Manchmal erzeugen Schnecken viel Schaum. Dafür gibt es Gründe. Was denkt ihr?**

_____

_____

2| **So könnt ihr Gründe dafür herausfinden:**

a. Setzt eine Schnecke auf eine Glasplatte. Legt ihr Stöckchen, Steinchen oder kleine Dornen in den Weg. Was passiert?

_____

_____

b. Setzt eine Schnecke auf ein Sandpapier. Was passiert?

_____

_____

c. Setzt die Schnecke auf eine Glasplatte und träufelt ihr vorsichtig etwas Zitronensaft in den Weg. Was passiert?

_____

_____

3| **Das haben wir festgestellt:**

_____

_____

Diese Begriffe können euch helfen:

der Weichkörper ● ohne Verletzung ● viel Schleim ● die Abwehr
der Schutz ● der Schaum ● die Angst ● schützen ● sicher

Sprachförderung PLUS
Förderbausteine für den Soforteinsatz im Regelunterricht
ISBN 978-3-12-666802-6

10 Was die Schnecke alles kann! SU 3/4
Förderhorizont 4

Wie bewegen sich Schnecken fort?

1| **Was denkt ihr? Wie kommen Schnecken vorwärts?**

Wir vermuten, dass _____

_____

2| **So könnt ihr es herausfinden:**

Setzt eine Schnecke auf eine Glasplatte. Beobachtet von unten,
wie sich die Schnecke vorwärts bewegt.
Zeichnet und beschreibt eure Beobachtungen:

Wir haben gesehen, dass _____

_____

_____

_____

_____

Sprachförderung PLUS
Förderbausteine für den Soforteinsatz im Regelunterricht
ISBN 978-3-12-666802-6

Linksabbiegen auf dem Fahrrad

In der 4. Klasse legen die Kinder in der Regel die Radfahrprüfung ab. Diese besteht aus einem praktischen und einem theoretischen Teil. Ähnlich wie bei der Führerscheinprüfung müssen die Kinder Fragen zu Verkehrssituationen beantworten. Dabei gilt es, Sätze zu vervollständigen, Verkehrssituationen auf Bildern zu beurteilen, unter verschiedenen Antwortmöglichkeiten die richtige anzukreuzen oder auch Szenen oder Sätze in die richtige Reihenfolge zu bringen. Die Arbeitshefte und Prüfungsbögen sind durch eine hohe sprachliche Verdichtung gekennzeichnet, z.B. durch unpersönliche Formen („man" und „es"), viele Komposita, elliptische Formen, Imperative und durch viele Fachbegriffe (z.B. „Fahrbahn" statt „Straße", „Fahrzeug" statt „Auto").

Aus sprachlicher Sicht stellen die Arbeits- und Prüfungsmaterialien eine enorme Hürde für Kinder im Zweitspracherwerb dar. Das Verkehrstraining und die Prüfung müssen also sprachlich vorbereitet und entlastet werden, um erfolgreich gemeistert werden zu können. Gleichzeitig dienen sie als Anlass, um spezifische (fach)sprachliche Strukturen zu trainieren. Am Beispiel „Linksabbiegen auf dem Fahrrad" werden Möglichkeiten aufgezeigt, wie das Verkehrstraining sprachlich begleitet und sprachgerecht gestaltet werden kann, damit die Sprachprobleme der Kinder nicht zum Misserfolg führen.

Überblick über die Förderangebote

GESAMTE LERNGRUPPE

- Einführung und Training des Fachwortschatzes
- semantische Wörterliste

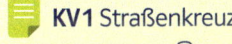 **KV 1** Straßenkreuzung

Trockenübung

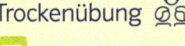 **KV 2, KV 3** Linksabbieger-Bingo

FÖRDERHORIZONT 1

- sinnerfassendes Lesen
- einfache fachliche Sätze (global) verstehen

 KV 4, KV 5 Linksabbiegen auf dem Fahrrad

FÖRDERHORIZONT 2

- sinnerfassendes Lesen
- einfache fachliche Sätze mit Verbklammern verstehen

 KV 4, KV 6 Linksabbiegen auf dem Fahrrad

FÖRDERHORIZONT 3

- sinnerfassendes Lesen
- fachliche Sätze mit Inversion verstehen
- Temporaladverbien nutzen, um Sätze in die richtige Reihenfolge zu bringen

 KV 4, KV 7 Linksabbiegen auf dem Fahrrad

FÖRDERHORIZONT 4

- sinnerfassendes Lesen
- fachliche Sätze und Nebensätze (Erklärungen, Begründungen) verstehen
- Temporaladverbien nutzen, um Sätze in die richtige Reihenfolge zu bringen

 KV 4, KV 8 Linksabbiegen auf dem Fahrrad

Wortschatz

NOMEN die Fahrbahn, der Fahrbahnrand, das Fahrrad, die Fahrbahnmitte, das Vorfahrtsschild, der Fahrrad-/Radfahrer, der Fußgänger, der Zebrastreifen, das Zebrastreifenschild, der Gegenverkehr, das Fahrzeug, die Schulter, der Schulterblick, das Handzeichen, die Mitte, der Rand, der Abstand, die Kreuzung, die Vorfahrt, die Vorfahrtsregel, der Bogen, das Schild, der Gegenverkehr, der Lenker, das Auto, der Verkehrsteilnehmer …

VERBEN Fahrrad fahren, sehen, sich umsehen, sich umschauen, überqueren, überholen, abbiegen, anhalten, sich einordnen, festhalten, vorbeilassen, auf jemanden achten, gefährden, berühren, beachten, etwas vorhaben …

ADJEKTIVE deutlich, groß, sicher, vorsichtig …

SONSTIGE links, rechts, hinten …

PHRASEN Bescheid wissen, Vorrang gewähren, mit beiden Händen …

ANGEBOTE FÜR DIE GESAMTE LERNGRUPPE

Die 8 Regeln für das Linksabbiegen mit dem Fahrrad

1. Linker Schulterblick nach hinten
2. Handzeichen links
3. Zur Fahrbahnmitte einordnen
4. An der Kreuzung die Vorfahrtsregeln beachten
5. Dem Gegenverkehr Vorrang gewähren
6. Nochmaliger Schulterblick nach hinten
7. In großem Bogen nach links abbiegen (beide Hände am Lenker)
8. Mit etwas Abstand am rechten Fahrbahnrand weiterfahren, dabei auf Fußgänger achten.

KV1 Straßenkreuzung

MATERIAL/VORBEREITUNG KV1 für jeden Schüler kopieren und einmal vergrößern, sodass sie als Tafelbild verwendet werden kann.
Wortkarten (die Fahrbahn, der Fahrbahnrand, die Fahrbahnmitte, das Vorfahrtsschild, der Fahrradfahrer, überholen, überqueren, einordnen, der Fußgänger, der Zebrastreifen, das Zebrastreifenschild, der Gegenverkehr, das Fahrzeug), Wörterbücher

DURCHFÜHRUNG Nach dem Besuch des Verkehrsübungsplatzes wird das neue Fachvokabular gesichert und systematisiert, indem die Kinder eine semantische Wörterliste zu der Szene auf KV1 erarbeiten.
Dies kann zuerst gemeinsam an der Tafel geschehen. Dazu heftet die Lehrkraft das vergrößerte Bild von der

Straßenkreuzung sowie die Wortkarten als stummen Impuls an die Tafel. Die Kinder ordnen die Begriffe den entsprechenden Szenen im Bild zu. Dabei achtet die Lehrkraft darauf, dass die Begriffe im jeweiligen Kontext gebraucht werden.

Beispiele für einfache Fragen und Impulse (Förderhorizont 1 und 2):
„Welche Fahrzeuge gehören zum Gegenverkehr?"
„Zeige die Fahrbahnmitte!"
„Wer überquert die Straße?"
„Wer ordnet sich ein?"
„Das ist die Fahrbahn. Wie kann man die Fahrbahn noch nennen?"
„Darf der Fußgänger hier die Straße überqueren?"

Beispiele für anspruchsvollere Fragen und Impulse (Förderhorizont 3 und 4):
„Warum müssen Radfahrer auf den Fahrbahnrand achten?"
„Was ist hier gefährlich?"
„Was muss der Radfahrer beachten?"

Anschließend nehmen die Kinder nacheinander jeweils einen Begriff wieder von der Tafel und heften die Wortkarten an die Seitentafel. Dabei bilden sie einen Satz, in dem das jeweilige Wort vorkommt. Die Sätze der Kinder auf den unteren Förderhorizonten sind wahrscheinlich noch sehr einfach, Kinder auf den höheren Förderhorizonten werden vermutlich schon komplexere Sätze bilden.
Die Lehrkraft greift die Äußerungen der Kinder gegebenenfalls korrigierend auf.

Beispiele:
Kind: „Das überholen Rad".
Lehrkraft: „Stimmt genau, das Auto überholt den Radfahrer."

Kind: „Der Kind fahrt in die Mitte, weil der will abbiegen."
Lehrkraft: „Stimmt, das Kind fährt zur Fahrbahnmitte, weil es abbiegen will."

Anschließend bearbeiten die Kinder KV1, indem sie die Begriffe an der Seitentafel an eine passende Stelle an den Bildrand schreiben und mit der entsprechenden Szene im Bild verbinden.

TIPPS FÜR DIE WEITERARBEIT Die SuS
- erweitern das Bild (z. B. andere Fahrräder, eine weitere Straße) und ergänzen die jeweiligen Begriffe;
- sortieren die Begriffe der semantischen Liste nach Wortarten und tragen sie in eine Tabelle ein;

- schreiben Sätze, in denen die Wörter der semantischen Liste verwendet werden;
- schlagen die Begriffe im Wörterbuch nach. Zu den Nomen können sie beispielsweise die Pluralformen suchen und notieren, zu den Verben eine gebeugte Form.

VARIATION Ähnlich kann bei anderen Schwerpunkten in der Verkehrserziehung – z.B. „Richtiges Verhalten auf dem Radfahrweg" – verfahren werden. Die Kinder können auch selbst ein entsprechendes Bild von der Verkehrssituation zeichnen und es beschriften.

> Damit die Kinder aller Förderhorizonte mit den verschiedenen Arbeitsmaterialien zur Verkehrserziehung arbeiten, den Ausführungen der meist externen Verkehrserzieher auf den Übungsplätzen folgen oder die Prüfungsbögen bearbeiten können, muss der **Fachwortschatz** gründlich erarbeitet werden. Dies ist nicht nur für die Kinder auf den Förderhorizonten 1 und 2 von grundlegender Bedeutung. Auch für die Kinder auf den Förderhorizonten 3 und 4 stellt der Wortschatz der Materialien zur Verkehrserziehung eine Hürde da. Im Alltag gebräuchliche Begriffe werden durch Begriffe, die dem Amtsdeutsch zuzuordnen sind, ersetzt und müssen erst erworben werden.

Trockenübung

MATERIAL/VORBEREITUNG Modellkasten zur Verkehrserziehung oder Verkehrsteppich oder Verkehrsübungsbereich auf dem Schulhof / auf dem Verkehrsübungsplatz

DURCHFÜHRUNG Bevor die Kinder das Linksabbiegen auf dem Fahrrad trainieren, werden die einzelnen Schritte des Linksabbiegens besprochen, visualisiert und demonstriert. Diese Trainingsphase sollte ausgiebig als Sprechanlass genutzt werden:

- **Handlungsbegleitendes Sprechen**
Die Lehrkraft demonstriert die einzelnen Schritte des Linksabbiegens und versprachlicht die Handlung dabei. Die Lehrkraft begleitet auch die SuS sprachlich, wenn diese die Schritte beim Linksabbiegen durchführen.

Beispiel:
„Ich schaue über die linke Schulter zurück." / „Songül schaut über die linke Schulter zurück."
„Ich gebe ein deutliches Handzeichen." / „Sie gibt ein deutliches Handzeichen."
„Ich ordne mich zur Fahrbahnmitte ein." / „Sie ordnet sich zur Fahrbahnmitte ein."

Nach einigen Runden können die Kinder die Versprachlichung übernehmen. Die Lehrkraft unterstützt sie dabei und greift die Äußerungen der SuS korrigierend auf.

Beispiel:
Kind: „Der fahrt da hin zu Mitte."
Lehrkraft: „Genau, Ali ordnet sich zur Fahrbahnmitte ein."

- **Ein Gespräch über das Linksabbiegen führen**
Damit die Kinder später im Straßenverkehr das trainierte Verhalten auch wirklich umsetzen, müssen sie verstehen, warum sie die Einhaltung der Regeln schützt und aus welchen Gründen die Umsetzung der einzelnen Schritte notwendig ist. In einem Gespräch werden Gründe für die Verhaltensweisen gesammelt. Gefahrensituationen, die bei Nichteinhaltung der Regeln entstehen können, werden simuliert und sprachlich begleitet.

Beispiele für einfache Fragen und Impulse (Förderhorizont 1 und 2):
„Der Fahrradfahrer schaut nicht nach hinten. Was kann passieren?"
„Muss der Fahrradfahrer nach hinten schauen oder schnell zur Fahrbahnmitte fahren?"
„Zeig uns, wie der Fahrradfahrer es besser machen kann."
„Wen darf der Fahrradfahrer nicht umfahren?"

Beispiele für anspruchsvollere Fragen und Impulse (Förderhorizont 3 und 4):
„Was muss der Fahrradfahrer zuerst machen?"
„Warum muss der Fahrradfahrer zuerst nach hinten schauen?"
„Was kann passieren, wenn der Fahrradfahrer nicht zuerst nach hinten schaut?"
„Wieso soll der Fahrradfahrer Abstand vom Fahrbahnrand halten?"
„Hier muss der Fahrradfahrer anhalten. Begründe."

> Die **Fachbegriffe** werden im Kontext gelernt und geübt. Selbstverständlich werden während der Erarbeitung der Regeln beim Linksabbiegen auch alle umgangssprachlichen Formulierungen der Kinder akzeptiert. Damit die Regeln bei den Kindern wirklich ankommen und ihnen einsichtig werden können, ist ihre Übertragung in die Sprache der Kinder völlig angemessen. Gleichzeitig liefert die Lehrkraft Modelle für die Formulierung der gleichen Sachverhalte in der Fachsprache und bereitet die Kinder somit auf den Umgang mit den verschiedenen Lernmaterialien und besonders den Prüfungsmaterialien vor.

KV 2, KV 3 Linksabbieger-Bingo

MATERIAL/VORBEREITUNG Muggelsteine
Die Kinder schneiden die einzelnen Bilder auf KV 3 aus und kleben sie in beliebiger Anordnung auf die Bingo-platten-Vorlage auf KV 2. So erhält jedes Kind eine individuell gestaltete Bingoplatte.

DURCHFÜHRUNG Das Linksabbieger-Bingo wird in kleinen Gruppen von bis zu 5 Kindern gespielt. Ein Mitspieler ist jeweils der Ansager.
Jeder Mitspieler erhält 16 Muggelsteine. Der Ansager liest nun in beliebiger Reihenfolge Begriffe von der Bingoliste vor. Die Spieler suchen jeweils das dazu passende Bild auf ihrer Bingoplatte und legen dort einen Muggelstein ab. Die Spielrunde gewinnt der Spieler, der zuerst 4 Muggelsteine in einer Reihe liegen hat (waagrecht, senkrecht oder diagonal). Dieser Spieler wird in der nächsten Runde zum Ansager.

Bingo zu spielen macht den Kindern Spaß und kann auch von Kindern mit geringen Sprachkenntnissen gespielt werden. Ob man gewinnt oder nicht, ist vom Zufall abhängig – jedes Kind hat also die gleichen Chancen. Das Spielprinzip führt zu vielen Wiederholungen der zu lernenden Begriffe und kann immer wieder für das **Wortschatztraining** eingesetzt werden.

ANGEBOT FÜR FÖRDERHORIZONT 1–4

KV 4, KV 5, KV 6, KV 7, KV 8 Linksabbiegen auf dem Fahrrad

DURCHFÜHRUNG Nach den Übungen zu den Regeln für das Linksabbiegen mit dem Fahrrad erhalten die Kinder KV 4 mit der Abbildung der verschiedenen Phasen des Linksabbiegens und je nach Förderhorizont KV 5, 6, 7 oder 8. Die SuS ordnen die ihrem Sprachstand angepassten Sätze der Abbildung auf KV 4 zu.

Die Formulierungen auf den Kopiervorlagen sind **dem Sprachprofil der verschiedenen Förderhorizonte angepasst**. Mit wachsender Sprachkompetenz steigt nicht nur die Komplexität der syntaktischen Strukturen, auch der Anteil der fachsprachlichen Formulierungen nimmt zu. Ähnlich können die Prüfungsmaterialien im Rahmen der Fahrradprüfung für Kinder auf verschiedenen Förderhorizonten gestaltet werden.

Straßenkreuzung

Linksabbieger-Bingo

Meine Bingokarte

Sprachförderung PLUS
Förderbausteine für den Soforteinsatz im Regelunterricht
ISBN 978-3-12-666802-6

Linksabbieger-Bingo

Bingo-Liste:

über die linke Schulter sehen	der Fußgänger
Handzeichen nach links geben	der Gegenverkehr
Handzeichen nach rechts geben	das Vorfahrtsschild
die Fahrbahnmitte	der Bogen
der Fahrbahnrand	abbiegen
die Kreuzung	anhalten
der Zebrastreifen	überqueren
überholen	einordnen

Sprachförderung PLUS
Förderbausteine für den Soforteinsatz im Regelunterricht
ISBN 978-3-12-666802-6

Linksabbiegen auf dem Fahrrad

8 _____

_____

_____

7 _____

_____

_____

6 _____

_____

5 _____

_____

4 _____

_____

3 _____

_____

2 _____

_____

1 _____

Sprachförderung PLUS
Förderbausteine für den Soforteinsatz im Regelunterricht
ISBN 978-3-12-666802-6

Linksabbiegen auf dem Fahrrad

Betrachte das Bild genau. Ordne die Sätze richtig zu.

Ich fahre in einem großen Bogen nach links.
Ich halte den Lenker mit beiden Händen fest.

Ich schaue mich noch einmal nach hinten um.

Ich gebe ein Handzeichen nach links.
Die anderen wissen Bescheid.

Ich beachte die Vorfahrtsregeln an der Kreuzung.

Ich schaue nach hinten.
Kommt ein Auto?

Ich fahre vorsichtig am rechten Fahrbahnrand entlang.
Ich achte auf Fußgänger.

Ich ordne mich zur Fahrbahnmitte ein.

Ich lasse den Gegenverkehr vorbei.

Sprachförderung PLUS
Förderbausteine für den Soforteinsatz im Regelunterricht
ISBN 978-3-12-666802-6

Linksabbiegen auf dem Fahrrad

Betrachte das Bild genau. Ordne die Sätze richtig zu.

Ich muss in einem großen Bogen nach links fahren.
Ich halte den Lenker mit beiden Händen fest.

Ich muss mich noch einmal nach hinten umschauen.

Ich muss das Handzeichen nach links geben.
Die anderen Verkehrsteilnehmer wissen so Bescheid.

Ich muss die Vorfahrtsregeln an der Kreuzung beachten.

Ich muss nach hinten schauen. Kommt ein Auto?

Ich ordne mich zur Fahrbahnmitte ein.

Ich fahre am rechten Fahrbahnrand weiter.
Ich achte auf Fußgänger.

Ich lasse den Gegenverkehr vorbei.

Sprachförderung PLUS
Förderbausteine für den Soforteinsatz im Regelunterricht
ISBN 978-3-12-666802-6

7

Linksabbiegen auf dem Fahrrad

Betrachte das Bild genau. Ordne die Sätze richtig zu.

Jetzt kann ich in einem großen Bogen nach links fahren.
Dabei halte ich mit beiden Händen den Lenker fest.

Dann muss ich mich noch einmal nach hinten umschauen.

Danach kann ich das Handzeichen links geben.
So wissen die anderen Verkehrsteilnehmer Bescheid.

An der Kreuzung muss ich die Vorfahrtsregeln beachten.

Zuerst muss ich mich über die linke Schulter
nach hinten umschauen. Kommt ein Auto?

Dann fahre ich vorsichtig am rechten Fahrbahnrand weiter.
Auf Fußgänger muss ich besonders achten.

Dem Gegenverkehr muss ich Vorrang gewähren.
Ich muss ihn vorbeilassen.

Jetzt kann ich mich zur Fahrbahnmitte einordnen.

Sprachförderung PLUS
Förderbausteine für den Soforteinsatz im Regelunterricht
ISBN 978-3-12-666802-6

Linksabbiegen auf dem Fahrrad

Betrachte das Bild genau. Ordne die Sätze richtig zu.

Jetzt kann ich in einem großen Bogen nach links fahren. Dabei halte ich mich mit beiden Händen am Lenker fest, damit ich sicher abbiegen kann.

Dann muss ich mich noch einmal über die linke Schulter nach hinten umschauen, damit mich kein Fahrzeug gefährdet.

Danach kann ich das Handzeichen links geben, damit die anderen Verkehrsteilnehmer wissen, was ich vorhabe.

An der Kreuzung muss ich die Vorfahrtsregeln beachten.

Zuerst muss ich mich über die linke Schulter nach hinten umschauen, damit ich sehe, ob mich ein Auto überholen will.

Jetzt kann ich mich zur Fahrbahnmitte einordnen.

Dann fahre ich vorsichtig weiter. Ich achte darauf, dass ich nicht den rechten Fahrbahnrand berühre. Auf Fußgänger muss ich besonders achten, damit ich sie nicht gefährde.

Ich muss dem Gegenverkehr Vorrang gewähren und ihn vorbeilassen.

Sprachförderung PLUS
Förderbausteine für den Soforteinsatz im Regelunterricht
ISBN 978-3-12-666802-6

 Klett

Fehlersuche

In einem zeitgemäßen Mathematikunterricht steht neben der Sicherung des elementaren mathematischen Verständnisses die Förderung von allgemeinen mathematischen Kompetenzen im Vordergrund. Damit sind Kompetenzbereiche wie das Lösen von Problemen gemeint, aber auch Bereiche, die eng an sprachliche Fähigkeiten gekoppelt sind: über Aufgaben und Probleme kommunizieren oder argumentieren. Von den Schülerinnen und Schülern wird erwartet, dass sie Situationen und Zusammenhänge mathematisch erfassen und beschreiben können. Ferner sollen sie in der Lage sein, Lösungswege zu diskutieren oder Argumente und Begründungen für bestimmte Überlegungen oder Ergebnisse zu formulieren.

Grundvoraussetzung hierfür ist, dass die Kinder das jeweilige Fachvokabular kennen. Darüber hinaus erfordern z.B. Beschreibungen oder Begründungen bestimmte sprachliche Strukturen wie z.B. Nebensätze, die von Kindern auf den unteren Förderhorizonten noch nicht erworben sind. Dies verlangt von der Lehrkraft, Aufgaben so zu stellen, dass auch Kinder auf den unteren Förderhorizonten nicht von den allgemeinen Zielen des Mathematikunterrichts ausgeschlossen werden. Zusätzlich unterstützen angepasste Aufgabenformate den Erwerb von Syntaxstrukturen auf dem nächstfolgenden Förderhorizont.

Dieser Baustein zeigt exemplarisch den unmittelbaren Zusammenhang zwischen Fach- und Sprachunterricht auf und verdeutlicht, wie der Fachunterricht zur sprachlichen Förderung beitragen kann.

Überblick über die Förderangebote

GESAMTE LERNGRUPPE
■ Einführung des relevanten Fachwortschatzes ■ Bearbeitung von Musteraufgaben Verrechnet 👥

FÖRDERHORIZONT 1	FÖRDERHORIZONT 2
■ Entdeckungen die passenden Formulierungen zuordnen ■ Formulierungen aufgreifen (mündlicher und schriftlicher Gebrauch) 📄 **KV1** Fehlersuche 👤 oder 👥	■ Entdeckungen die passenden Formulierungen mit Satzklammer zuordnen ■ Formulierungen aufgreifen (mündlicher und schriftlicher Gebrauch) 📄 **KV2** Fehlersuche 👤 oder 👥
FÖRDERHORIZONT 3	FÖRDERHORIZONT 4
■ Entdeckungen die passenden Formulierungen mit Inversionsstruktur zuordnen ■ Formulierungen aufgreifen (mündlicher und schriftlicher Gebrauch) 📄 **KV3** Fehlersuche 👤 oder 👥	■ Entdeckungen die passenden Formulierungen mit Nebensätzen mit „weil" zuordnen ■ Formulierungen aufgreifen (mündlicher und schriftlicher Gebrauch) 📄 **KV4** Fehlersuche 👤 oder 👥

Wortschatz

ANGEBOTE FÜR DIE GESAMTE LERNGRUPPE

Verrechnet 👥

MATERIAL/VORBEREITUNG Tafelbild (s.u.), Wortkarten (**H**underter, **Z**ehner, **E**iner, Übertrag, Ergebnis)

DURCHFÜHRUNG Die Lehrkraft präsentiert zunächst folgende Beispielaufgabe an der Tafel:

$$\begin{array}{r} 423 \\ +519 \\ \scriptstyle 1 \\ \hline 942 \end{array}$$

An der Seitentafel hängen die verschiedenen Wortkarten, die die SuS der Aufgabe zuordnen. Die Lehrkraft begleitet die Zuordnung der Wortkarten sprachlich:

„Die Hunderter stehen vorn, die Zehner stehen in der Mitte, die Einer stehen untereinander. Die Hunderter stehen unter den Hundertern.
3 Einer und 9 Einer sind 12 Einer, das sind 1 Zehner und 2 Einer. Wir schreiben 2 Einer und übertragen einen Zehner. Hier steht der Übertrag: 1 Zehner."

Nach Klärung bzw. Wiederholung der Begrifflichkeiten präsentiert die Lehrkraft die zweite Aufgabe als stummen Impuls:

$$\begin{array}{r} 759 \\ +268 \\ \hline 916 \end{array}$$

Falls die Kinder sich nicht äußern, können folgende Vermittlungshilfen eingesetzt werden:
„Stimmt das?"
„Hier dürft ihr die Lehrerin / der Lehrer sein!"
„Hier stimmt was nicht. Findet ihr heraus, was?"

Die Kinder überprüfen die Aufgabe und stellen fest, dass das Ergebnis nicht stimmt. ($759 + 268 = 1027$, beim Addieren der Einer gibt es einen Rechenfehler: $8 + 9 = 16$ statt $8 + 9 = 17$; der Übertrag zu den Zehnern wurde vergessen: statt $1 + 6 + 5 = 12$ wurde $6 + 5 = 11$ gerechnet; auch der zweite Übertrag zu den Hundertern wurde vergessen, statt $1 + 2 + 7 = 10$ wurde $2 + 7 = 9$ gerechnet.)

Kinder auf den unteren Förderhorizonten werden vermutlich nur äußern, dass das Ergebnis falsch ist, und die Aufgabe an der Tafel verbessern. Kinder auf den höheren Förderhorizonten werden vermutlich versuchen, die Fehlerquellen zu benennen und zu erklären.
Die Lehrkraft steuert und systematisiert die Entdeckerphase und achtet auf den Gebrauch der relevanten Begriffe (Ergebnis, falsch, richtig, Hunderter, Zehner, Einer, Übertrag, vergessen, verrechnet, Rechenfehler).

Beispiele für einfache Fragen und Impulse (Förderhorizont 1 und 2):
„Ist das Ergebnis richtig?"
„Ist das Ergebnis richtig oder falsch?"
„Hat das Kind richtig oder falsch gerechnet?"
„Was hat das Kind vergessen?"
„Zeig, welche Zahl falsch ist!"

Beispiele für anspruchsvollere Fragen und Impulse (Förderhorizont 3 und 4):
„Warum kann das Ergebnis nicht stimmen?"
„Was hast du entdeckt?"
„Welchen Rechentipp würdest du dem Kind geben?"
„Was darf das Kind beim schriftlichen Addieren nicht vergessen?"

Als Ergebnis wird an der Seitentafel folgender Text entwickelt:

„Das Ergebnis ist falsch. Es gibt einen Rechenfehler bei den Einern. Das Kind hat sich verrechnet. Der Übertrag zu den Zehnern fehlt. Der Übertrag zu den Hundertern fehlt."

> 💬 Damit die Kinder ihre Entdeckungen kommunizieren können, muss das relevante **Fachvokabular** zur Verfügung stehen. An einer Beispielaufgabe werden die Fachbegriffe, die zur Erklärung der möglichen Fehler im Rahmen der schriftlichen Addition benötigt werden, bereitgestellt, wiederholt und mehrfach im Kontext gebraucht.

ANGEBOT FÜR FÖRDERHORIZONT 1–4

 **KV 1, KV 2, KV 3, KV 4** **Fehlersuche**

⚇ **oder** ⚇⚇

MATERIAL/VORBEREITUNG evtl. karierte Karteikarten

DURCHFÜHRUNG Nach der Einführung in die Aufgabenstellung für die gesamte Lerngruppe bearbeiten die SuS ihrem Förderhorizont entsprechend KV 1–4. Sie überprüfen die Aufgaben, korrigieren sie und formulieren die entdeckten Fehler mit Hilfe von Satzmustern aus.

Wenn die Kinder das Arbeitsblatt beendet haben, denken sie sich selbst Aufgaben zur schriftlichen Addition (richtige und solche mit Fehlern) aus, die sie dann untereinander austauschen und gegenseitig korrigieren können.

VARIATION Auf die Vorderseite einer Karteikarte schreiben die Kinder eine Aufgabe, auf der Rückseite formulieren sie mit Hilfe der Satzmodelle die entsprechenden Sätze zu ihrer Aufgabe. So können Kinder, die mit der Karte arbeiten, ihre Entdeckungen gleich selbst kontrollieren.

TIPPS FÜR DIE WEITERARBEIT Die Kinder präsentieren im Plenum eine ihrer Aufgaben und tragen der Klasse mit Hilfe ihrer vorbereiteten Sätze vor, welche Rechenfehler sie gefunden haben.

💬 Das **Kommunizieren über Aufgaben und Entdeckungen im Mathematikunterricht** wird beispielhaft durch die Vorgabe von Modellen, die dem jeweiligen Förderhorizont entsprechen, angeleitet. Mit deren Hilfe werden die Kinder in die Lage versetzt, über ihre Aufgaben zu sprechen und sich an der Arbeit im Plenum zu beteiligen.

Fehlersuche

Finde die Rechenfehler. Verbessere die Aufgabe mit einem roten Stift. Schreibe ins Heft, was du herausgefunden hast.

Diese Sätze helfen dir dabei:
Das Ergebnis ist richtig. / Das Ergebnis ist falsch.
Bei den Zehnern fehlt der Übertrag. / Bei den Hundertern fehlt der Übertrag.
Der Übertrag bei den Zehnern ist falsch. / Der Übertrag bei den Hundertern ist falsch.
Es gibt einen Rechenfehler bei den Einern. / Es gibt einen Rechenfehler bei den Zehnern. / Es gibt einen Rechenfehler bei den Hundertern.

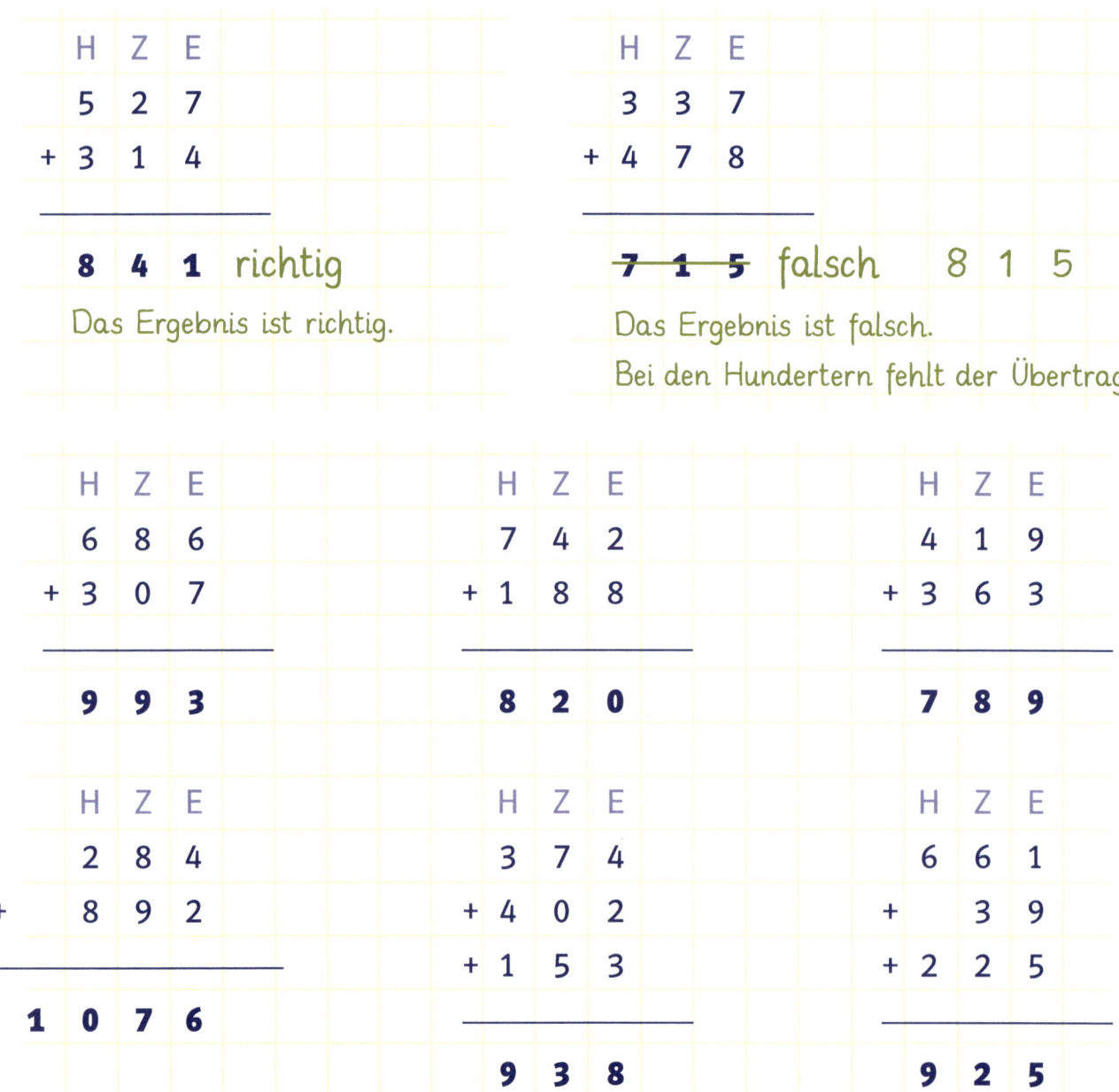

	H	Z	E
	5	2	7
+	3	1	4
	8	**4**	**1**	richtig

Das Ergebnis ist richtig.

	H	Z	E
	3	3	7
+	4	7	8
	~~7~~	~~1~~	~~5~~	falsch 8 1 5

Das Ergebnis ist falsch.
Bei den Hundertern fehlt der Übertrag.

	H	Z	E
	6	8	6
+	3	0	7
	9	**9**	**3**

	H	Z	E
	7	4	2
+	1	8	8
	8	**2**	**0**

	H	Z	E
	4	1	9
+	3	6	3
	7	**8**	**9**

	H	Z	E
	2	8	4
+	8	9	2
1	**0**	**7**	**6**

	H	Z	E
	3	7	4
+	4	0	2
+	1	5	3
	9	**3**	**8**

	H	Z	E
	6	6	1
+		3	9
+	2	2	5
	9	**2**	**5**

Fehlersuche

Finde die Rechenfehler. Verbessere die Aufgabe mit einem roten Stift.
Schreibe ins Heft, was du herausgefunden hast.

Diese Sätze helfen dir dabei:
Das Kind hat richtig gerechnet. / Das Kind hat sich verrechnet.
Das Kind hat den Übertrag bei den Zehnern vergessen. /
Das Kind hat den Übertrag bei den Hundertern vergessen.
Das Kind hat einen falschen Übertrag zu den Zehnern gerechnet. /
Das Kind hat einen falschen Übertrag zu den Hundertern gerechnet.
Das Kind hat sich bei den Einern verrechnet. / Das Kind hat sich bei den
Zehnern verrechnet. / Das Kind hat sich bei den Hundertern verrechnet.

```
  H  Z  E
  5  2  7
+ 3  1  4
_____
  8  4  1   richtig
```
Das Kind hat richtig gerechnet.

```
  H  Z  E
  3  3  7
+ 4  7  8
_____
  7̶  1̶  5̶   falsch   8  1  5
```
Das Kind hat falsch gerechnet. Es hat
den Übertrag bei den Hundertern vergessen.

```
  H  Z  E
  6  8  6
+ 3  0  7
_____
  9  9  3
```

```
  H  Z  E
  7  4  2
+ 1  8  8
_____
  8  2  0
```

```
  H  Z  E
  4  1  9
+ 3  6  3
_____
  7  8  9
```

```
  H  Z  E
  2  8  4
+    8  9  2
_____
1 0  7  6
```

```
  H  Z  E
  3  7  4
+ 4  0  2
+ 1  5  3
_____
  9  3  8
```

```
  H  Z  E
  6  6  1
+    3  9
+ 2  2  5
_____
  9  2  5
```

Sprachförderung PLUS
Förderbausteine für den Soforteinsatz im Regelunterricht
ISBN 978-3-12-666802-6

Fehlersuche

**Finde die Rechenfehler. Verbessere die Aufgabe mit einem roten Stift.
Schreibe ins Heft, was du herausgefunden hast.**

Diese Sätze helfen dir dabei:

Das Kind hat richtig gerechnet. / Das Kind hat sich verrechnet.
Bei den Zehnern hat das Kind den Übertrag vergessen. /
Bei den Hundertern hat das Kind den Übertrag vergessen.
Zu den Zehnern hat das Kind einen falschen Übertrag gerechnet. /
Zu den Hundertern hat das Kind einen falschen Übertrag gerechnet.
Bei den Einern hat sich das Kind verrechnet. / Bei den Zehnern hat sich das Kind
verrechnet. / Bei den Hundertern hat sich das Kind verrechnet.

	H	Z	E
	5	2	7
+	3	1	4
	8	**4**	**1**	richtig

Das Kind hat richtig gerechnet.

	H	Z	E
	3	3	7
+	4	7	8
	~~7~~	~~1~~	~~5~~	falsch 8 1 5

Bei den Hundertern hat das Kind den
Übertrag vergessen.

	H	Z	E
	6	8	6
+	3	0	7
	9	9	3

	H	Z	E
	7	4	2
+	1	8	8
	8	2	0

	H	Z	E
	4	1	9
+	3	6	3
	7	8	9

	H	Z	E	
	2	8	4	
+		8	9	2
1	**0**	**7**	**6**	

	H	Z	E
	3	7	4
+	4	0	2
+	1	5	3
	9	3	8

	H	Z	E
	6	6	1
+		3	9
+	2	2	5
	9	2	5

Sprachförderung PLUS
Förderbausteine für den Soforteinsatz im Regelunterricht
ISBN 978-3-12-666802-6

Klett

Fehlersuche

Finde die Rechenfehler. Verbessere die Aufgabe mit einem roten Stift. Schreibe ins Heft, was du herausgefunden hast.

Diese Sätze helfen dir dabei:

Das Kind hat richtig gerechnet. / Das Kind hat sich verrechnet.

Das Ergebnis ist falsch, weil das Kind den Übertrag bei den Zehnern vergessen hat. / Das Ergebnis ist falsch, weil das Kind den Übertrag bei den Hundertern vergessen hat.

Das Ergebnis ist falsch, weil der Übertrag bei den Zehnern nicht stimmt. / Das Ergebnis ist falsch, weil der Übertrag bei den Hundertern nicht stimmt.

Das Ergebnis ist falsch, weil sich das Kind bei den Einern verrechnet hat. / Das Ergebnis ist falsch, weil sich das Kind bei den Zehnern verrechnet hat. / Das Ergebnis ist falsch, weil sich das Kind bei den Hundertern verrechnet hat.

	H	Z	E
	5	2	7
+	3	1	4
	8	4	1

8 4 1 *richtig*

Das Kind hat richtig gerechnet.

	H	Z	E
	3	3	7
+	4	7	8
	~~7~~	~~1~~	~~5~~

~~7 1 5~~ *falsch*   8 1 5

Das Ergebnis ist falsch, weil das Kind den Übertrag bei den Hundertern vergessen hat.

	H	Z	E
	6	8	6
+	3	0	7
	9	9	3

	H	Z	E
	7	4	2
+	1	8	8
	8	2	0

	H	Z	E
	4	1	9
+	3	6	3
	7	8	9

	H	Z	E	
		2	8	4
+		8	9	2
	1	0	7	6

	H	Z	E
	3	7	4
+	4	0	2
+	1	5	3
	9	3	8

	H	Z	E
	6	6	1
+		3	9
+	2	2	5
	9	2	5

Sprachförderung PLUS
Förderbausteine für den Soforteinsatz im Regelunterricht
ISBN 978-3-12-666802-6

Wie viele Linsen sind in einer Packung?

Als Fermi-Aufgaben werden Fragestellungen bezeichnet, zu deren Beantwortung konkrete Daten fehlen, mit denen eine direkte Berechnung angestellt werden kann. Bei dieser Art von Aufgaben gibt es plausible oder weniger plausible Antworten. Das Lösen einer Fermi-Aufgabe ist auf verschiedenen Wegen möglich, basiert auf unterschiedlichen Annahmen, verlangt die Strukturierung der Problemstellung in Teilbereiche und erfordert Fähigkeiten und Fertigkeiten aus mehreren Bereichen der Mathematik wie Schätzen, Überschlagen, Messen oder Interpretieren.

Neben den inhaltsbezogenen Kompetenzen kommt es außerdem auf prozessbezogene Kompetenzen wie Modellieren, Argumentieren, Darstellen, Beschreiben, Kommunizieren und Begründen an. Dies erfordert spezifische Fertigkeiten im sprachlichen Bereich, z.B. sich strukturiert und nachvollziehbar ausdrücken zu können, Fachbegriffe zu gebrauchen oder auch mit dem entsprechenden Vokabular Beziehungen und Kategorien zu versprachlichen – Fähigkeiten, die sich erst sukzessive im Zweitspracherwerb entwickeln.

Aus diesen Gründen bieten sich Fermi-Aufgaben besonders zur Förderung der notwendigen Sprachfertigkeiten an. Daraus resultiert der Auftrag an den Fachlehrer in Mathematik, (offene) Aufgabenstellungen so aufzubereiten und ihre Bearbeitung so zu unterstützen, dass auch Kinder im Zweitspracherwerb ihre inhaltsbezogenen mathematischen Fähigkeiten einbringen und weiterentwickeln können.

Die Lösung des Fermi-Problems „Wie viele Linsen sind in einer Packung?" kann über verschiedene Lösungswege erarbeitet werden: diese führen entweder zu genauen Ergebnissen, die mühsam zu ermitteln sind, oder zu ungenaueren Ergebnissen, die dafür rascher ermittelt werden können:

Die Kinder können die Linsen in einer Packung zählen. Wenn man sich nicht verzählt, führt dies zu einem genauen Ergebnis, dauert aber sehr lange. Die Gefahr, sich zu verzählen, ist groß. Die Kinder können verschiedene Zählstrategien entwickeln: durchzählen, bündeln, in Zweierschritten zählen, auf eine Hundertertafel zählen etc.

Die Kinder können ein kleines Gefäß mit Linsen füllen und die Linsen im Gefäß zählen. Anschließend ermitteln sie, wie oft das Gefäß mit den Linsen aus der Packung gefüllt werden kann und multiplizieren diesen Faktor mit der Anzahl der Linsen, die in das Gefäß passen.

Die Kinder können eine bestimmte Menge abzählen und das Gewicht dieser Menge abwiegen. Anschließend dividieren sie das Gesamtgewicht der Linsenpackung durch das Gewicht der Linsenteilmenge. Das Ergebnis multiplizieren sie mit der Anzahl der Linsen in der Teilmenge.

Es sind weitere Lösungswege denkbar. Die beschriebenen bauen auf den in der Grundschule erworbenen Verfahren auf. Ihren kognitiven, strukturierenden, strategischen und arithmetischen Fähigkeiten entsprechend finden die Kinder verschiedene Lösungen. Die möglichen Lösungswege stehen unbewertet nebeneinander, alle haben ihre Vorteile und Nachteile. Die Lösungswege werden in der Gruppe so vorgestellt, dass sie bei der Lösung einer parallelen Aufgabenstellung („Wie viele Erbsen sind in einer Packung?") nachvollzogen und ihre Vor- und Nachteile kommuniziert werden können.

Überblick über die Förderangebote

GESAMTE LERNGRUPPE

- Sicherung des Arbeitsauftrags und des Aufgabenverständnisses
- Versprachlichung und Darstellung der verschiedenen Lösungswege
- Vor- und Nachteile der verschiedenen Lösungswege formulieren

Problemstellung und Einführung: Wie viele Linsen sind in einer Packung?

KV 1 Erarbeitung: Wie viele Linsen sind in einer Packung? oder

Auswertung: Wie viele Linsen sind in einer Packung? oder

FÖRDERHORIZONT 1	FÖRDERHORIZONT 2
- sinnerfassendes Lesen - Versprachlichung der Vorgehensweise durch Auswahl passender Begriffe und Bilder (Multiple Choice) **KV 2** Wie viele Linsen sind in einer Packung?	- sinnerfassendes Lesen - Versprachlichung der Vorgehensweise durch Auswahl passender Sätze - Ergänzung ausgewählter Sätze **KV 3** Wie viele Linsen sind in einer Packung?

FÖRDERHORIZONT 3	FÖRDERHORIZONT 4
- Versprachlichung der Vorgehensweise mit Hilfe von Wortgeländern **KV 4** Wie viele Linsen sind in einer Packung?	- Versprachlichung der Vorgehensweise mit Hilfe von Leitfragen **KV 5** Wie viele Linsen sind in einer Packung?

Wortschatz

NOMEN die Linse, die Packung, die Waage, der Verschluss, das Hunderterfeld, das Gramm, der Teil, die Teilmenge, die Möglichkeit, der Lösungsweg, der Schritt, der Fehler …

VERBEN herausfinden, benutzen, zählen, wiegen, rechnen, abmessen, verzählen, addieren, multiplizieren, dividieren, verrechnen, vorgehen, vermuten …

ADJEKTIVE genau, ungenau, schnell, geschickt …

SONSTIGE ungefähr, plus, minus, mal, geteilt durch …

PHRASEN Wie viele (…)? Es dauert lang. Es geht schnell …

ANGEBOT FÜR DIE GESAMTE LERNGRUPPE

Problemstellung und Einführung: Wie viele Linsen sind in einer Packung?

MATERIAL/VORBEREITUNG Linsenpackungen (500 g) in ausreichender Menge

DURCHFÜHRUNG Die Lehrkraft teilt den Kindern mit, dass sie versuchen sollen, die Frage zu lösen: „Wie viele Linsen sind in einer Linsenpackung?". Die Fragestellung wird an die Tafel geschrieben. Um sicherzugehen, dass die Aufgabenstellung von allen Kindern verstanden wird, sammelt die Lehrkraft zunächst Schätzwerte, die an der Tafel notiert werden. Dazu können die Kinder ungeöffnete Linsenpackungen untersuchen.
Anschließend erteilt die Lehrkraft den Auftrag zu überprüfen, welche Vermutungen stimmen.

Mögliche Formulierung des Arbeitsauftrags:
„Ihr sollt herausfinden, wie viele Linsen in einer Packung sind. Es gibt verschiedene Möglichkeiten, das herauszufinden. Ich bin gespannt, wie viele Möglichkeiten ihr findet und ob ihr einen geschickten Weg findet. Das Ergebnis muss nicht ganz genau sein. Ihr könnt zu zweit oder in einer kleinen Gruppe arbeiten. Überlegt zuerst gemeinsam, wie ihr herausfinden könnt, wie viele Linsen in der Packung sind. Dann probiert ihr aus, ob es funktioniert. Schreibt oder malt auf ein Blatt, was ihr macht und was ihr herausfindet."

Je nach Sprachprofil der Lerngruppe umschreibt die Lehrkraft den Arbeitsauftrag noch einmal mit anderen Worten, um sicherzustellen, dass alle SuS den Auftrag verstanden haben. Dies sollte durch Fragen überprüft werden:

Beispiele für einfache Fragen (Förderhorizont 1 und 2):
„Du sollst herausfinden, wie viele Linsen in der Packung sind. Stimmt das?"
„Musst du die Zahl ganz genau wissen?"
„Sollst du raten?"
„Es gibt verschiedene Wege. Darfst du selbst ausprobieren?"

Beispiele für anspruchsvollere Fragen (Förderhorizont 3 und 4):
„Was sollt ihr herausfinden?"
„Wie sollt ihr das machen?"
„Vielleicht findet ihr einen geschickten Weg. Was bedeutet ,ein geschickter Weg'?"

Die Lehrkraft unterstützt die Kinder dann bei der Partnersuche oder Gruppenbildung (unabhängig vom Förderhorizont) und gibt jedem Paar / jeder Arbeitsgruppe eine Linsenpackung.

> 💬 Damit sich alle Kinder zielgerichtet an der Lösung des Problems beteiligen können, sollte der **Sicherung des Verständnisses des Arbeitsauftrags** besondere Aufmerksamkeit zukommen.

📝 KV 1, KV 2, KV 3, KV 4, KV 5 Erarbeitung: Wie viele Linsen sind in einer Packung? 👥👥 oder 👥👥👥

MATERIAL/VORBEREITUNG Linsenpackungen (500 g) in ausreichender Menge, digitale Küchenwaagen, Briefwaagen, Schraubverschlüsse, kleine Gefäße, Hundertertafeln, Schüsseln, Wortkarten mit den Begriffen für die Hilfsmittel (jeweils mit Artikel)

DURCHFÜHRUNG Zunächst lässt die Lehrkraft die Kinder ohne weitere Hilfen Überlegungen zur Problemlösung anstellen. Je nach Bedarf und Unterrichtssituation gibt sie den Kindern Hilfestellungen:

- Sie weist auf mögliche Hilfsmittel hin, die auf einem Tisch bereitliegen, zuvor jedoch verdeckt waren: Waagen, kleine Gefäße, Schraubverschlüsse, Hundertertafeln. Den Gegenständen sind bereits die passenden Wortkarten zugeordnet. und/oder
- sie teilt KV 1 aus (nur die obere Hälfte und/oder auch die untere Hälfte)

Die Kinder versuchen nun, die Anzahl der Linsen in der Packung zu ermitteln. Dabei dokumentieren sie ihren Lösungsweg auf einem Blatt Papier, indem sie ihre Schritte skizzieren, beschreiben oder als mathematischen Term notieren. Die Lehrkraft betreut und unterstützt die Kinder dabei. Sie regt auch den Austausch der Arbeitsgruppen untereinander an.

> 💬 Die möglichen Hilfsmittel zur Lösung des Problems werden den Kindern nicht sofort angeboten, um sie beim Nachdenken über mögliche Lösungswege nicht gleich in eine bestimmte Richtung zu steuern. KV 1 ist so gestaltet, dass die inhaltlichen Hilfen sukzessive gegeben werden können. Durch die **Kombination von Wort und Bild** kann es auch für Kinder mit geringen Deutschkenntnissen unterstützend sein.

Zur Nachbereitung erhalten die Kinder entsprechend ihrem Förderhorizont KV 2, KV 3, KV 4 oder KV 5. Hier dokumentieren sie ihren Lösungsweg, indem sie ihre Schritte skizzieren, beschreiben oder als mathematischen Term notieren.

> 💬 Kinder auf Förderhorizont 1 erhalten auf KV 2 Angebote zur Versprachlichung ihres Vorgehens. Auf diese Weise werden wesentliche **Fachbegriffe eingeführt und gesichert**, und den Kindern wird die Möglichkeit gegeben, an der Kommunikation über die Lösungswege zu partizipieren.
> KV 3 bietet Kindern auf Förderhorizont 2 Sätze an, mit deren Hilfe ihre gewählte Vorgehensweise beschrieben werden kann. Die Sätze dienen als **Modelle**, an denen sie sich in der Kommunikation über die verschiedenen Lösungswege orientieren können.
> Kinder auf Förderhorizont 3 werden auf KV 4 bei der Beschreibung der verschiedenen Zwischenschritte, die zur Lösung des gestellten Problems führen, durch die **Vorstrukturierung** und durch **Wortgeländer** mit fachspezifischem Wortschatz unterstützt. Das chronologische, strukturierte Beschreiben eines Lösungswegs mit fachlichen Begriffen wird trainiert. Auch Kinder auf Förderhorizont 4 können noch Schwierigkeiten bei der genauen, strukturierten Versprachlichung von Lösungswegen mit dem angemessenen Fachvokabular haben. KV 5 bietet ihnen **Strukturierungshilfen**. Mit Hilfe der Leitfragen wird das Formulieren von Begründungen gefördert.

Auswertung: Wie viele Linsen sind in der Packung?

DURCHFÜHRUNG Nach Bearbeitung von KV 2–5 in den Kleingruppen werden in der Gesamtgruppe zuerst die ermittelten Lösungszahlen miteinander sowie mit den anfangs geschätzten Zahlen verglichen. Die Lehrkraft spricht mit den Kindern über Gründe, die zu unterschiedlichen Lösungszahlen führen:

1. Es gibt einen Fehler auf dem Lösungsweg (verzählen, verrechnen).
2. Es sind nicht in jeder Packung gleich viel Linsen.
3. Manche Gruppen haben (durch Überschlagen oder Schätzen) nur eine ungefähre Anzahl ermittelt.

Daraufhin werden die gefundenen Lösungszahlen auf ihre Plausibilität hin überprüft. Die Kinder stellen fest, dass es Lösungszahlen innerhalb eines bestimmten plausiblen Zahlenraums gibt und dass andere Lösungszahlen aus diesem Rahmen fallen.

Dann werden die verschiedenen Vorgehensweisen beschrieben und miteinander verglichen. Dafür nehmen die Kinder ihre Skizzen und Notizen sowie KV 2–5 zu Hilfe. Die Lehrkraft unterstützt die Kinder durch Impulse und Fragestellungen:

Beispiele für einfache Fragen und Impulse (Förderhorizont 1 und 2):

„Habt ihr gezählt oder abgemessen?"

„Habt ihr multipliziert?"

„Ist eure Lösung genau?"

„Habt ihr viel Zeit gebraucht?"

„Kann das Ergebnis stimmen?"

Beispiele für anspruchsvollere Fragen und Impulse (Förderhorizont 3 und 4):

„Beschreibe euren Weg."

„Warum habt ihr das so gemacht?"

„Wie genau ist euer Ergebnis?"

„Welche Lösungen können stimmen? Warum?"

„Welchen Weg nimmst du, wenn du die Aufgabe noch einmal machen sollst?"

Die verschiedenen Wege werden von der Lehrkraft an der Tafel skizziert und mit einer kurzen Beschreibung ergänzt. Die Rechnungen werden zur Skizze geschrieben.

TIPPS FÜR DIE WEITERARBEIT In einer Folgestunde bietet die Lehrkraft eine parallele Fermi-Aufgabe an, z. B. „Wie viele Erbsen/Bohnen sind in einer Packung?" Die Kinder erhalten den Auftrag

- einen der Lösungswege auszuprobieren, die sie noch nicht durchgeführt haben;
  oder
- ein möglichst genaues Ergebnis zu ermitteln;
  oder
- möglichst schnell zu einem Ergebnis zu kommen.

> Die Weiterarbeit an einer **Parallelaufgabe** bietet den SuS die Möglichkeit, alternative Lösungswege, die sie bisher nur rezeptiv erfasst haben, handelnd nachzuvollziehen. Die Lehrkraft kann das Verständnis der Kinder für die verschiedenen Wege so überprüfen. Weiterhin besteht die Chance bestimmte Aspekte des möglichen bzw. zielorientierten Vorgehens inhaltlich und sprachlich zu vertiefen, z. B.:
> Kann nur durch Zählen eine ziemlich genaue Lösung ermittelt werden?
> Wie können wir auch durch Abmessen oder Wiegen ziemlich genaue Lösungen erhalten?

1 Wie viele Linsen sind in einer Packung?   M 3/4
Gesamte Lerngruppe

Wie viele Linsen sind in einer Packung?

Um das herauszufinden, können diese Gegenstände hilfreich sein:

die Waage

der Verschluss

das Hunderterfeld

der Becher

— nach hinten knicken —

Sinem, Ali, Leon und Alina versuchen es auf unterschiedliche Weise.

Sprachförderung PLUS
Förderbausteine für den Soforteinsatz im Regelunterricht
ISBN 978-3-12-666802-6

Wie viele Linsen sind in einer Packung?

So viele Linsen sind in der Packung:

Was habt ihr benutzt? Kreuzt an.

☐ die Waage

☐ die kleinen Becher

☐ die Flaschen-
verschlüsse

Wie habt ihr die Lösung herausgefunden?

☐ zählen

☐ in Schritten zählen

☐ addieren
(plus, +)

☐ multiplizieren
(mal, ·)

☐ abmessen, zählen
und rechnen

☐ wiegen, zählen
und rechnen

☐ dividieren
(geteilt durch, ÷)

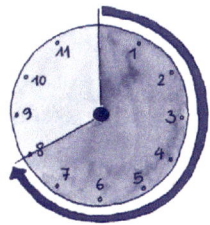

☐ Es dauert lang.

☐ Es geht schnell.

☐ Unser Weg ist genau.

Sprachförderung PLUS
Förderbausteine für den Soforteinsatz im Regelunterricht
ISBN 978-3-12-666802-6

Klett

3 Wie viele Linsen sind in einer Packung? M 3/4
Förderhorizont 2

Wie viele Linsen sind in einer Packung?

So viele Linsen sind in der Packung:

Was habt ihr benutzt? Kreuzt an.

- ☐ Wir haben die Flaschenverschlüsse benutzt.
- ☐ Wir haben die kleinen Becher benutzt.
- ☐ Wir haben eine Waage benutzt.

Was habt ihr gemacht?

- ☐ Wir haben die Linsen gezählt.

- ☐ Wir haben die Linsen in Schritten gezählt. Wir haben _____ Schritte genommen.

- ☐ Wir haben die Linsen mit _____ abgemessen.

  Wir haben die Linsen in _____ gezählt.

  Wir haben so gerechnet:

- ☐ Wir haben Linsen mit _____ abgemessen.

  Wir haben die Linsen in _____ gewogen.

  Wir haben die Linsen in _____ gezählt.

  Wir haben so gerechnet:

- ☐ Wir haben addiert (plus, +).   ☐ Wir haben multipliziert (mal, ·).
- ☐ Wir haben dividiert (geteilt durch, ÷).

Unser Weg

- ☐ Wir haben viel Zeit gebraucht.
- ☐ Wir waren schnell fertig.
- ☐ Unser Ergebnis ist genau.
- ☐ Unser Ergebnis ist nicht genau.

Hier passiert leicht ein Fehler: _____

Sprachförderung PLUS
Förderbausteine für den Soforteinsatz im Regelunterricht
ISBN 978-3-12-666802-6

Wie viele Linsen sind in einer Packung?　M 3/4
Förderhorizont 3

4

Wie viele Linsen sind in einer Packung?

So viele Linsen sind in der Packung:

Das haben wir benutzt: _____

So sind wir vorgegangen:

Zuerst haben wir _____ .

Dann _____

_____ .

Dann _____

_____ .

Dann _____

_____ .

Diese Wörter können euch helfen:

Linsen abgezählt ▪ Linsen abgemessen ▪ Linsen gewogen
Teilmenge gezählt ▪ addiert (zusammengezählt)
multipliziert (malgenommen) ▪ dividiert (geteilt)

Unsere Rechenaufgaben:

Beschreibt euren Lösungsweg. Wo können Fehler passieren?

_____

_____

Diese Wörter können euch helfen:

genau ▪ ungenau ▪ schnell ▪ langsam
verrechnen ▪ verzählen ▪ ungefähr

Sprachförderung PLUS
Förderbausteine für den Soforteinsatz im Regelunterricht
ISBN 978-3-12-666802-6

Wie viele Linsen sind in einer Packung?

So viele Linsen sind in der Packung:

Das haben wir benutzt: _____

So sind wir vorgegangen:

Zuerst haben wir _____

_____ .

Dann _____

_____ .

Dann _____

_____ .

Dann _____

_____ .

Unsere Rechenaufgaben:

Sprachförderung PLUS
Förderbausteine für den Soforteinsatz im Regelunterricht
ISBN 978-3-12-666802-6

Wie viele Linsen sind in einer Packung?   M 3/4
Förderhorizont 4

5

Warum seid ihr so vorgegangen?
Was habt ihr euch überlegt?
Wie genau und wie schnell ist euer Weg?
Wo können auf eurem Weg Fehler passieren? Welche?

Wir haben _____ ,

weil _____

_____ .

Wir _____

_____ .

Unser Weg _____

_____ .

Fehler kann man _____

_____ .

Sprachförderung PLUS
Förderbausteine für den Soforteinsatz im Regelunterricht
ISBN 978-3-12-666802-6

Themenindex: Sprachförderung

Diese Übersicht ermöglicht Ihnen eine zusätzliche Zugriffsmöglichkeit auf den Inhalt dieses Bandes. Der Themenindex erlaubt Ihnen, gezielt Anregungen und Fördermaterialien zu sprachförderlichen Schwerpunktthemen zu finden.

Wenn mit der Seitenzahl ergänzend ein Fach- und Klassenstufenhinweis genannt wird, handelt es sich um einen Verweis auf komplette Fördersequenzen. Einzelne Seitenzahlen verweisen auf generelle sprachförderliche Informationen.

Förderbausteinchen Deutsch
Deutsch als Zweitsprache in der Grundschule

von Martina Goßmann

Die Übungen und Spiele können in der additiven Förderung, als Zusatzangebote im Regelunterricht oder in Lernzeiten eingesetzt werden. Sie regen oft zur Partner- oder Teamarbeit an, die meisten Angebote können jedoch auch von einzelnen Schülerinnen und Schülern bearbeitet werden. So können sich alle Kinder sprachlich weiterentwickeln und auch innerhalb der Regelklasse sinnvoll unterstützt und gezielt gefördert werden.

Mit kompakten und in sich abgeschlossenen Bausteinen auf vier verschiedenen Niveaustufen erleichtert Ihnen dieses Buch die Planung und Durchführung von schülergerechten, individuellen Sprachfördermaßnahmen.

Die abwechslungsreichen Übungsangebote unterstützen gezielt die sprachliche Entwicklung der Kinder in den Bereichen Wortschatz, Grammatik, Redemittel, Text. Zu jedem Teilgebiet bieten Ihnen die „Förderbausteinchen" umfangreiche Übungsmaterialien und Kopiervorlagen, die Sie direkt einsetzen können. Viele der Förderangebote können Sie vertiefen und fortführen. Hierzu finden Sie zahlreiche Anregungen. Sie erfahren außerdem, wie Sie die Materialien passgenau auswählen, um den Spracherwerb optimal zu unterstützen.

Klassen 1 und 2   978-3-12-666807-1
Klassen 3 und 4   978-3-12-666806-4

Erhältlich in der nächsten Buchhandlung
Weitere Informationen unter **klett-sprachen.de/daz**

Sprachförderung PLUS
Förderbausteine für den Soforteinsatz im Regelunterricht.

Die Bände der Reihe bieten Ihnen Empfehlungen und Materialien, die durchgängig im regulären Unterricht umgesetzt werden können, und greifen die wichtigsten Lehrplanthemen auf.

Die Inhalte sind so aufbereitet, dass Lehrkräfte – auch ohne spezielle DaZ-Fachkompetenz – in der Klasse direkt damit arbeiten können: Ideen, Anregungen und Vorschläge mit konkreten Materialvorlagen (Kopiervorlagen für Arbeitsblätter und Schülermaterial).

Das Differenzierungsprinzip basiert auf dem Diagnostik-Konzept der Profilanalyse, das ebenfalls kurz erläutert wird. Die Unterrichtsvorschläge sind aber auch unabhängig davon als Individualisierungsmaterial einsetzbar.

Die Förderbausteine bieten Ihnen methodische Anregungen und verringern Ihren Vorbereitungsaufwand. So gewinnen Sie Freiräume, die Sie für einen effizienteren Unterricht für sich und Ihre Schüler nutzen können.

Sachunterricht	134 Seiten	978-3-12-666804-0
Text- und Sachaufgaben	112 Seiten	978-3-12-666805-7
Mathematik	144 Seiten	978-3-12-666803-3
Regelunterricht	272 Seiten	978-3-12-666802-6
Sprachförderbausteinchen Klasse 3/4	164 Seiten	978-3-12-666806-4

Erhältlich in der nächsten Buchhandlung
Weitere Informationen unter **klett-sprachen.de/daz**

QUELLENVERZEICHNIS

S. 60: Jürgen Spohn: zwicke zwein. Aus dem Bilderbuch: «Der Spielbaum» Jürgen Spohn, Bertelsmann Jugendbuchverlag, Gütersloh 1970, © Barbara Spohn 1992

S. 66: Paul Maar: Die Maus, die hat Geburtstag heut. © Friedrich Oetinger Verlag: Hamburg 1997

S. 121: Die Jahresuhr. Musik und Text: Rolf Zuckowski. © Mit freundlicher Genehmigung MUSIK FÜR DICH Rolf Zuckowski OHG, Hamburg

S. 121: Detlef Cordes: Das Lied der sieben Wochentage, www.spiellieder.de

S. 124 ff.: Bastelbogen „Drehkalender": Judith Etzold, Unnaryd, Schweden

S. 177: Ina Hoffmann, Angela Hoffmann: Ensslin Naturwissen – Lebensräume entdecken: Wiese und Hecke. Ensslin im Arena Verlag: Würzburg 2006

S. 202 f.: Thierry Robberecht: Als Papa König war. Altberliner Verlag: Berlin 2002/Toen papa koning was, Clavis Publishing, Hasselt, Belgien.